· 浙江大学哲学文存 ·

STUDIES ON TESTIMONIAL EVIDENCE

(SECOND EDITION)

□ 丛杭青/著

陈词证据研究

第 2 版

中国社会科学出版社

图书在版编目（CIP）数据

陈词证据研究／丛杭青著 . —2 版 . —北京：中国社会科学出版社，2022.3

（浙江大学哲学文存）

ISBN 978 – 7 – 5203 – 9151 – 1

Ⅰ. ①陈…　Ⅱ. ①丛…　Ⅲ. ①陈述—证据—研究　Ⅳ. ①D915.13

中国版本图书馆 CIP 数据核字（2021）第 187393 号

出 版 人	赵剑英
责任编辑	朱华彬
责任校对	谢　静
责任印制	张雪娇

出　　　版	中国社会科学出版社
社　　　址	北京鼓楼西大街甲 158 号
邮　　　编	100720
网　　　址	http://www.csspw.cn
发 行 部	010 – 84083685
门 市 部	010 – 84029450
经　　　销	新华书店及其他书店

印刷装订	北京市十月印刷有限公司
版　　　次	2022 年 3 月第 1 版
印　　　次	2022 年 3 月第 1 次印刷

开　　　本	710×1000　1/16
印　　　张	17.75
插　　　页	2
字　　　数	263 千字
定　　　价	108.00 元

凡购买中国社会科学出版社图书,如有质量问题请与本社营销中心联系调换

电话:010 – 84083683

目　　录

第一版前言 ……………………………………………………（1）

第二版序言 ……………………………………………………（1）

第一章　什么是陈词？ ………………………………………（1）

　第一节　陈词的由来与译名 ………………………………（1）

　　一　陈词的由来 …………………………………………（1）

　　二　陈词的概念 …………………………………………（2）

　　三　证词还是陈词？ ……………………………………（5）

　第二节　陈词的作用 ………………………………………（7）

　　一　知识与陈词性知识 …………………………………（7）

　　二　对他人陈词的依赖 …………………………………（8）

　　三　依赖于他人的陈词 …………………………………（12）

　　四　陈词与观察 …………………………………………（13）

　第三节　对陈词的忽略 ……………………………………（15）

　　一　个人主义的强纲领 …………………………………（15）

　　二　个人主义弱纲领 ……………………………………（16）

　　三　一种可能的历史原因 ………………………………（17）

第二章　历史的探索 …………………………………………（19）

　第一节　对真知识的追求 …………………………………（19）

　　一　柏拉图对真信念与知识的区分 ……………………（19）

二　阿奎那的自然信仰 …………………………………………… (20)

三　奥古斯丁的心灵反省 ………………………………………… (22)

四　洛克的"不能以人为据" ……………………………………… (23)

第二节　休谟的还原论方案 ………………………………………… (25)

一　经验还原与理智自治 ………………………………………… (25)

二　休谟的含糊的经验与观察 …………………………………… (27)

三　RT 的公有论题:循环论证 ………………………………… (28)

四　个人论题 RT′:无穷的倒退 ………………………………… (29)

五　个人论题 RT′的变形 ……………………………………… (30)

六　不相关论题:对还原论根基的批判 ………………………… (31)

第三节　里德的基础主义方案 ……………………………………… (34)

一　社会理智能力 ………………………………………………… (35)

二　知觉与陈词的类似 …………………………………………… (36)

三　语言的标记功能 ……………………………………………… (39)

四　诚实原则与易信原则 ………………………………………… (41)

五　陈词信念的形成 ……………………………………………… (45)

第三章　当代西方研究现状与评价 ………………………………… (49)

第一节　讨论的背景 ………………………………………………… (49)

一　讨论的兴起 …………………………………………………… (49)

二　认识论的自然化改造 ………………………………………… (51)

第二节　研究路径与主要话题 ……………………………………… (52)

一　研究路径:认识论与语言哲学 ……………………………… (52)

二　四个争论话题 ………………………………………………… (55)

第三节　人物与文献概况 …………………………………………… (62)

一　期刊与文献 …………………………………………………… (62)

二　主要的人物与文献 …………………………………………… (62)

三　分专题文献 …………………………………………………… (65)

第四章　陈词的定义、范围与限界 ……………………………… (69)

　第一节　两次历史转折 ………………………………………… (69)

　　一　对陈词证据地位的休谟式认可 ………………………… (69)

　　二　里德的心灵的社会运作 ………………………………… (70)

　　三　奥斯汀的第二手知道 …………………………………… (71)

　第二节　当代陈词的标准模型 ………………………………… (72)

　　一　标准证词与自然陈词 …………………………………… (72)

　　二　自然陈词的定义 ………………………………………… (74)

　　三　自然陈词的范围 ………………………………………… (77)

　第三节　对自然陈词模型的修正 ……………………………… (80)

　　一　三种证据的概念 ………………………………………… (80)

　　二　自然陈词概念的缺失及修正 …………………………… (81)

第五章　陈词信念是如何形成的? ……………………………… (85)

　第一节　陈词信念与陈词性知识 ……………………………… (85)

　　一　知识的四种来源 ………………………………………… (85)

　　二　如何从"S 说 p"到"p"? ……………………………… (86)

　第二节　反推断论的论证 ……………………………………… (90)

　　一　作为直接知识的陈词性知识 …………………………… (90)

　　二　什么叫作"我知道"? …………………………………… (91)

　　三　语言的基本状态:接受他人的话语 …………………… (93)

　　四　不可还原的认知来源 …………………………………… (96)

　第三节　推断论的主张 ………………………………………… (98)

　　一　常识推断 ………………………………………………… (98)

　　二　极小化的信任(S, U) …………………………………… (100)

　　三　对说者的主动监控 ……………………………………… (102)

　　四　信念的过滤机制 ………………………………………… (103)

　第四节　怎样才是一位负责任的听者? ……………………… (104)

　　一　默认的接受还是默认的评价? ………………………… (104)

　　二　需不需要监控说者? …………………………………… (107)

三 推断:有意识的还是无意识的? ………………………… (108)

第六章 当代基础主义的陈词辩护 …………………………… (110)
　第一节 陈词辩护的概念与渊源 …………………………… (110)
　　一 陈词辩护的概念 ……………………………………… (110)
　　二 陈词的辩护重要性 …………………………………… (112)
　　三 辩护还是确证? ……………………………………… (113)
　　四 两大历史渊源:休谟与里德 ………………………… (114)
　第二节 柏格的接受原则 …………………………………… (116)
　　一 辩护的先验性 ………………………………………… (116)
　　二 接受原则 ……………………………………………… (118)
　　三 理性的标志:"可理解的"和"表现为真" ………… (119)
　　四 中立与怀疑的立场在理性上是不自然的 …………… (120)
　　五 经验辩护不是必需的 ………………………………… (120)
　　六 接受原则与博爱原则 ………………………………… (121)
　　七 恺撒的早餐 …………………………………………… (122)
　第三节 弗利的认识自我主义 ……………………………… (123)
　　一 基础权威与派生权威 ………………………………… (123)
　　二 认识自我主义者 ……………………………………… (125)
　　三 相信我自己与相信他人 ……………………………… (126)
　　四 意见冲突与服从 ……………………………………… (127)
　　五 日记案例 ……………………………………………… (129)
　第四节 科迪的公共语言辩护 ……………………………… (131)
　　一 语言学倒置与信念的综合 …………………………… (131)
　　二 语言学论证与全能解释者 …………………………… (132)

第七章 还原论陈词辩护的困境与出路 …………………… (137)
　第一节 休谟还原论的困境 ………………………………… (137)
　　一 经验还原论 …………………………………………… (137)
　　二 经验与归纳能解决问题吗? ………………………… (137)

三　还原论的新生 ……………………………………（140）

第二节　弗里克的局部还原论 ……………………………（141）
一　对假定权力的批判 …………………………………（141）
二　局部还原论 …………………………………………（144）

第三节　古德曼的类还原论 ………………………………（146）
一　可靠主义的辩护 ……………………………………（146）
二　浓厚的经验辩护的思想 ……………………………（147）

第四节　对立中的融合 ……………………………………（148）
一　共同的目的与理论旨趣 ……………………………（148）
二　共同的方法论基础 …………………………………（150）
三　在两个极端之间有根的游离 ………………………（151）
四　三种个人主义的辩护理论 …………………………（155）

第八章　知识传递 …………………………………………（157）
第一节　洛克的递减说及其问题 …………………………（157）
一　洛克的递减说及休谟的挽救 ………………………（157）
二　递减说的问题 ………………………………………（160）
三　传递确证链 …………………………………………（161）

第二节　当代知识传递的原则及其修正 …………………（164）
一　传递的必要条件 ……………………………………（164）
二　传递的充分条件 ……………………………………（166）

第三节　传递什么？ ………………………………………（170）
一　知识还是信念？ ……………………………………（170）
二　辩护能否传递？ ……………………………………（172）

第九章　科学实践中的专家陈词与信任 …………………（175）
第一节　外行对专家的依赖 ………………………………（175）
一　不持有证据的知识 …………………………………（175）
二　陈词原则：我的理由与专家的理由 ………………（177）
三　外行的困境：盲目地相信专家 ……………………（179）

第二节 陈词证据与团体证据 ……………………………… (181)

一 陈词证据 ……………………………………………… (181)

二 团体证据 ……………………………………………… (183)

第三节 以信任为基础 ……………………………………… (184)

一 作为知识基础的信任 ………………………………… (184)

二 信任:基于道德还是策略? ………………………… (189)

三 能够用伦理取代认识吗? …………………………… (191)

第十章 外行抉择专家意见的依据是什么? ……………… (193)

第一节 专家意见与陈词 …………………………………… (193)

一 理论与现实 …………………………………………… (193)

二 陈词辩护与专家意见 ………………………………… (194)

第二节 两个真实的案例 …………………………………… (197)

一 道伯尔特案件 ………………………………………… (197)

二 六份不同的专家鉴定:湖南女教师裸死案 ………… (199)

第三节 外行、专家与专家意见 …………………………… (201)

一 外行或新手 …………………………………………… (201)

二 专家与专家意见 ……………………………………… (202)

三 外行抉择的对象是什么? …………………………… (207)

第四节 六种抉择的依据 …………………………………… (209)

一 以论证为基础的证据 ………………………………… (210)

二 专家的气质与风度 …………………………………… (215)

三 数量原则:多数票 …………………………………… (216)

四 专家的资质 …………………………………………… (218)

五 不良利益和偏见的证据 ……………………………… (221)

六 专家的过往记录 ……………………………………… (223)

第十一章 案例研究:陈词作证 …………………………… (227)

第一节 四色定理与诉诸权威陈词 ………………………… (227)

一 传统数学证明的三个特征 …………………………… (227)

　　二　四色定理以及证明 ……………………………………（229）

　　三　诉诸计算机与诉诸权威 …………………………………（231）

　　四　什么是陈词作证？ ………………………………………（232）

第二节　费马大定理与陈词的资质 ……………………………（234）

　　一　怀尔斯证明了费马大定理吗？ …………………………（234）

　　二　作为证据的数学权威的陈词 ……………………………（235）

　　三　"霍金说"与专家作证 …………………………………（237）

　　四　专家证据 …………………………………………………（238）

参考文献 …………………………………………………………（241）

索　　引 …………………………………………………………（252）

第一版后记 ………………………………………………………（263）

第二版后记 ………………………………………………………（266）

第一版前言

在法律中，证人证词起到了证据性的价值，这是不可否认的事实。通过证人的陈述或陈词，我们获得了原先不具有的知识。那么，在日常生活和我们的知识体系中，他人的话语是否起到类似的作用？即他人的话语能否以及如何作为我们的认知证据？对这个问题的回答分为肯定的和否定的，否定的回答是没有作用，他人的话语是不值得信任的，我们完全依赖自己的理智能力。从柏拉图（Plato）到培根（Bacon）、笛卡儿（Descartes）和洛克（Locke），都就是坚持这一理念。

肯定的回答是他人的话语起到了作用。但是，是如何起作用的？以及这种作用究竟有多大？这种作用是否足以与个人的理智能力所起的作用相提并论？在这里又区分了两种路线：以休谟（Hume）为代表［包括罗素（Russell）、普赖斯（Price）以及当代许多学者］的经验还原论和以里德（Reid）［包括奥斯汀（Austin）以及许多当代学者］为代表的基础主义两种方案。前者主张，只有当我们拥有他人是可靠的充分证据时，我们才能相信他人的话语，他们的话语才能作为一种认知证据。从18世纪到20世纪末期，这种观点一直被学界认为是"公认的常识"，并构成了当代的认识论"理智自治"的核心，实践是检验真理的标准其实就是这种观点的翻版。后者与此对立，只要没有证据表明他人的话语是不可靠的，相信他人话语就是一种认识的权力。20世纪90年代以来，在肯定阵营中，这两派展开了空前激烈的争论。前者是还原论，后者是反还原论的基础主义。

本书从认识论和语言哲学两个视域对此进行了研究，并以还原论和反还原论的基础主义之争作为线索，将所争论的问题概括为四大争论。第一个争论是，陈词信念是如何形成的：推断论与反推断论之争；第二个争论是，陈词是如何得到辩护的：还原论与反还原论之争；第三个争论是，知识是如何传递的：递减说与递增说，以及传递机制之争；第四个争论的核心是，在认识中，信任是不是必需的？以及这种信任是不是盲目的？

围绕这四大争论，本书共分三个部分：第一部分"历史与现实"由三章组成。第一章"什么是陈词？"介绍了陈词的概念、作用及其忽略陈词的原因。第二章"历史的探索"，划分了三条历史线索，从柏拉图到培根、笛卡儿和洛克对陈词的根本否定，对陈词证据的休谟式认可，以及里德式的基础主义陈词观。第三章"当代西方研究现状与评价"，以四大争论为线索对陈词理论研究的历史与现状进行了梳理，并介绍了代表性的文献和人物。

第二部分为"陈词的性质与辩护"，由五章组成。第四章"陈词的定义、范围与限界"是对第一章中的陈词概念的深化。第五章至第八章讨论三大争论：第一个争论是，陈词信念是如何形成的：推断论与反推断论之争，这是第五章"陈词性知识是如何形成的？"所讨论的问题。第二个争论是，陈词是如何得到辩护的：还原论与反还原论之争，这是第六章"当代基础主义辩护方案"和第七章"还原论的困境与出路"所讨论的问题。第三个争论是，知识是如何传递的：递减说与递增说，以及传递机制之争，这是第八章"知识传递"所讨论的问题。

前三个争论是在陈词的一般认识论的意义上展开的，第四个争论聚焦于科学实践中专家陈词及其由此所引发的信任问题，争论的核心是，在科学中，信任是不是必需的？以及这种信任是不是盲目的？本书的第三部分为"科学专家与陈词实践"，它由三章组成，围绕第四个争论争开。第九章"科学实践中的专家陈词与信任"讨论的是，外行对专家意见的信任是不是盲目的，以及信任的基础是什么：认识的还是伦理的？第十章"外行抉择专家意见的依据是什么？"讨论的是，外行抉择专家意见的依据是陈词证据还是经验证据？本书提出可供外行抉择的六种证据资源，并结合现实生活中的真实案例对这六种证据资源的可靠性进行了分析。第十一章"案例研究：陈词作证"结合数学史上两大案例，分析陈词能否作为认知的证据，以及专家能否以陈词的方式作证？

在这四大争论中，在还原论与反还原论的基础主义之间的争论是核心的，并且奠定了所有其他争论的格局。我们认为，还原论与基础主义并不像他们所声称的那样的对立，在元辩护层面上，它们似乎是对立的两极，但在经验层面上，它们之间相互借鉴对方的观点，表现出融汇的趋势。例如，在外行抉择专家意见的依据问题上，还原论与基础主义通常是可以达成一致的。

无论是还原论，还是基础主义，其根本的缺陷是，它们都是不同形式的个人主义认识论。在陈词问题上，对应于三条历史线索，本书区分了三种形式的个人主义认识论。洛克式的个人主义，休谟式的个人主义，以及里德式的个人主义。

其次，无论是还原论，还是基础主义都局限在说者、听者、陈词和辩护之间的理想化的情景中探讨问题。在这种理想化的情景中，认知主体具有无限的认知能力，认知的环境是理想化的。但是，这种观点根本忽略了陈词交往的社会本性与自然本性。

认识论需要社会化和自然化的改造。一方面，社会应该作为认识论的根基之一；另一方面，认识论应当能够反映人类自然化的认识方式。这两个方面又是一致的，社会化的认知方式也是一种自然化的认知方式，走向自然主义是认识论摆脱困境的唯一途径。本书正是基于自然主义认识论的理念探讨陈词以及由此引发的语言交往、认知证据、信念与知识的形成、信任与知识传递机制等一系列问题。

第二版序言

本书第一版出版于 2005 年 8 月，迄今已 16 年有余。自本书首次出版以来，与证据相关的研究在我国受到重视，并逐渐成为一门显学。

在本书后，中国政法大学成立了证据科学研究院和证据科学教育部重点实验室。它们是我国专门以证据为研究对象的研究机构，它们的成立推动了我国证据科学的研究。2010 年前后我承接了证据科学教育部重点实验室开放基金资助课题"证据客观性的认识论研究"。在课题的资助下，我们对证据的概念和中国证据观的演变做了一些探讨。相关的研究成果《证据概念的历史演变及其认识论重构》和《从传统走向现代——当代证据主义述评》分别发表在《厦门大学学报》2011 年第 2 期和《哲学分析》2012 年第 3 期上。

另一件能够表示陈词证据受到关注的事情是，2009 年"老科学家学术成长资料采集工程"（下文简称"采集工程"）正式启动。"采集工程"旨在通过口述访谈、实物采集、录音录像等方法，把反映老科学家学术成长历程的关键事件、重要节点、师承关系等方面的资料保存下来，为深入研究科技人才成长规律、宣传优秀科技人物提供第一手素材。从采集资料的种类上看，主要包括三大类的内容：口述资料、实物资料和影像资料。口述资料和影像资料基本上属于本书所研究的陈词证据，他们可以为今后的研究提供历史证据。

当然，对于这一类证据能否成为历史证据，或者说，记忆如何成为历史证据，已经成为当今历史学界激烈争论的一个问题。争议的关键在于，采访者或者被采访者，简单地说，表述者，在表述时是否受到了情绪等主观方面的影响，从而影响到其表述的真实性。用哲学的话语来说，这是说者的资质问题，或者说，陈词信任问题。当然，本书是关于证据的哲学研究，不涉及具体的领域。就此而言，陈词证据是一门隐学。当然，如果能够结合某一个特定的领域，比如情感史证据，从哲学认识论和语言哲学的角度，还是值得的。

近年来，在司法实践中，电子证据研究和使用已经有了较大的进展。这方面的内容涉及诸多司法裁判的规则，就不再赘述了。值得关注的是与电子证据相关的数据证据。数据的采集、存储和传播技术，以超乎人类想象力的速度发展。站在证据的角度，许多以往在我们看来不成为证据的事情因为有了大数据而成为了证据。这一类数据证据，尤其是通过数据挖掘技术而形成的证据是值得深入研究的。

与大数据密切相关的是元宇宙。尽管元宇宙的概念并没有达成一致，但是我把元宇宙看成一种社会形态。它是以高技术基础设施为底层结构、以万物互联为特征、以虚拟和现实相结合为标志的社会形态。当然，这里的万物互联已经不是这个词当初提出来的意义了，我觉得叫"万事互联"可能更恰当一点。社会形态的通俗理解就是社会状态。就此而言，实际上我们现在的社会已经或多或少显示出某种元宇宙的初级形态。

作为一种社会形态，元宇宙与我们社会的（物理）形态可能不会完全一致。一位元宇宙开发者说过，在元宇宙中唯一限制你的只有你的想象。元宇宙的虚拟性是它的基本特性之一。在宇宙中，我们应当如何处理包括证据规则在内的社会规则的适用性？更进一步说，在元宇宙中我们如何处理万事互联所形成的证据。

与此相关的是，伴随着大数据时代的到来，对证据的研究有从因果关系的研究转向相关关系研究的倾向，或者说，从演绎证据到归纳证据的转变。大数据挖掘技术使得归纳证据更加简便易行。与因果证据相比，归纳证据的适用场合和证明力，仍然是值得探讨的。

第 一 章

什么是陈词？

第一节　陈词的由来与译名

一　陈词的由来

在英语中，Testimony 是一个名词，尽管在理论上这个名词既指一种行为，又指这种行为的结果，但在日常语言的用法实践中，它仅仅指称结果。当指称其行为时，用的是动词 testify（作证）。但 testify 通常仅用于法庭证人作证的场合，当证人作证时，他第一句便是"我作证……（I testify that……）"。在日常生活中偶尔也能见到"作证"一词的用法。例如，美国登月探险家发回地球的报告的第一句话便是"我作证……"。无论在法律上还是在日常生活中，作证的人通常具有（或被认为具有）某种能力，正因为这种能力，使得他对事情的陈述可作为这件事的证据。

在汉语中，人们习惯说人证和物证，但人证的说法是不严密的。作为证据本身的是证人证言。例如，慰安妇事件过去了几十年，物证很少或几乎已不存在。现在当重新考察慰安妇事件时，作为证据的只能是幸存慰安妇的证词了。她们对这一事件所给出的陈述在中文法律体系中被称作证人证言，简称证言；在英美法律体系中则简称证词。

正如上面已提及，并非所有的人都有资格作为证人，我们通常要求证人有足够的能力能如实地陈述某一事件。在日常生活中，人们通常假设只有目击者才具有这种能力。在英美法系中，这类目击者证人通常称作普通证人，但是，更多的情形是专家证人。在他们之所以成为专家的领域中，专家证人通常被认为拥有足以使他们对专家领域中的问题作出独立判断所必需的知识和技能。专家证人对他们领域中的问题所作出的判断被称为专家证词。例如，SARS病原体是什么？冠状病毒还是衣原体？这里能够充当证人的也只能是该领域中的专家。这些专家所给出的陈述就是专家证词。

有趣的是，这两个词有其宗教的起源。在宗教和准宗教的文本中，术语"作证"一词通常的含义是，一个人把表示他的信仰的行为作为指向某种先验本体的方式。例如，殉教者有时会发誓，死亡可以作证或证实他的诚实。这意味着，为了他的信仰去死，是一种对他所相信事情的证据。他愿意以遭受困苦甚至死亡的方式作为他对信仰真诚性的证据。宗教的立誓企图通过语言传达这样一种思想：此间的男人（或女人）的话语和行为遵循了他们所相信的"实在"，而不是像传说中的那样。然而，引起学者们关注并引起广泛讨论的并不是其宗教的含义。

二　陈词的概念

尽管证词与作证通常用于法律和准法律的情景，但是，在日常生活中，它们所表达的却是一种十分常见的社会现象，其实，法律是也从日常生活中概括出来的。现在的问题是，当我们重新回到现实生活中时，我们如何表达它们。在日常生活中，人们不大会说，"他的证词如何……"，"他作证……"，而是说"他告知……"或者"他认为……"或者，简单地说"他说……"。

科迪（Coady）将法律中的证词称作"标准证词"，而把人们在日常生活中所使用的这一类词称作"自然陈词"。他把陈词看作一种语言行为（speech act）。"我把陈词定义为某种讲述行为……一种以言行事行为，并且这种行为可以在某种条件下得到执行，而且这种行为有着某种意图，以至于我们可以自然地认为这个定义向我们提供了支配作证行为的规则。"属于陈词这种语言行为的话语有：承诺、保证、命令、断言等。

这种定义的优点在于，它将陈词定义为一种语言行为，而不仅仅是一些静态的话语。其缺点是，定义过于严格。威尔伯纳批评科迪的自然陈词的概念是从法律证词中脱胎出来的。他认为，科迪所说的陈词似乎更像证人在证人席上所说的话，而不像在咖啡馆里和在大街上人们所说的话。虽然科迪的本意是用自然陈词来指称日常生活中的话语，但他的严格条件使得自然陈词就是标准证词。威尔伯纳认为，这种做法不可取，因为这实际上就是用法律术语来规定日常用语。"他的这种做法是把车放到了马的前面。"这种定义更适于概括在法庭上证人所说的话，而不适用人们在大街上，在商店里所说的话。陈词更像是证据，而不是一种信任的来源。另外，它过于强调了接受者对说者的态度，而我们在现实生活中恐怕是不大可能像在法庭上那样严格地考察说者的。① 科迪也许意识到了这个定义过分地严格，所以他又针对日常生活提出了扩展陈词的概念，他的扩展陈词展示了更加日常化的陈词形式。

弗里克（Fricker）的定义较为宽泛些。在她为《剑桥哲学词典》撰写的陈词条目中，她说，"陈词，是一种告知行为……在引申意义上，私人信件、消息、书籍和其他声称包含了事实信息的公开实物也构成了陈词。陈词有真假之分，既能表达知识又能表达无依据的偏见"②。显然，弗里克的定义是宽泛的，在她看来，"目的在于交流的断言，无论断言者的主观状态是什么"，都构成了陈词的范围。她认为："这与'陈词'的日常语言用法不一致，在日常语言用法中，它总是局限于目击者对可观察事件的报告。"③

类似于弗里克所采纳的宽泛立场的还有奥迪。与科迪区分标准证词与自然陈词类似，奥迪（Audi）将其区分为"正式陈词"（formal testimony）与"非正式陈词"（informal testimony）。正式陈词指的是在法律情景下的一种作证行为。在作证的过程中，某人发誓提供了被认作是表达了他所知道的或所相信的事。"正式陈词是，但不必然是，更可靠的，以这种不同的可靠性的方式，正式陈词区别于非正式陈词。"④

奥迪认为，在非正式场合中，"陈词"一词显然是一个"太沉重的词"，似乎有必要用一个新词来指称哲学学者心目中的陈词。他认为，可

① Welbourne, M., "Testimony: A Philosophical Study by C. A. J. Coady", *The Philosophical Quarterly*, St. Andrews, Volume: 44, Issue: 174, 1994, pp. 120 – 122.

② Audi, R. General Editor, *The Cambridge Dictionary of Philosophy*, Second Edition, Cambridge University Press, 2001, p. 909.

③ Fricker, E., "Against Fallibility", in B. K. Matilal, & A. Chakrabarti, eds., *Knowing from Words*, Dordrecht: Kluwer, 1994, p. 137.

④ Audi, R., *Epistemology: A Contemporary Introduction to the Theory of Knowledge*, London: Routledge, 1998, p. 133.

以将陈词理解为一种"通知（informing）"，但这显然太过于狭窄了。这是因为，"通知"通常是作为一种有准备的告知活动，因而它所表达的内容通常可能是正确的。而哲学学者所关注的陈词显然不具备这两个特征。在最宽泛的意义上说，"我们可以将所有的陈词视作一种话语（saying），但是并非所有的话语都是陈词"。例如，有人说："啊，多么宏伟的一棵树！"这仅仅表达了树的宏伟，并不是作出陈词。奥迪倾向于在信息传递的意义上使用陈词。他认为，也许"证实（attesting）"一词能较好地表达信息的传递。它既包括某事是怎样的正式作证，又包括告诉他人时间这种日常信息的传递。与作证（testify）相比，作为动词的"证实"（attest）更为宽泛，能够涵盖陈词理论学者所关注的日常语言交流的行为。①

我们认为，似乎没有必要新造一个词。自洛克和休谟以来，在讨论陈词时，尽管哲学家们几乎都离不开法律中的证词，但却都是在哲学的意义上讨论的。法律的烙印并没有妨碍对其进行哲学的研究，事实上，包括奥迪在内的几乎所有的学者都认为，在认识论学者的视野中，无论陈词的含义是什么，从法律中延伸过来的"证据"的含义是最基本的和最核心的。

奥迪认为，陈词总是给予他人的，也就是说，它的接受者是明确的。只有在某些特殊的情景中，陈词的接受者才可能是不明确的，至少在作出陈词时是如此。例如，一位描述了重大历史事件的日记主人并不清楚，后来是否会有人阅读他在日记中的陈述。但是，无论日记的主人当时是否清楚，他的日记显然属于一种形式的陈词。

在谈到分歧时，库什（Kusch）作了总结："在认识论学者中，关于如何最佳地界定陈词范畴的问题，并没有一个广泛认可的意见。最狭义地理解，陈词在法律情景中有它的地位，陈词是站在证人的角度给出的证词。在最宽泛的意义上，陈词代表了我们的'认识的依赖性'，也就是说，作为认知者，我们在多种方式上依赖他人。处于这两个极端中的另一种立场是，将通过陈词而获得的知识与通过他人的现在的或过去的指

---

① Audi, R., *Epistemology: A Contemporary Introduction to the Theory of Knowledge*, London: Routledge, 1998, pp. 133 – 134.

示性的话语而获得的知识等同起来。"①

库什认为，至于为什么认识论学者将陈词与认识的依赖性等同起来，可以提出两种（相容的）解释。根据第一种解释，哲学家的概念保守性，他们不愿意在传统的四种知识来源（知觉、记忆、推理与陈词）的基础上增加新的来源，这使得他们在原初的日常含义之外扩展陈词的范畴。例如，通过模仿而获知的情形被消融到了"手势陈词"（gestural testimony）的范畴中，语言学习的情形被作为"口述陈词"（ostensive testimony）。根据第二种解释，哲学家的理智保守性使得他们将陈词等同于认识的依赖性。一个人向另一个人报告事实，哲学家们很难想象能够有比此种情景所暗示更深的认识的依赖性。②

在继续讨论之前，我们也许有必要先给出一个陈词的临时工作定义，之所以是临时的，是因为它暂时忽略了许多有争议的细节，这样简化处理至少有助于我们初步了解所讨论的问题。我们认为，宽泛地说，凡是源自他人的知觉、记忆和推理的知识或依赖其他信息来源的知识都可以称作陈词。陈词的来源，或者说，陈词的提供者，称作陈词源（testifier）。陈词源的种类有很多，可以是个人、共同体、机器（如电脑）、电视、报纸等。

作为一种对他人话语的依赖，陈词有这么几个特征：1. 它是源自他人的，因而其可靠性在很大程度上取决于他人的如实说的能力；2. 它是一种述说行为，但它是一种有目的的、针对某个主题的述说行为；3. 它是一种知识的来源。

三 证词还是陈词？

对于英文 testimony，我国理论界大致存在几种译法。一是"证词"，持这种译名的有，关文运译的《人类理解论》（洛克著，商务印书馆，1981 年），张金言译的《人类的知识》（罗素著，商务印书馆，2001 年）

---

① Kusch，M.，"Testimony in Communitarian Epistemology" *Studies in History and Philosophy of Science*，Part A，Vol：33，Issue：2，2002，p. 335.

② Kusch，M.，"Testimony in Communitarian Epistemology" *Studies in History and Philosophy of Science*，Part A，Vol：33，Issue：2，2002，p. 337.

以及何兆武和张文杰译的《历史的观念》（柯林武德著，商务印书馆，1997年）。

二是"证据"，何兆武和张文杰译的《历史的观念》在有的场合又译成证据。由吕大吉译的《人类理智研究》（休谟著，商务印书馆，1999年）也译成证据。

三是"佐证"，陈嘉明在《哲学动态》2003年第一、二期"社会知识论"①（上、下）一文中将"testimony"译为"佐证"。这种译法在他的《知识与确证：当代知识论导论》（上海人民出版社，2003年）一书中得以延续。陈嘉明对陈词的定义如下："所谓'佐证'问题是说，在什么情况下人们应当信赖他人的说法或报告？"②"所谓'佐证'，指的是认识上引用间接的、第二手的材料来作为有关信念、命题的证据、理由。"③

四是丛杭青提出的"陈词"，在《科学学研究》2003年第三期上的"什么是科学的社会研究？"一文中，第六期上的"新手与专家问题"一文中，以及2005年第一期上的"陈词与知识"一文中，《自然辩证法研究》2004年第五期的"新手抉择专家意见的依据是什么？"一文中，《自然辩证法通讯》2004年第二期上的"科学社会研究的两种进路"一文中，均使用"陈词"和"陈词理论"的术语。

在这几种译名中，应该说，不存在译名正确或错误与否，只能说哪一种更恰当些。首先，来看"证词"的译法。在哲学类文献中，它是一种主流译名，也被认为是一个经典的译名，这一译名在国内的接受度较高。

其次，"证据"的译法显然可以排除。这是因为，在英文中，除了由证人所作的证词外，对于其他类型的证据均使用 evidence 一词；而当证人证词作为证据时，用的是 testimony 一词，而不是 evidence。所以，从语言对应的角度说，"证据"对应的是 evidence，证词对应的是 testimony。当然，我们并不否认，testimony 的基本含义是证据，尽管它比严格意义上的证据概念具有更多的含义。因此在特定的前后文中，可以将它译成

---

① 为了与著作区分，本书在叙述论文时一律用双引号进行标注。

② 陈嘉明：《知识与确证：当代知识论导论》，上海人民出版社2002年版，第296页。

③ 陈嘉明：《知识与确证：当代知识论导论》，上海人民出版社2002年版，第308页。

证据。

再次,"佐证"的译法甚至不如"证据"的译法。它仅仅强调间接的证据或旁证,仅取证据概念的一角。

有些专家提出,用"证言"来代替"证词",但在中文法律体系中,证人证言是一个专业的法律术语,具有十分浓厚的法律色彩。另外,鉴于以往引入新术语所导致的混乱,哲学界有不少专家主张,暂时不译,在论文中,直接用英文原文。例如,在《哲学研究》2003 年第十期上的丛杭青和徐献军的"Testimony 是如何得到辩护的?"一文中,以及在《哲学动态》2003 年第十一期上的"当代国外 testimony 理论研究述评"一文中,均直接使用了英文原文。

第一,对于证人在法庭上提供的陈词,译作证词是很恰当的,但当其作为一个认识论范畴时,它的意义就大大突破了证词的框架。证词的译法无法涵盖其认识论的意义,而这正是陈词理论家们讨论它的初衷。第二,中文"陈词"既可作为名词使用,又可作为动词来使用。例如,"慷慨陈词"就属于动词用法。这就优于"证词"一词。第三,"陈词"一词并非新造词。例如,在国际新闻中,我们经常可以听到这样的表述:"某某大使在联合国会议上作陈词。"第四,陈词既有作证或证明的底蕴,又不失信息传递之意。所以,本书约定,在法律或准法律背景下,使用"证词"一词,其余情景下,均使用"陈词"一词。

第二节 陈词的作用

一 知识与陈词性知识

要讨论陈词的作用,我们不得不从知识的概念说起。尽管存在着这样的或那样的分歧,但在认识论学者心目中,知识通常被视作一种信念(belief)。显然,并不是所有的信念都算作知识,怎样的信念才算作知识呢?在英文中,有一个短语,justified true belief,JTB,其中文含义是"获得辩护的真信念",也就是说,仅有一个真信念是不够的,还应有一定的理由相信这一真信念。至于理由是什么,争议是非常大的。其实,这属于我们后面要讨论的辩护问题。

知识的来源有哪些呢?根据齐硕姆(Chisholm)的研究,在认识论历史上，前后有知觉、记忆、推理和陈词四种。尽管历史上的哲学家们一直在试图归并这四种来源，例如，休谟的还原论就试图将陈词归并到知觉中。但是，当代学者普遍地认为，这四种来源不可能再归并。在不否认这四种来源的交叉作用的条件下，从知识的主要来源来区分，可以将知识分为知觉知识、记忆知识、推理知识和陈词性知识。

何谓陈词性知识（testimonial knowledge）呢？所谓陈词性知识指的是依赖于陈词的知识。例如，历史知识就是一种典型的陈词性知识。我们在孩童时代所受到的教育就是在接受他人的知识，这种知识也属于一种陈词性知识。我们个人的认知能力十分有限，我们不可避免地依赖古人、依赖他人，尤其是依赖专家。如果我们要将知识局限在个人的认知能力所及的范围内，那么当今的知识大厦将不复存在。

二 对他人陈词的依赖

在信念的形成过程中，我们对陈词的依赖是十分广泛的。这种对陈词的依赖不仅表现在日常的或实际的生活中，而且在理论中也充分地展现出来。这在社会科学中，尤其是在历史研究中是非常明显的，当然，这也是自然科学的特征。

视觉心理学家 R. L. 格雷戈里 1966 年的《眼与脑》（*Eye and Brain*）是一本优秀的视觉心理学著作，1997 年已出了第五版。从这本书中可以看出，对陈词的依赖有两种：涉及个体或团体的陈词以及其他研究者的陈词。

在书中，格雷戈里描述了他与另一位心理学家合作进行的关于早期失明病人康复的案例研究。在研究中，患者陈述了他所感觉到的世界，而格雷戈里高度地依赖患者的报告。格雷戈里将这种依赖作为一种研究方法，"通过询问患者有关问题，并给患者作简单的测试，我们试图去发现患者的视觉世界究竟是怎样的"。

不过，更重要的是，心理学家对他的同事和其他观察者的陈词的依赖，例如，格雷戈里在书中用了整整一节探讨他的一个假设：他认为可以用对透视暗示的持续缩放反应来解释各种不同的视觉错觉。在讨论中，他试图用与我们的生活方式完全不同的人的视觉体验来支持他的假设，例如，祖鲁人生活在被称作"圆形文化"的世界中，圆形的棚屋、圆形的门、曲线形的犁沟等，所以，祖鲁人并没有"染上"缪勒－莱尔（Muller-Lyer）错觉。

格雷戈里的论证不仅依赖祖鲁人的陈词，而且还依赖许多祖鲁文化研究者的陈词，即有关祖鲁人做或不做某些事的陈词。格雷戈里既没有去亲身观察祖鲁人的生活，也没有质疑他人报告的准确性。他所唯一参考的是三位心理学家所做的研究，而这三位心理学家的数据又是非常第二手的。①

对陈词的依赖不只局限在心理学科，在物理学科中也是如此。任何公认的科学家，即使是最有权威的科学家，也会以许多他自己从来没做过的观察和实验作为研究的证据和前提，并视之为理所当然。"事实上，在我们时代受过专业训练的科学家中，这些科学家是以团队形式工作的，并且越来越沉重地依赖先前已积累的成果。"②

哈雷彗星的发现就是一个对陈词依赖的典型实例。埃德蒙德·哈雷（Edmond Halley）依赖早期天文学家的陈词，研究了1682年的彗星，并对注意到它与先前的天文学家在1531年和1607年所报告的彗星的类似性。他发现历史上数次关于该类彗星出现的报告的间隔期大约是75年，于是他预言这一颗彗星将在1758年回归——尽管他没能活到1758年，但他的预言得到了证实。目前有关彗星的报道可追溯到公元前240年，并且据文献记载，彗星在诺曼人征服不列颠的1066年出现过。

科学论文中的引文其实就是一种对陈词的依赖。要求一位科学家去核实他所引用的所有的文献数据和理论是不可能的。这种不可能性基于这么几个原因：第一，就实验数据而言，由于个人能力和条件所限，根本无法进行彻底的核实。即使实验结果在理论上是"可重复的"，但让研究者去重复所有他所依赖的实验和观察却是愚蠢的。第二，科学的建制是以鼓励创新，而不是以核实以往的工作为目的，所以一项庞大的核实计划是不可获得资助的。第三，一些纯理论研究根本无法进行核实，例如，霍金（Hawking）的黑洞理论。在人文科学和社会科学中，这种对不

① Coady, C. A. J., *Testimony: A philosophical study*, Oxford: Clarendon Press, 1992, pp. 8 – 10.

② Matilal, B. K. & Chakrabarti, A., "Introduction", in B. K. Matilal & A. Chakrabarti, eds., *Knowing from Words*, Dordrecht: Kluwer, 1994, p. 2.

可核实的他人成果的依赖是非常明显的。

历史研究依赖过去的陈词，这种依赖被柯林武德（Collingwood）称为"历史的常识理论"："按照这种理论，历史学中最本质的就是记忆和权威。如果一个事件或一种事物状态要历史地成为已知，首先就必须有某个人是知道它的；其次他必须记得它；然后他必须以别人所能理解的词句来陈述他对它的回忆；最后别人必须接受那种陈述而把它当作正确的。因此，历史学也就是相信个别人——当这个人说到他记起了某件事的时候，那个相信的人就是历史学家；而这个被相信的人就被称之为他的权威。"① 至少在柯林武德以前，这种常识理论在历史学中居于主导地位。虽然柯林武德反对这种常识理论，但我们认为这种常识理论却是无可厚非的。

柯林武德认为，历史知识是自律的和自我授权的，所以历史学家应该服从自身的权威，而不应该服从他人的权威。但他并没有也不可能彻底摒弃对陈词的依赖，他只是要求必须以一种批判的和建构的态度来对待权威的陈词。所谓批判的态度，按照布莱德利的说法，就是我们根据我们关于世界的经验来评判历史上是否有可能发生那样的事。建构的态度所依赖的是一种先验的想象，"正是这种活动沟通了我们的权威所告诉我们的东西之间的裂隙，赋予了历史叙述及描述的连续性"②。所声称的事实是否真实，取决于是否符合先验的想象。正是在这一点上，历史学类似于小说。

柯林武德用以支持他的论点的一个实例是一个叫"是谁杀死了约翰·道埃?"的侦探故事。在他的描述中，苏格兰农场的侦探长的思考完全不依赖他人的陈词，而是完全依赖他自己的观察得出院长是凶手的答案的。但实际的情况却是侦探长拒绝了一些陈词，也接受了一些陈词。在这个案子中，侦探长的思考和推理所用的很多材料是陈词，尽管柯林武德把这些材料当作侦探长个人的观察。例如，"理查德·罗埃是一名医

① ［英］柯林武德：《历史的观念》，何兆武、张文杰译，商务印书馆1997年版，第328页。

② ［英］柯林武德：《历史的观念》，何兆武、张文杰译，商务印书馆1997年版，第336页。

科学生","在那天晚上 12 点和 1 点之间下了一场大雷雨","在灰烬中有一些金属纽扣,上面刻有牛津街上著名的手套制造商的名字,这个制造商经常受到院长的赞助"等。侦探长所做的工作就是对所有的陈词进行先验的构造,去伪存真。人们的陈词是相互矛盾的,而侦探长的本领就在于,用其高超的逻辑性的思维理出一个前后一致的陈词链。

柯林武德认为,历史学家所做的工作就像是侦探长所做的工作,而不是像"剪刀加糨糊式"的历史学家那样只是摘录和拼凑众多权威的陈词。柯林武德所倡导的历史学与"剪刀加糨糊式"历史学之间的最大的差异在于:前者是让陈词服从自己的权威,某个陈词能否称得上陈词完全取决自己的权威;而后者是让自己服从于陈词的权威。确切地说,柯林武德反对的只是传统的历史学家对权威陈词的非批判性的态度,他并非要把陈词从历史学中驱除出去。这是因为,完全脱离陈词的先验想象就和没有对象的意识一样是不可想象的,毕竟历史学家不可能回到古代时代去亲身经历历史事件,所以,陈词在历史学中的地位是不可剥夺的。

当然,不可否认的是,对他人陈词的依赖可能是错误的。但是,即使如此,这种对陈词的依赖仍然是研究得以进行的前提。例如,科迪举过一个蠼螋性染色体的案例。这个案例涉及低等昆虫欧洲蠼螋:一些蠼螋在性染色体的数量上具有多样性。20 世纪早期的研究表明两个雄性组的染色体分布是 $(22 + X_1Y)$ 和 $(22 + X_1X_2Y)$,而这个理论得到了早期对雌性染色体的实验的支持:雌性组清楚地表明了其染色体的分布可以从雄性的数量上推断出来,即 24 $(22 + X_1 X_1)$,25 $(22 + X_1 X_1 X_2)$ 和 26 $(22 + X_1 X_1 X_2 X_2)$。以这个早期的工作为基础,蠼螋理论进入了教科书并成为标准的观点,后来许多研究论文强调,蠼螋的独特性在于,它是一种雌雄染色体都具有多样性的物种。然而,近来的研究证明事实并非如此,20 世纪早期的报告是不可靠的。直到 20 世纪 70 年代,对大量雄性和雌性样本的详细检查表明,对染色体为 $(22 + XX)$ 的雌性蠼螋来说,24 才是唯一正确的倍数染色体数量,而雄性具有 XY 和 XYY 两种染色体形态。

更有趣的是,20 世纪早期的报告者最初并没有说其结果具有特殊的可靠性,并且其公认的证据也是不充分的和不清晰的。其中一位研究者最初说,他可能"没有更肯定的证据",另一位研究者也作出了类似的对证据的不承诺。可见，当最初的研究者在报告这一结果时，他们仅仅是尝试性地作出论断。但是，随着引证量的增加和知识传递链的扩展，这一尝试性的论断以远远超出最初作者预期的方式在不知不觉中成为欧洲以及世界上许多国家教科书中的标准观点。这个案例不仅说明了在一个科学共同体中陈词的力量以及其对陈词的依赖，而且还解释了尝试性的论断在传递过程中是如何被扭曲成为权威观点的。①

"我们中的绝大多人对量子力学的信任是基于他人话语的，比如，我们中的绝大多人对双缝实验并不独立地持有（与陈词无关）证据。以陈词为基础，我们完全可以为信赖他人作辩护，在某些情况下，当我相信我在科学文献中阅读到的内容时，我就知道了我所相信的。"②

以上讨论的是，人们在日常生活和科学研究中对他人陈词的依赖，无论他人的陈词是观察、实验数据、统计结果，还是理论分析。另一形式的依赖通常更容易受到忽视，这就是，判断科学研究的成果能否算作知识，依赖于他人的陈词，尤其是权威的陈词。

三　依赖于他人的陈词

里德以数学研究为例对此作了形象的说明，假设一位数学家做出了一项他认为是重要的发现，他证明了这个发现，并且在专心检查后，没有发现错误；但是，这个发现必须得到他人的承认才能成为真理。于是，他把他的证明交由他认为有能力的数学家朋友检查，并急切地等待他给出判断。如果他的朋友表示赞同，尤其是当他的判断得到了两三位有能力的专家的证实时，他便不用更深入地检查就可以确信他的发现；但是如果他的朋友提出反对意见，那么他就会陷入一种怀疑之中，直到有疑问的地方通过新的和更严格的检查。

与里德所描述的情景类似的是当代有关费马大定理的争论。在第十一章中，我们将看到，因为 6 位评审专家看法不一致，所以在 1993 年至

---

① Coady，C. A. J.，*Testimony：A philosophical study*，Oxford：Clarendon Press，1992，pp. 10－11.

② Plantinga，A.，*Warrant and Proper Function*，New York & Oxford：Oxford University Press，1993，p. 87.

1994 年间，数学界围绕怀尔斯是否证明了费马大定理的问题展开了激烈的争论。"其中的关键在于，怀尔斯是否证明了费马大定理，不仅仅取决于他所作出的证明，而且也取决于数论领域中其他专家的陈词。"①

其实，如果知识是公共的，不存在私人知识，那么这种对陈词的依赖恰恰是与公共性相联系的。按照科迪的说法："我自己的意见是否反映了独立于我的主观性的实在，他人的裁决是重要的并且可能是最重要的检验。"② 这种对同行专家或专家意见的尊敬是相当根深蒂固的，科学界的同行评议机制正是以这种公共性作为基础的。

进而言之，通过公共性的概念，陈词与客观性的观念相关。罗素认为，我们对陈词的依赖对理解物质的东西是必不可少的，他批评逻辑实证主义没有看到这种依赖的意义。在《物质的分析》中，罗素说道，我所指的"客观性"不是什么形而上学的东西，而仅仅是"对他人陈词的同意"③。

四 陈词与观察

陈词在知识中的作用也表现在陈词与观察之间的关系上。观察是承载着理论的，但是在大多数情况下，它是通过陈词的形式得以实现的。科迪分析了陈词与观察之间的关系，他认为，这种关系表现在两个方面：④

第一，他人的陈词有时导致我们不必亲自观察某一件事就可以拒绝对这件事的某个陈词。比如，休谟曾举过一个以胡言乱语或谎言或道德败坏而著称的人的例子。"如果记忆在某种程度上不是很强，如果人们通常不具有追求真理的倾向和一种正直的原则，如果当他们察觉到自己的谬误而不感到羞愧，我是说，如果这些都没有通过经验而被发现是人性之中固有的品质时，那么我们就不能对他人的陈词有哪怕是一点点的信赖。一个说胡话的或以谎言谬误著称的或道德败坏的人对我们而言是毫

---

① 丛杭青：《陈词与知识》，《科学学研究》2005 年第 1 期。
② Coady, C. A. J., *Testimony*: *A philosophical study*. Oxford：Clarendon Press，1992，p. 12.
③ Coady, C. A. J., *Testimony*: *A philosophical study*. Oxford：Clarendon Press，1992，p. 13.
④ Coady, C. A. J., *Testimony*: *A philosophical study*. Oxford：Clarendon Press，1992，p. 112.

无权威可言的。"① 休谟似乎是主张，我们有时通过观察和经验会发现某些陈词是不可靠的（也就是"一个说胡话的或以谎言谬误著称的或道德败坏的人是毫无权威可言的"）。但是，一旦我们接受了这个论断，那么我们就会不必亲自观察就会拒绝这个"道德败坏的"人的陈词。

第二，陈词有时导致我们拒绝作出观察。在关于知觉的认识论讨论中，人们经常遇见这样的情形：在最适宜的观察条件下，一个人"看到"在他面前有一张桌子，但由于他周围的所有人都说不存在这样一张桌子，于是，他也开始相信那里的确不存在桌子。在这种情形中，其他人的陈词使得这个人怀疑自己是不是处于幻觉之中。此外，还经常遇见这样的情况：我们会通过他人的陈词来纠正我们观察的结果。例如，"看那里有一群奶牛"，"它们不是奶牛，它们是岩层"，或者，我们观察三个人之间的一场混战，结果是其中一个人被刺伤。共有四个人观察到这一事件，一个人认为伤者是自己把自己刺伤的，而其他人都坚决地认为是施密斯将其刺伤的。显然，在这种情况下，第一个人很可能会服从其他三个人的看法。

如何看待这种对陈词的依赖？或者说，这种依赖是不是理性的？我们将在后面的章节中对此进行分析。在这里，我们仅指出这样一种论证的思路：当我们的知识依赖于知觉、记忆和推理时，这种依赖至少是我们的知识是符合理性的理由之一。如果是这样，那么与其他三种知识的来源（知觉、记忆和推理）相比，陈词不仅是处于并列的地位，而且也与它们发生内在的关联。

斯特劳森（Strawson）说："人们已经形成共识，我们的大部分知识，也许是绝大部分，来自倾听别人所说的或阅读别人所写下来的；也毫无疑问的是，对这样听到或阅读到的大部分内容，虽然不是全部，我们毫无疑问地将它们作为真实的接受下来。简而言之，我们的信念体系基本上是以陈词为基础的。"② 其实，换一种说法，这就是信任在知识事业中

① Hume, D., L. A. Selby-Bigge ed., *An Enquiry Concerning Human Understanding* (2nd ed.), Oxford: Clarendon Press, 1966, p. 111.

② Strawson, P. F., "Knowing from Words", in B. K. Matilal & A. Chakrabarti, eds., *Knowing from Words*, Dordrecht: Kluwer, 1994, p. 23.

的地位与作用的问题。普兰庭加（Plantinga）在《辩护与恰当的功能》一书中，对陈词的作用作了一个总结，陈词或易信是我们智力结构的一个关键的和重要的组成部分；它是我们的文化和文明的基础。[①] 利普顿（Lipton）认为：“在知识理论中，陈词应当成为一个核心的话题。”[②]

第三节　对陈词的忽略

一　个人主义的强纲领

为什么传统哲学会忽视陈词？在哲学史上占据主导地位的个人主义自治知识的观念是主要原因。这种自治的知识观反对在认识事业中对他人话语有任何基础的或源头上的依赖，而主张人们要完全通过他们自身的理智资源才能获得真正的知识。初看起来，虽然这种自治知识的观念困难重重，但它也有有力的辩护：知识在本质上是由单一的个体发现的，并仅仅依据个体的理智资源获得辩护。这就是以笛卡儿和洛克为代表的理智自治理论，我们称这种自治知识的观念为个人主义的“强纲领”。在这种强纲领看来，单一的认知者有权相信自己的理智，却无权相信他人的理智。从柏拉图到洛克，这种个人主义强纲领一直占据着认识论的主流地位，在这样的历史背景下，陈词毫无地位可言。

“个人主义意识形态模糊了对陈词的依赖，而这种个人主义意识形态已经深入到我们的科学形象中了，科学家被描绘成完全自立自足的人，并且在描绘者所指称的‘确定的’观察和实验的意义上，科学家亲身进行了观察并完成了实验。”[③]

施密特（Schmitt）在谈到这种形式的个人主义时指出：“这种观点是难以维持的，它排除了我对自己姓名，出生日期，谁是我的父母，我住

---

① Plantinga, A., *Warrant and Proper Function*, New York & Oxford：Oxford University Press, 1993, p. 87.

② Lipton, P., “The Epistemology of Testimony”, *Studies in History and Philosophy of Science*, 1998：29, p. 2.

③ Coady, C. A. J., *Testimony：A philosophical study*, Oxford：Clarendon Press, 1992, p. 9.

在哪个城镇的知识，也排除了无云的天空通常是蓝色的命题。"① 认识事业是一项集体的事业，因此认知者不可能是完全不依赖他人的单一的认知者。赖尔（Ryle）就曾说道："当我们应该问我们知道什么时，哲学家们却花了过多时间问，我知道什么和我是怎么进行认识的。"② 他一语点中了传统认识论过于关注单一的认知者这一要害。

二 个人主义弱纲领

自休谟起，认识论历史上的个人主义的弱纲领取代了强纲领。在各种形式的个人主义弱纲领中，休谟归纳版的弱纲领影响最大，它也构成了近代以来理智自治的核心。这种弱纲领认可陈词在知识事业中的地位，但是它将陈词还原为个人的知觉、记忆与推理。

知觉、记忆和推理被认为是个人"亲身占有的资源"（onboard resources）或个人的理智能力，而陈词被认为是人际间的一种社会资源。在归纳版本看来，作为知识的来源，知觉、记忆、推理和陈词的地位是不一样的。前三者是知识的来源，而陈词是他人理智的成果。只有经过通常是一种以归纳为基础的个人的经验核实，人们才能接受他人的陈词。因此，与前三者相比，陈词仅居于次要的地位。

这种对陈词地位表示轻蔑的可能原因是：第一，陈词源可能缺乏作出相应陈词的能力，或者故意作出虚假的陈词，这在日常生活中是十分常见的。因此，许多学者认为，作为一种信念来源，陈词不具有确定性（其实，知觉也具有类似的不确定性）。第二，陈词似乎不是新知识的来源，而仅仅起到将已获得的知识传递给他人的作用（其实，记忆也仅仅承担了类似的作用）。第三，通过陈词而形成的信念，即陈词信念（testimial belief），是以知觉、记忆和推理为条件的（类似地，推理也是如此，因为推理需要前提）。

施特劳森说，在知识来源的问题上有两个基本假设："我们每个人建立他对世界的信念体系的方式，受到某些强有力的假设的支配，这是事

① Schmitt, F. F., "Socializing Epistemology: An Introduction Through Two Sample Issues", in F. F. Schmitt, ed., *Socializing Epistemology*, Lanham, MD: Rowan & Littlefield, 1994, pp. 1 – 27.

② Coady, C. A. J., *Testimony: A philosophical study*, Oxford: Clarendon Press, 1992, p. ix.

实。假设之一是，一个人从对世界直接的第一手经验中所获取的信念，在他可行的范围内，一般地说，是充分准确的。另一个假设是，他的直接源自陈词的对世界的表象或信念系统，一般地说，也是充分准确的。我把这些称作假设，但它们的作用远不止于此。"① 换句话说，第一种假设就是，凡是可能知道的，也就是对个人是可能知道的，而他人的陈词不是属于个人可能知道的。这一假定导致绝大多数学者忽略第二个关于陈词的假设。

对于忽略陈词的原因，利普顿并不满意于认识论个人主义的解释："因为'认识的个人主义'只不过是另一种否定陈词的表达。更令人满意的解释可能是陈词被看作派生性的知识来源，仅仅传递知识，而不产生知识，因此基础认识论能心安理得地忽略陈词。这虽然可以解释对陈词的否定，但却不能为这种否定作辩护。知识的传递是或者应该是认识论事业的核心。"②

三 一种可能的历史原因

科迪认为，在17—18世纪哲学中，忽略陈词的另一个可能的历史原因是，17世纪数学中概率论的兴起，或更确切地说，即概率论的出现以及在某种程度上概率论所导致的思维方式的转变。③ 概率论源自17世纪中叶的帕斯卡尔，概率论只有在中世纪围绕科学和意见的区分消解后才成为可能。

根据哈金（Hacking）对17世纪概率论所作的研究，中世纪的学者把可以从第一原则直觉上明确地加以论证的知识冠以"科学"之名，把不能得到如此证明的信念或学说冠以"意见"之名，并且他们认为"或然"是与意见相关联的唯一术语。于是，意见和或然性或可接受性就是一件由权威核准的事；因此，当一个人关注意见时，陈词的问题就若隐若现了。

---

① Strawson, P. F., "Knowing from Words", in B. K. Matial & A. Chakrabarti, eds., *Knowing from Words*, Dordrecht：Kluwer, 1994, p. 25.

② Lipton, P., "The Epistemology of Testimony", *Studies in History and Philosophy of Science*, 1998：29, p. 2.

③ Coady, C. A. J., *Testimony：A philosophical study*, Oxford：Clarendon Press, 1992, p. 14.

但是，中世纪以后，通过江湖医生、炼金术、士大夫等其他"低等科学"的实践者的工作，逐渐形成了这样一个观点：被中世纪学者们归为意见的东西的基础是自然的和非陈词性的。于是，知识与意见的边界开始变得模糊了。

在这里，作为媒介的概念是自然的"迹象"的概念。通过这一概念，原先由人们提供对信念的支持转变到由自然提供这样的支持。就像人们用语言来向我们作证一样，自然用"迹象"告诉我们去相信什么。在像帕斯卡尔等人的著作中，自然可能性的概念演变成不依赖任何形式的权威和陈词。在这种理智的氛围之下，任何对陈词依赖的企图都可能被视作回归到无知的中世纪。

第 二 章

历史的探索

第一节 对真知识的追求

柏拉图也许是最早讨论陈词的哲学家，但他彻底地否定了陈词在认识中的地位。中世纪的阿奎那（Aquinas）和奥古斯丁（Augustine）大致继承了柏拉图的思想，近代的笛卡儿与洛克则是这种思想的集大成者。

一 柏拉图对真信念与知识的区分

在《泰阿泰德篇》中，柏拉图试图比较真信念和知识之间的区别。柏拉图借苏格拉底之口说，审判官也许能够仅仅通过律师的说服力量和修饰技巧确信抢劫案的可靠的事实，但是，即使他们的信念是真的，也不能说他们知道了这些事实。这是因为，抢劫案是"非目睹不能知的事实"。审判官"凭耳闻而判决，判决虽确，毕竟非凭知识"。

柏拉图也许是想区别由修饰技巧或非理性的说服力量所产生的信念和由相关的证据支持的信念，但是，他似乎更进一步地认为，对于审判官，关于抢劫案的信念永远也不可能算作知识，因为它是"仅能被目击证人所知道"的事实。①

这里涉及对"知道"一词的理解。用当代的术语来表述，在柏拉图看来，A 知道 p 的定义是，（1）p 是真的，（2）A 认为 p，（3）A 有合理的理由 r 认为 p。如果我们认真地对待柏拉图在这里所说的，那么我们就

---

① ［古希腊］柏拉图：《泰阿泰德智术之师》，严群译，商务印书馆 1963 年版，第 103—105 页。

应该看到,他对何种理由能够作为第(3)条定义中的理由 r 作出了很强的限制,这种限制甚至将所有基于报告的,甚至是目击者报告的信念都归结为纯粹真信念的领域,而只有目击证人本人知道真实情况是什么。

柏拉图没有为这种限制提供论证,他的认识论精神是清教徒式的,把陈词排除在知识的"逻各斯"之外是与这种精神相一致的。值得一提的是柏拉图对待知觉的态度。在以上例子中,他把知识来源的地位赋予了日常知觉,而在别处,柏拉图又对此予以否认。柏拉图对待知觉的这种矛盾态度影响到了后来的许多哲学家。

上述"知道"定义的最大特征是将知识与信念分离,而这使得知道的定义陷入了巨大的困境之中,这集中地体现在极有争议的条件(3)上。在确定什么是合理的理由时,我们不得不依赖知识的概念,而这本身是一种潜在的循环。同时,条件(2)和(3)之间也存在着内在的关联。许多学者对条件(3)提出了批评,直接知识(direct knowledge)和直觉知识(intuitive knowledge)也对条件(3)的合理性提出了疑问。

我们并不想卷入其中的争论,在此仅需指出,尽管柏拉图认为知觉有时是一个合理的理由 r,但他主要是想把对"逻各斯"的占有作为一个合理的理由。在《泰阿泰德篇》和《美诺篇》中,柏拉图对真信念或真意见与知识的区分做了相当多的讨论,他认为,作出这种区分需要额外考虑的因素是,人们对"逻各斯"或理性的占有。

这种辩护的思路是很有趣的,在柏拉图看来,尽管知觉有时是知识的来源,但陈词肯定不是知识来源。后来的哲学家对知识的思考,在很大程度上与这种思路是相当一致的:或者完全忽略了陈词,或者对陈词的态度是草率的和轻蔑的。

柏拉图开创了一个"内省知识"的传统。像对待自明的第一原则的沉思一样,一个人要彻底地思考知识,就必须从第一原则开始推演。所以,人们对通过陈词的方式获得知识的兴趣更低了。这一倾向在古希腊的著作和中世纪哲学以及笛卡儿、洛克的认知模型里表露无遗。这也许是陈词遭受冷遇的第一个历史的原因。

二　阿奎那的自然信仰

然而,即使一些否认陈词是知识来源的哲学家也承认,在真信念和有时极有益的信念的形成中，陈词扮演了重要的角色。阿奎那就是这样一位哲学家。在柏拉图的影响下，他认为，知识是个人从第一原则出发而作出的系统化的推论，与陈词无关。

阿奎那将我们对他人的依赖看作一种信仰，他称其为自然信仰（natural faith）。他认为，自然信仰是人类社会所必需的。但有趣的是，他认为自然信仰既不是知识也不是意见，而是介于两者之间的。他说，"信仰与意见有某些共同之处，与知识和理解也有某些共同之处，正因如此，它位于意见和理解或科学的中间位置……与理解和知识一样，它占有特定的和确定的同意；在这里，它与意见不同，意见接受两个对立看法中的一个，尽管害怕另一个可能也是正确的。正由于这种不确定性，它在两个对立的观点之间摇摆。但是，与意见一样，信仰关心的是那些不可能自然而然地被我们理解的事，在这方面，它不同于科学和理智。"①

阿奎那进一步扩展了后一个观点。他认为，因为两个非常不同的原因，所以人类也许不能清楚地理解一些事情：或者是因为事情本身的缺陷，或者是因为我们在理解上的缺陷。包含在第二个原因之列的是特定的宗教信仰的真理，包含在第一个原因之列的首先是"在我们感知范围之外的孤立的和偶然的事件"，以及那些只有依赖他人话语才能感知的事物。正如阿奎那所说："因为人类的聚居，一个人在他力所不能及的事情上要与他人合作，所以，像相信他自己知道的知识一样，他必须相信那些别人知道但他自己不知道的知识。因此，在人类社会中，为了能够相信他人的话语，信仰是必需的，这是公正的基础……所以，说谎是有罪的，因为它破坏了所必需的信仰。"②

可见，在阿奎那看来，在接受真理和知识时，我们对他人话语的信任是很重要的。在他的理论体系中，虽然没有陈词的地位，但通过在信仰中为陈词留有余地的方式，他间接地认可了陈词的作用。施密特认为，将陈词作为信仰的附庸是中世纪哲学的一大特征。③ 但是，无论怎么说，

---

① Coady, C. A. J., *Testimony: A philosophical study*, Oxford: Clarendon Press, 1992, pp. 16 – 17.

② Coady, C. A. J., *Testimony: A philosophical study*, Oxford: Clarendon Press, 1992, p. 17.

③ Schmitt, F. F., "Social epistemology", in J. Greco & E. Sosa, eds., *The Blackwell Guide to Epistemology*, Oxford: Blackwell, 1999, p. 359.

与柏拉图根本否认陈词相比，阿奎那对陈词作用的肯定是一个进步。

三　奥古斯丁的心灵反省

尽管奥古斯丁对待知觉和陈词的态度是前后自相矛盾的，但是其认识论思想基本上是柏拉图式的。正如柏拉图在《泰阿泰德篇》和《美诺篇》中的摇摆不定一样，奥古斯丁认为，我们不仅仅可以在一种理智知觉中通过推理的方式，而且也可以通过普通的感官知觉的方式来认知；但他又认为，感官知觉只提供信念，尽管是非常有用的信念。

他与柏拉图的不同之处在于对待陈词的态度上。在他看来，"知道"这一术语似乎有两种含义：排除了感官知觉和陈词的严格含义的知道，以及包括它们在内的宽泛含义的知道。不过，他强调的是严格含义的知道，但他也承认，对感官知觉和陈词的误用对于平常的目的是无害的和可以理解的。

当我说……"我们所知道的，归因于推理，我们所相信的，归因于权威"……当我们用更适合于日常使用的语言来表述时，如《圣经》所说，我们应该毫不犹豫地说，我们不仅知道我们的身体感官所感知到的，而且我们相信可信赖的目击者的权威，只要我们懂得这两者之间的距离即可。①

我们远没有到怀疑我们从他人的陈词那里学到的知识的地步，否则，我们就不知道海洋的存在，就不知道丰富的文献所告诉我们的陆地和城市的存在；我们就不知道那些我们通过读历史所认识的那些人，也不知道他们的著作；我们就不知道那些每天从各个地区传来的消息，并通过一致的或是拼凑的方式加以证实；最终，我们也就不知道在哪里，是谁把我们生出来的：因为在这些事情上我们已经相信了其他人的陈词。假如这么说是诚实的，那么我们必须承认，不仅是我们自身的感官，而且还有他人的陈词，大大丰富了我们的知识。②

奥古斯丁区分了动词"观察"的两种用法——一种是内部的"心灵

---

① Coady, C. A. J. , *Testimony：A philosophical study*, Oxford：Clarendon Press, 1992, pp. 20 – 21.

② Coady, C. A. J. , *Testimony：A philosophical study*, Oxford：Clarendon Press, 1992, p. 20.

的反省"（gaze of the mind），一种是身体的感觉。身体的感觉包括感知和记忆，但陈词却是被排除在身体的感觉之外的，因为它不是观察而只是相信。但是，他又认为，我们知道我们所相信的，这是因为，我们精神上看见了我们所相信的，即使它们并没有呈现给我们的感官。①

与柏拉图的"逻各斯"类似，在这里，奥古斯丁强调的是"心灵的反省"，基于陈词我们所相信的是通往"心灵的反省"。可见，与阿奎那在信仰中为陈词留下了一块地盘类似，奥古斯丁在心灵的反省中为陈词也留下了一块地盘。尽管陈词在他的理论体系中没有任何的地位，但根据他的观点，陈词却是知识的来源之一。

四　洛克的"不能以人为据"

在文艺复兴之后的西方文明中，个人主义意识形态的统治地位与陈词受到忽略是有很大关系的。西方的政治的、社会的和经济的思想与实践深深地受到了强调权力、尊严和自主性的观念和理想的影响，这种影响反映在认识论上就是对认知、知识、真理、合理性和证据概念的强调。所以，个人主义意识形态的兴起与认识论成为哲学的核心问题是相吻合的，这种吻合使得理智相互依赖的问题被边缘化，从而忽略了对由这种依赖所导致的认识论问题的考察。

笛卡儿与洛克，一位是唯理论的代表人物，另一位是经验论的代表人物。在他们之间，尽管存在着许多差别，但在认识论上，他们都是个人主义强纲领的积极倡导者。笛卡儿并没有直接谈及陈词问题，但从他对相关问题的讨论中可以看出，他从根本上否认他人话语在知识事业中的作用。例如，在《方法谈》中，他蔑视教育对我们理智的效果，并且将教育与支配我们的爱好等而视之，认为爱好是不成熟的产物，虽然它是必需的，但它对于认识却是无能为力的。

"因此我反省到，在长大成人之前，我们都只是小孩，并且不得不被我们的爱好和老师支配一段时间，它们经常相互矛盾，而任何一者都没有给我们最好的建议。因此，我认为实际上不可能的是：如果我们从出生那一刻起就完全运用我们全部的理性，并且如果我们一直由其单独支

---

① Coady, C. A. J., *Testimony: A philosophical study*, Oxford: Clarendon Press, 1992, p. 21.

配,那么我们的判断就将如它们本来那样清楚和坚固。"①

值得一提的是,笛卡儿不仅认为陈词是不可靠的,而且也认为感官知觉一般也是不可靠的。对他来说,我们普通的思考方式依赖错误的目的论的形而上学,对此的矫正方法是系统的怀疑,他的形而上学也就由此产生。

与笛卡儿相比,洛克的个人主义色彩更多地表现在他的社会政治理论中。"我希望下述说法不会被认为是傲慢自大:在发现理性和沉思的知识中,如果我们在根基上,在事情本身上去探究它,并且利用我们自己的而不是他人的思想去发现它,那么我们也许就会获得更大的进展。……在我们的大脑中,他人观点的漂浮并不会使我们有一丁点更多的认识,虽然它们偶尔为真,但科学本身是什么就在于我们的固执。"②

洛克认为,作为一种极不可靠的信息来源,陈词是不能作为知识来源的。另外一个值得注意的观点是,洛克认为,知识不可能通过陈词而得到有效的传播,一个人不能仅仅通过接受他人的话语而获得真知识。洛克的这种思想被英国皇家学会作为"不能以人为据"(on no man's words)原则沿袭了下来。

洛克对陈词的否定是与他的意义的私人性理论相关的。洛克认为:"话语就其基本的或直接的意义而言是毫无用处的,而只是它们的使用者头脑中的想法。"③

洛克认为,报告者对 p 的陈述不可能使得听者知道 p 是怎样的,但是,他的确承认话语有时不仅仅是说者思想的标志,而且也代表了外在事物的实在性。也许是担心这种微小的让步会使知识处于"第二手"的境地,所以他补充说,当不使用说者自己的思想时,话语代表了公共对象,这将导致含糊和混乱。他认为,这种用话语代表事物的实在性的确是一种"反常"。在洛克看来,话语所代表的意义只是说者头脑中的思想,这种意义的私人性理论后来受到了激烈的批判。

---

① Descarte, R., *The Philosophical Writings of Descartes Volume* 1, Cambridge, 1985, p. 117.

② Locke, J., *An Essay Concerning Human Understanding*, Raleigh, N. C. Alex Catalogue, 1690, pp. 60 – 61. 电子图书,详见第八章首页注释 1。

③ Locke, J., *An Essay Concerning Human Understanding*, Raleigh, N. C. Alex Catalogue, 1690, p. 298.

在西方哲学中，直到弗雷格（Frege）和维特根斯坦（Wittgenstein），人们才纠正了这种"语言的编码概念"（达米特术语）。弗雷格适时地警告我们，如果语句仅仅表达说者大脑中思想的排列组合，那么你的勾股定理将不同于我的勾股定理，语言将仅仅是心灵感应的一个无效替代物；因此，除非可能进入说者的大脑中，否则，一个人将永远也不可能告知另一个人在世界的别的什么地方发生了什么事。

第二节 休谟的还原论方案

一 经验还原与理智自治

在谈及陈词的地位为什么会在 18 世纪的休谟那里发生转折时，施密特认为有两个历史潮流推动了休谟对陈词的思考。"一个潮流是近代实验科学的出现，近代实验科学与亚里士多德主义决裂并对物理世界给予了常识的描述。伴随着新科学出现的另一个潮流是对知识和意见区分的重新描述。如果新科学是知识，那么理性就不再能承担整个知识的重担，并且也不得不承认知觉的地位。……所以，休谟成为第一位赋予陈词信念以较高认识论地位的哲学家，并把陈词信念吸收到知觉信念中，这不是偶然的。"①

引起当代学者强烈质疑的是休谟的"论奇迹"一文（《人类理智研究》一书的第 10 节）。该文并不是用来专门讨论陈词认识论问题的，它的主要目的是想表明，陈词永远不可能为相信奇迹提供一个好的理由。在这里，休谟对"自然法则"的表述是含混不清的，并引起了极大的争议。但是，当代认识论学者所批评的是休谟在文中所表现出来的对待陈词的认识论态度。休谟对待陈词的认识论态度可以概括如下：

首先，休谟肯定陈词在认识过程中的证据性价值。他认为："……对于人类生活而言，没有哪一种类型的推理比源自于人们的陈词以及目击

① Schmitt, F. F., "Socializing Epistemology: An Introduction Through Two Sample Issues", in F. F. Schmitt, ed., *Socializing Epistemology*, Lanham, MD: Rowan & Littlefield, 1994, p. 3.

者或旁观者的报告更为普遍，更为有用，或者甚至更为必需的了。"①

其次，他将陈词的证据性价值还原为观察和经验。观察和经验属于知觉的范畴，可见，在休谟那里，陈词通过知觉发挥着作用。一方面，与先前的哲学认识论相比，休谟从排除陈词到包容陈词，这是一个巨大的进步；另一方面，在休谟的理论体系中，知觉与陈词具有明显的不对称性。与知觉相比，陈词的地位次要得多，陈词是通过委身于知觉的方式才在认识论中获取一席之地的。前者表明了休谟与从柏拉图到洛克的传统的决裂，后者表明，类似于柏拉图，休谟开创了一个还原论的先例。这种还原论的理念至今影响着当代的思想与文化。

最后，那么陈词又是如何通过委身于知觉的方式发挥作用的呢？从本质上看，休谟将陈词视作对某一类归纳推理（或可称之为一类"变异"了的归纳推理）的证实或支持。

"如下观点是一条普遍的座右铭：客观对象之间并没有可被发现的联系；我们从一个论断到另一个论断的一切推论仅仅是建立在我们的经验——对象经常的合规则的联结——之上的。很明显，我们不应把对人们的陈词的支持视作这一座右铭的一个例外，因为人们的陈词与各种事件之间同样没有任何必然的关联。"② 休谟似乎认为，我们相信某一个陈词的理由必须基于某种经验归纳的基础之上。

18 世纪之后，休谟的上述观点在思想界一直占据着主导地位，被认为是"公认的观点"。麦凯是休谟陈词还原论的当代拥护者之一。他承认"我们每个人所知道的大部分东西都是通过陈词得来的"，但又认为我们是自治的认知者。这种"自治的认知者"是这样一类人：他"知道那些被他亲身核实的东西"，并且只有当他亲自核实了他所依赖的目击者的可信性时，他才相信陈词。所以，对于传统经验论中的"自治知识"的概念而言，这种归纳还原论是不可或缺的，也就是说，"一个人通过陈词（通过其他人的告知，或通过阅读等）获得的知识，只有当认识者以某种

---

① Hume, D., L. A. Selby-Bigge ed., *An Enquiry Concerning Human Understanding* (2nd ed.), Oxford: Clarendon Press, 1966, p. 111.

② Hume, D., L. A. Selby-Bigge ed., *An Enquiry Concerning Human Understanding* (2nd ed.), Oxford: Clarendon Press, 1966, p. 111.

方式亲自核实了目击者的可信性时，才能被称作权威的知识"①。

二　休谟的含糊的经验与观察

对休谟还原论最彻底和系统的批判来自墨尔本大学的科迪（Tony Coady，又名 C. J. A. Coady）。1973 年他在《美国哲学季刊》上发表了"陈词与观察"一文，1992 年他对该文作了实质性的修改，收录在他的《陈词：哲学研究》一书的第四章"陈词、观察与还原论进路"一文中。科迪把休谟的论题称作"还原论论题"（reductionist thesis），他用缩写词 RT 来指称这一论题。

首先，在休谟对 RT 的陈述中，他对诸如"经验"和"观察"术语的使用十分含糊。休谟告诉我们，我们信赖陈词只是因为经验是可靠的，此处的经验指的是个人的观察和由此产生的期待；其次，经验可以指公有的经验（对他人观察的依赖）。休谟混淆了个人的观察与公有的观察，这种混淆在《人性论》的一段文字中得到印证。当讨论到事物独立自存的理由时，他说：

"我收到一封信，在刚一打开它的时候，我便通过笔迹和签名得知，这是我的一位朋友的来信，他说他在距我二百里路之遥的地方。显然，如果不在我的头脑中依据我的记忆和观察展现出我们彼此间间隔的海洋和陆地，以及路标和摆渡的持续存在和影响，我便无法说明这一现象。这对我在其他情况下的经验也是同样适用的。"②

科迪认为，休谟使用了"我的"观察，而他其实完全没有资格如此使用，因为大概没有人曾亲自看到过一封信从发信者手头发出直到它抵达目的地所经由的全部路径。休谟或许曾见到过邮递员、路标、渡口等，但他对于它们起了什么作用的确信（他对于邮政系统的信任）则是依赖一个复杂的陈词和推断网络的，在其中，他的老师和家长所告诉他的无疑是主要的，当然还有"我的记忆和观察"。当然，这并不否认，在一个非常简单的情形中，指出何为通过报告而知，何为通过个人观察而知是

---

① Coady, C. A. J., *Testimony: A philosophical study*, Oxford: Clarendon Press, 1992, pp. 80–81.

② Hume, D., L. A. Selby-Bigge ed., *A Treatise of Human Nature*, Oxford: Clarendon Press, 1967, p. 196.

相当容易的。①

　　休谟对个人观察与公有观察、个人经验与公有经验（common experience）的混淆为科迪的批判提供了一个契机。科迪进一步区分了两个 RT 论题：RT′与 RT″，前者将陈词还原到个人的观察与经验，简称 RT 的个人论题；后者将陈词还原到公有的观察与经验，简称 RT 的公有论题。

三　RT 的公有论题：循环论证

　　我们先看 RT 的公有论题 RT″，用公有经验和公有观察为依赖陈词作辩护。休谟常用"我们对于它们的恒常而有序关联的经验"这一短语，他用这一短语来指称人们的公有经验，而不仅仅是个人的观察与经验。他说："一个表面上看起来很健康的人突然死去，这并不奇怪，因为尽管这类死亡非同寻常，但还是常可见其发生的。但是，一个死了的人又活了过来，这就是奇迹了，因为这在任何时代，任何地方都不曾见到过。因此，必定存在一种统一的经验，它与每件不可思议的奇怪之事相反；否则，所谓奇怪之事便无足称奇了。"②

　　在这里，休谟的"经验"和"观察"的含义明显是公有的经验和观察。这一点可以通过他所提及的"统一的经验"，以及他所使用的短语"在任何时代任何地方……见到"得到印证。

　　这样，"休谟所论证的 RT 陷入了恶性循环，因为作为一种证据形式的陈词所依赖的经验本身又是依赖以相同的方式还原的他人的陈词的。为了知道他们的观察是什么，我们不得不认真地对待他们的报告，将他们的观察（即他们的报告）作为我们接受的一个主要理由是令人可笑的"③。

　　利普顿并不完全赞成科迪的批判，但他也认为，混淆个人的观察和经验与公有的观察和经验的确是休谟的一个失误。"这种对公有经验的诉诸构成了一个恶性循环，因为你只能在他人陈词的基础上知道他人观察

---

①　Coady, C. A. J., *Testimony：A philosophical study*, Oxford：Clarendon Press, 1992, p. 81.

②　Hume, D., L. A. Selby-Bigge ed., *An Enquiry Concerning Human Understanding* (2nd ed.), Oxford：Clarendon Press, 1966, p. 115.

③　Coady, C. A. J., *Testimony：A philosophical study*, Oxford：Clarendon Press, 1992, p. 81.

到什么。你能够合理诉诸的仅有证据是在你亲身听到的和你亲身看到的之间的一种关联，而这离休谟所要求的对我们所接受的所有陈词进行核实的要求相去甚远。"①

为什么休谟会"经常公有地解释观察与经验"呢？利普顿认为："一旦陈词被接受下来，无论根据何种基础或有无基础，我们通常就会将它们视作个人观察的产物。休谟似乎就是这样做的，作为一个伟大哲学家，即使他没有这样做的动机。"②

四 个人论题 RT′：无穷的倒退

我们再来看 RT 个人论题 RT′。休谟式的关于 RT′ 的一种说法如下：我们信赖某类作为证据的陈词，这是因为我们每个人都亲自观察到在人们的报告与世界实际的状态之间存在着一种持续不断的合乎规则的联系。尤其是我们每个人都亲自观察到在各类报告与各类事态之间的持续不断的联系，以致我们有很好的归纳依据，期待着这种联系在将来也会持续下去。

休谟"将一类报告与一类事态联系起来"，他说："当源自目击者与人们的陈词的证据是基于以往的经验时，它便会随着经验而变化，并且根据被观察到的任何一类报告与任何一类对象之间的持久不变的联系而被视作一种证明或一种可能性。"③

科迪认为，要求我们完全以个人的经验与观察的方式做到 RT′ 所要求的全部的实地调查，这是极其荒谬的。我们当中的许多人从未目睹过一位婴儿的出生，也从未亲自观察到人体的血液循环，从未亲自核实过全世界实际的地理状况，从未考察过任何一个土地法案例的公正性，我们从未对构成我们知识的理由的东西进行过观察。当然，已经有人替我们进行了这种观察，但是根据前述对 RT 个人论题的解释，他人的观察对我

---

① Lipton, P., "The Epistemology of Testimony", *Studies in History and Philosophy of Science*, 1998：29, p. 16.

② Lipton, P., "The Epistemology of Testimony", *Studies in History and Philosophy of Science*, 1998：29, p. 17.

③ Hume, D., L. A. Selby-Bigge ed., *An Enquiry Concerning Human Understanding* (2nd ed.), Oxford：Clarendon Press, 1966, p. 112.

们来说仍然是陈词或报告，因此，我们并不由此获得安慰。

而 RT′ 的辩护者可能会如此反驳：休谟所要求的在个人经验中的联结是在一类报告和一类对象之间进行的，这便卸去了不得不进行的全部的观察，并使得这一方案对于个人来说是相对容易完成的。但是，这种为 RT′ 的辩护却是无效的。

五　个人论题 RT′ 的变形

当休谟用个人的观察与经验来为 RT 辩护时，他的术语的确是含糊的。因此就有必要考察 RT′ 的变形。首先，在"任何一类特殊的报告与任何一类对象"之间发现恒常的关联中，"一类报告"是指什么，"一类对象"又是指什么？休谟并未提供任何的解释。

"某类报告"似乎要么是指某类说者（提供者）的报告，要么是指某类报告中所包含的内容。如果它是意指前者（休谟的一些话语似乎表明了这一点），那么这类说者大概不会是由诸如他们的肤色或国籍或发型或身高等因素来决定的，毋宁说，与之相关的是，他们的权威或专门知识或关于他们所说的可信性的证明。于是，在这种情形下，RT′ 可以重新表述如下：我们相信陈词，是因为我们每个人都亲自观察到在专家（或权威）的报告与在大量情形中被观察到的各类的状态之间存在着相关性。

但这种解释的主要困难在于：不能仅仅通过看到他是白种人或个子高的方式就能确定一个人是不是某一问题的专家或权威。比如说，某人是地理学或东南亚政治学领域的专家，我们要么是通过其他人的陈词而得知的（在大多数情况下），要么是通过观察到他的报告与世界上实际发生的情况具有高度相关性而确立起来的。如果是前者，那么，根据 RT′ 的辩护纲领，我们将无法进一步前进，因为在确立专家意见的过程中，完全相同的问题将会一次又一次地出现。"我们不能在专家和事态之间确立关联，因为不诉诸陈词，我们不能确定谁是专家。"[1] 如果是后者，那么也就意味着为了观察专家的报告与实际情况之间的高度相关性，我们自己必须亲自观察，并且有能力确定专家的报告与实际情况之间的高度相

---

[1]　Lipton, P., "The Epistemology of Testimony", *Studies in History and Philosophy of Science*, 1998：29, p. 19.

关性。这并未使我们摆脱"个人观察"的困境，同时，这又要求我们为了能够确立两者之间的相关性，我们自己首先必须成为专家。所以，权威或专家的看法将不可能向我们提供有关"一类报告"的任何特殊的说明，也就是说，我们不能用"一类说者的报告"作为"一类报告"的等价替代物。

既然不能将"某类报告"解释为"某类说者的报告"，那么只能将其解释为"某类报告中所包含的内容"。这似乎是阐释休谟意图的一种很自然的方式，但这种解释遇到了一个与归纳推理相关的多重分类的问题。为确立休谟所要求的"某类报告与某类事态"之间的关联，我们就必须确定"某一个"特定的报告是否属于"某一类"报告。这就是科迪所说的："在某一个报告有资格称作某一类报告之前必须附加上该报告的一般性程度。"

科迪举了一个例子，"Taronga 动物园里有一只生病的狮子。"这一报告是属于哪一类报告——医学的报告或是地理学的报告，经验的报告或是存在的报告？基于休谟的假设，如果琼斯以一种方式分类，那么她可能有很好的理由接受这一报告；而如果她以另一种方式分类，那么她就没有理由接受这一报告。既然任一分类方式在逻辑上都是允许的，那么琼斯是否有好的理由接受这一报告似乎是一件捉摸不定的事。"同一个陈词可以以不同方式分类也适用于观察。"

"虽然这并没有使得归纳推理不可行，但是，在实践中如何避免归纳不一致的问题，哲学家发现这是很困难的。所谓新归纳之迷就是这种困境的一般的和典型的一个例子。"[①]

六　不相关论题：对还原论根基的批判

科迪对休谟还原论的第三个批评与"陈词的普遍虚假"的理论预设相关。在陈词和事实之间不存在相关性的命题，我们称其为"不相关论题"。而这种不相关论题的前提事实上排除了公共语言的存在，这导致了还原论在根基上不成立。

---

① Lipton, P. , "The Epistemology of Testimony", *Studies in History and Philosophy of Science*, 1998: 29, p. 18.

休谟并没有说他的还原论是基于"陈词的普遍虚假"的理论预设的基础之上的。那么科迪是如何得出这一结论的呢？休谟说："我们对目击者和历史学家给予任何信任的理由并非源自于我们先验地感知到的在陈词与现实之间存在的任何联系，而是我们通常发现它们之间是相符的。"[①]科迪据此作为休谟接受陈词普遍虚假的可能性的证据，同时也认为休谟的还原论方案需要这种假设。科迪说，"这里一个明显的含义是，我们本应发现（尽管我们实际上不曾发现），在陈词与现实之间其实不存在任何联系。休谟的观点要求这样一种可能性：我们清楚地将人们关于世界的报告孤立出来，通过亲身观察将其与世界实际状态进行比较，以发现它们之间或高或低或根本就不存在的相关性"[②]。

休谟的 RT 方案似乎要求我们有能力发觉一种非相关性的情形，而科迪努力表明，这种要求是根本不能满足的。"在陈词与现实的情况之间至少应存在最低限度的相互关联。"如果有意义地运用语言的能力是与作出各种真实报告的行为相关联的，那么可以肯定的是，始终如一地（一致地）作出各种真实报告的行为恰恰是至关重要的。

科迪从公共语言的角度出发，采纳了休谟的陈词普遍虚假的假设，构造了一个"火星人的社会"，在这个社会中，人们所给出的话语（陈词）与现实具有"不相关性"。

设想在一个世界上，经过深入的考察发现，在报告与（个人观察的）事实之间没有任何相关性。例如，一个火星人的社会处于 RT′ 所允许的"不相关"的混乱状态。他们有一种语言，然而，令我们惊讶的是，当他们用名词指称不在场的事物时，他们所说的都是我们能观察到的虚假的东西。比如，他们总是彼此告知错误的时间和地点，虚假地给出他们的姓名和住址，虚假地说出户外的天气情况，虚假地给出关于他们曾去过何地，做过何事的信息。如果他们据此报告，那么我们不能想象听者对这种错误报告会无动于衷；我们必须问，听者在此基础上将如何行动，以及当他们面对完全相反的现实而误入歧途时，他们将对此作何反应？

---

① Hume, D., L. A. Selby-Bigge ed., *An Enquiry Concerning Human Understanding* (2nd ed.), Oxford: Clarendon Press, 1966, p. 113.

② Coady, C. A. J., *Testimony: A philosophical study*, Oxford: Clarendon Press, 1992, p. 85.

有一件事他们无法去做，即愤怒抑或悲哀地报告说，那个最初的陈词是错的。

"总之，任何一位火星人都有如下四个强有力的理由不相信其他火星人似乎正在告诉他的事情：（i）无论何时，当他亲自核实他们的'报告'时，他发现它们都是虚假的，（ii）他发现，相信他们会不断地使他在实践中误入歧途，（iii）他发现，像其他人一样，自己告知他人的也是完全靠不住的，（iv）其他人经常对超出他们的核实能力的事情给出充满混乱和不一致的报告。因此，很难想象火星人会有如同我们通常所称的报告行为，因为根本不存在对他人'报告性的'话语的信赖。"① 在这样一个极度混乱的世界中，我们还有什么理由说，报告的行为存在呢？

这种错误报告的虚假性不可能一以贯之地持续下去。"尽管用语词作出各种真实的报告与正确地运用各种语词完全是两码事，但是用语词作出各种真实的报告的能力却是与正确地运用各种语词的行为密切相关的，而且这种能力是一种只能在进行真实报告的行为中才能够展示出来的。"在这种假设之下，火星人从来不去告诉孩子们各种语词的实际使用的方法，基于这种不相关性的假设，火星人社会中的儿童是没有办法学会语言的。

科迪认为，在各类报告与各种事态的实际状况之间并不存在着任何这样或那样的相互关联，如果这一假设成立，那么将会有以下结果："（a）报告的行为将不会再存在，（b）即使还存在着各类报告，但也不会存在确立休谟的相关性或非相关性的任何方式，因为根本不存在确定它们关联的方式，并且（c）一种公共语言的观念似乎是被颠覆了的。"②

利普顿认为，科迪由休谟的那段引文得出休谟还原论的"不相关"的假设本身是有问题的。休谟的方案是否真正地采纳了普遍虚假的假设？利普顿认为，休谟的本义是"单独地考察，每一个报告可能是假的"，但是，并不能得出"所有的报告都是虚假的"的结论。③

---

① Coady, C. A. J., *Testimony：A philosophical study*, Oxford：Clarendon Press, 1992, p. 87.

② Coady, C. A. J., *Testimony：A philosophical study*, Oxford：Clarendon Press, 1992, p. 93.

③ Lipton, P., "The Epistemology of Testimony", *Studies in History and Philosophy of Science*, 1998：29, pp. 18 – 21.

我们认为，即使利普顿对休谟的解释是有道理的，科迪的第三个批判仍然可以以一个较弱的形式继续存在：不存在一个休谟式的语言使用者的共同体，在这个共同体中，每一个报告都可能是假的。总的来说，学界比较一致的看法是，科迪对休谟循环论证和个人还原论题的批判足以使得休谟还原论的企图泡汤。

第三节　里德的基础主义方案

里德比休谟年轻 11 岁，18 世纪之后，无论是在大陆哲学中还是在英美哲学中，他都是一位受到忽视的哲学家。为什么里德会被哲学史所忽略呢？沃尔特斯托福认为，大概有如下三个原因：第一，人们通常强调里德的常识理论，以至于忽略了里德对哲学传统的拒斥。他的常识理论给我们造成的印象是，他离开了休谟，返回到洛克。第二，哲学家们在历史上的地位通常是由他们对重大挑战式的理论问题的回答来确立的，而里德较少以回应挑战的方式来论述他的思想。第三，历史上第一部哲学史是由黑格尔写的。黑格尔的哲学史是正反合三段论式的。在这种黑格尔式三段论的框架之下，大陆理性主义、英国经验论，以及作为综合的康德哲学和黑格尔哲学构成了整个近代哲学。而里德既不是一位经验论者，也不是一位唯理论者，因此，在黑格尔式的三段论框架内，没有里德的容身之处。[①] 也许可以用一个希腊典故作一个形象的类比，床太短了，那么只好将普罗克拉斯提斯的腿砍掉。

值得欣慰的是，20 世纪 80 年代以来，在哲学界掀起了一股里德热，里德的著作和研究里德的专著陆续得到了出版。本章所依据的里德的著作有两本，一本是由布鲁克斯（Brookes）编辑的，由宾夕法尼亚州立大学出版社于 1997 年出版的《人类心灵能力研究》（以下简称《研究》，注释中简写为 IHM）；另一本是由伍兹利（Woozley）编辑的，由麦克米伦有限公司于 1941 年出版的《人类理智能力评论》（以下简称《评论》，注释中简写为 EIP）。

---

① Wolterstorff, N., *Thomas Reid and the Story of Epistemology*, Cambridge University Press, 2004, pp. ix – x.

一 社会理智能力

里德在《评论》的第一部分第八章"心灵的社会运作"中说："就其本性而言，一部分心灵的运作是社会的，另一部分则是单一的。"① 他认为，心灵有理智和情感两个方面，同时又有"社会运作"与"单一运作"两个方面。"心灵的社会运作"包括"人类的社会理智"和"社会情感"两个方面。在里德看来，陈词是心灵的社会运作，表达心灵社会运作的行为均属于陈词。在这种理解中，陈词不再局限于名词而是表达社会行为的动词。

里德认为，"社会运作必然假定与其他人类理智的社会交往"。人类的理智行为有哪些呢？里德认为，当一个人"询问消息，或接受消息；当他作出陈词，或接受陈词；当他请求帮助，或接受帮助；当他向仆人发出指示，或从上司那里接受指示；当他作出保证或签署合约时，这些都是在人类理智间进行的社会交往行为，而单一的心灵是无法完成的"②。例如，询问就属于一种人类社会理智行为，"询问就像是判断或推理一样的简单的运作，但它既不是判断也不是推理，也不是简单的理解，也不是它们的综合。陈词既不是简单的理解，也不是判断，也不是推理"③。这是因为，理解、判断和推理是理智的单一行为。④

在区分了心灵的"社会运作"和"单一运作"之后，里德问道："为什么沉思的人们如此焦虑地分析人的单一运作，而几乎不关注社会运作？"⑤ 里德认为，其原因是，社会运作是处于简单的理解、判断和推理的经典理论框架之外的，历史上的哲学家都热衷于对后者进行探讨。他注意到，休谟对传统认识论理论的重建足以使得陈词在认识论理论中有了立足之地，但是从其理论框架出发，不可能正确地讨论陈词。他批评

---

① Reid, T., *Essays on the Intellectual Power of Man* (A. D. Woozley, Ed.), Macmillan and Co., Limited, 1941, p.48. 本章以下简称 EIP。

② EIP, p.48.

③ EIP, p.49.

④ 里德认为，判断不属于陈词，这引起了很大的争议，研究里德的学者大多对此提出了批评。

⑤ EIP, p.50.

休谟的陈词还原论就像是"把人类的社会情感还原为单一的自爱的情感一样"。

在里德看来，人类社会理智能力与单一理智的行为具有同样的原初地位，他强烈地反对将人类的社会理智行为还原为人类理智的单一行为。"上帝让我们成为社会存在，为此，他赋予我们社会理智能力（social intellectual power）和社会情感（social affections）。社会理智能力和社会情感是人类构成（constitution）的原初部分，它们的运作像单一的和自爱的能力运作一样的自然。"在里德看来，"远在我们具有判断、推理这些单一的理智能力之前，我们就具备了社会理智能力和社会情感"①。

里德又从语言的角度论证人类社会理智能力的原初性，他认为，所有的语言既适用于表达心灵的社会运作，又适合表达心灵的单一运作，但是，"一个不与其他人类理智交往的人是不会有语言的"，他就像野兽一样。"语言的结构表明它本身依赖人类社会理智的交往行为。"②

里德对陈词讨论的意义在于，里德所讲的人是一种"社会的人"，他所讲的理智能力/行为是一种社会的理智能力/行为。他对陈词的讨论框架本身突破了传统认识论的局限性。虽然里德对陈词的讨论不像对知觉的讨论那样系统和全面，但它却是令人惊叹和富有启发性的。

二 知觉与陈词的类似

里德说："人类知识的对象是无数的，但通往心灵的途径却是很少的。在这些途径中，通过感觉对外部事情的知觉，以及对人类陈词的接受是相当重要的：两者之间的类似是相当显著的，以及在支配两者的心灵原则之间的类似也是相当显著的，……不必进一步地辩解，我们应当将它们结合起来考察。"③

知觉与陈词之间的类似构成了里德的讨论线索。里德在《评论》中提到陈词与知觉的类似，但在《研究》中，又对两者间的不同之处以及

---

① EIP，p. 49.

② EIP，p. 50.

③ Reid，T.，*Inquiry into the Human Mind*，（Derek R. Brookes，Ed.），Pennsylvania State University Press，1997，p. 190. 本章以下简称 IHM。

两者之间的关系作了广泛的探讨。

在传统的理论中，知觉被公认为是认识的一个独立的来源，其在认识论中的地位与合法性是毋庸置疑的。为了论证陈词在认识论中的地位与合法性，里德采纳了一种比较的方法，比较两者的类似与区别之处，这是一个非常有趣的论证视角。

里德对知觉分析的独特之处在于，为了说明感觉经验是如何唤起产生它们的对象性的信念，里德引入了原初知觉（original perception）与习得知觉（acquired perception）之间的区分。

"我们的知觉有两种类型：一些是自然的和原初的，另一些是习得的和经验的结果。当我感觉到这是苹果汁，那是白兰地，这是苹果的气味，那是橘子的气味……这些感觉和相同种类的其他东西不是原初的，它们是习得的。但是，通过触觉所获得的物体的软硬、外延、特征和运动的感觉，不是习得的，而是原初的……通过［视觉］我起初仅仅感知到物体的可见的特征和颜色，以及它们的可见的位置，但是通过眼睛我们学会了几乎所有我们通过触觉感知的事。"[1] 在知觉中，感觉的作用是产生其对象的标记；通过阅读这些标记，解释这些指示器，我们获得了对外部世界的知识。习得知觉的范围从诸如对深度的视觉知觉到专家对船体重量差异的视觉知觉，以及到专家对距离的听觉知觉。

里德并没有简单地把陈词作为一种语言形式，而是把它作为一种人类用以向他人交流他们的思想和意图的标记。我们先看他对自然语言与人工语言所作的区分，与当代的用法不一致，里德将英语称作人工语言，而不是自然语言。这是因为，人工语言起源于人们的制度和协商的一致。所以，自然语言与人工语言是不对称的，人工语言预设了对自然语言的理解，不仅在人工语言的获取中涉及自然语言，而且在人工语言的使用中也涉及自然语言。在里德看来，在人类获得人工语言（如英语）之前，人类就具有一种内在的理解系统，他把这种内在的理解系统称作"自然语言"。"人类自然语言的成分，或自由地表达我们思想的标记可以还原为这三种类型：声音的模式，手势和特征。"[2] 人们对这些标记的理解是

----

① IHM, p. 171.

② IHM, p. 59.

先天的，它们是通过人类本性的原则而被所有人理解的。

里德的论题是，"在习得知觉和人工语言之间，存在着一个巨大的类似；同样，在原始知觉和自然语言之间仍然存在着一个很大的类似"①。

里德表明，首先，从陈词的结构到相信陈词的结构，以及他所说的知觉结构之间有一种紧密的类似性。类似的关键在于标记的作用，即对标记的直接的、非推论的解释的作用。其次，里德想说明的是，在相信陈词的运作原则与知觉的运作原则之间存在着紧密的类似性。

在自然语言和原初知觉的运作中，两者之间的类似是相当密切的。"当我手里握着一只象牙球，我感觉到一种触觉。在感觉中，不存在着外在的有形的东西。感觉既不是圆的也不是坚硬的……但是，通过我们本性的构成，感觉伴随着下述信念：一只圆的和硬的物体的确在我手中。"类似地，"当我看见一个表情丰富的面部特征时，我仅看见不同的脸部外形和修饰过的外貌，但是，通过我们本性的构成，可见的对象却变成了一个人心灵的激情"。"在前一种情形中，触觉是一种标记，这种感觉使得我所把握的物体的硬和圆变得重要。在后一种情形中，一个人的表情是一个标记，它使得一个人心灵的激情或情绪变得重要。"②

在原初知觉中，自然通过将特定的性质附着于待定的感官而将感觉的标记直接呈现给我们，我们并不从感觉的性质中推论出自然和性质的存在，因为它们之间没有共同之处。准确地说，我们通过"人类构成的特定原则"将感觉转换成知觉。

在人工语言和习得知觉之间也存在着类似。尽管标记像在原初知觉中那样运作，并且总是暗示事情的重要性并产生关于它的信念，但是，作为一种标记，习得知觉，它的重要性却是通过经验发现的。

尽管里德认为我们对知觉和陈词的依赖在认识论上是原初的，是以标记为中介的，以及在形式上受类似原则的支配，但是他也强调了特定的不类似之处。最显著的是，陈词依赖于人的愿望，所以容易具有欺骗的缺点，而知觉则没有这一缺点。陈词失效的原因在于不诚实，大部分陈词由传递知觉信念所构成，在传递的过程中确实存在着出现错误的可

---

① IHM，p. 190.

② EIP，p. 388.

能性。里德认为，知觉没有这一缺点，当我们很好地理解他人的语言时，他人会以说谎的方式误导我们，但自然从不以这种方式误导我们，它的语言总是事实，我们陷入错误是因为我们误解了它。

当然，他也意识到，我们易受各种通常称作知觉错误的影响，以及我们也的确谈及感觉欺骗我们。不过，里德并不喜欢这种谈及问题的方式，并且表现出将知觉错误极小化的倾向。在《评论》第二部分第二十二章"论感觉的错识"中，他在两种观点之间犹豫不决：感觉到的一般是没有错误的，以及严格地说，感觉是没有错误的，错误是属于我们的不谨慎或对它们的不恰当的使用。但在这一章的末尾，里德承认一种严格意义的知觉错误，但这种错误不能称作欺骗，而是由诸如嫉妒引起的感觉的混乱。[1]

三　语言的标记功能

他认为，为了了解陈词的运作，我们不得不去了解所谓语言的"标记"功能。对应于人工语言和自然语言的区分，里德区分了人工标记与自然标记。在《研究》的第五章第三节"自然的标记"中，他从自然标记中区分出三种类型。传统的知觉仅处理一种感觉的自然标记。在这种情形中，感觉是导致信念的一个标记，我们对这种标记的理解是直接的。第二种类型的自然标记包括在自然界中发现的所有的因果因素，它们是在自我之外的，我们对它们的解释并不是直接的。如果两个事件之间因果相关，那么结果就是一个原因的标记，一个对其原因的指示器，包含着其原因的信息。对于大多数因果情形，人们并不能立即解释它所包含的原因因素，理解原因因素所需要的是经验、研究、推理和理论化。自然科学就是我们作这类系统化解释性的事业，它解释自然的标记。[2]

第三种类型的标记是与陈词密切相关的，里德称其为"心灵的自然语言"。与第二种类型的标记一样，它是外在于自我的一种因果因素；与第一种类型的标记一样，"通过自然的原则，不需推理或经验"，一个人对它的解释是直接发生的。例如，"脸部的特征、声音的模式以及身体的

---

[1]　EIP，pp. 192 – 193.

[2]　IHM，pp. 59 – 60.

运动和姿势",它们是"思想、目的和心灵状况的自然标记"①。"特定的表情特征,声音的响亮和身体的姿势表示了特定的思想和心灵的状态。"在这些标记和心灵之间,自然创造了一个真实的联结。② 里德认为,对此没有人会表示异议。此外,通常没有人会对我们是直接解释这些标记的观点表示异议。于是,我们可以将这样的标记称作"心灵的自然语言"③。

这种心灵的自然语言的运作是与知觉的运作并列的:"标记使得事情成为重要,并且(直接)产生了关于它的信念。"在一群人中,一个人没有发出清晰的声音,也可以举止优雅、谦恭、有礼貌,或者相反,卑鄙、粗鲁和无礼貌。通过在他的表情和行为中的自然标记,我们就可以明白他的心灵的状态。④

对标记的理解,究竟是先天的还是后天的?"我们是通过我们本性的构成,通过一种类似于(原初的)知觉来理解[这些自然语言的标记的]意义,还是说,从经验中逐渐地学会这些标记的意义,正如我学会烟是火的标记,或结冰是冷的标记一样。"⑤ 毫无疑问,里德认为,前一种选择是正确的。

为什么是这样? 里德给出了两个理由。首先,在获得经验之前,婴儿就能解释特定的面部表情和声音的模式。"小孩,当他们一出生时,就对危险的或不愉快的声音感到吃惊并产生迷茫……在获取经验之前,最具敌意的表情像最温和的与善良的表情那样令人愉悦,我们能这么说吗?"成人的经验支持这一结论。聋哑人,通过使用自然的标记,甚至让那些不懂他们语言的人在很大程度上理解他们的意思。商人,在语言不同的国家中旅行,"通过自然的标记,能够买和卖,要求和拒绝,表现出友好或敌意的心态"⑥。

其次,当看见这些标记时,我们总是看到与它们相伴随的重要的事。经验也许是一个指示器,它教导我们标记是如何被解释的。但是,当我

---

① IHM, pp. 60 – 61.

② IHM, p. 190.

③ IHM, p. 59.

④ IHM, pp. 190 – 191.

⑤ EIP, p. 387.

⑥ EIP, pp. 387 – 388.

们仅仅看见标记时，当其意义是不可见的时，经验如何教导我们？所以，里德认为，思想和心灵的激情，以及心灵本身是可见的，所以，它们与标记的联结首先不是被经验发现的，这种知识必定存在着某种更先前（先在）的起源。

标记的作用是什么？里德的论述是含糊其辞的。语言的"标记"使得什么"成为重要的"？"人的愿望"又是如何与语言的"清晰的声音"发生关联的？里德并未说清楚。如果我们沿着言语行为论的线索思考，那么答案将是奥斯汀的以言行事行为，这种以言行事行为与发出清晰的声音关联：诸如断言某事的行为，对某人发出某个命令的行为，向某人询问某事的行为。

虽然里德并没有试图创建语言哲学理论，但是他似乎采纳了言语行为理论的思路，当然，里德所关注的并不是语言的维度。在他看来，在我们说出的话语和我们由此实施的语言行为之间的关联并不是一种因果关联，而是更像一种"构成性的"关联；以这样的或那样的先天方式，这种关联依赖于"人的愿望"。

在使用人工语言时，我们同样地例示化我们所相信的，我们想要的，以及我们想知道的。语言有时能够用于断言我们真的不相信的事情，实施我们真的不想做的事情，询问我们真的不想知道的事情。

一个人话语的说出可算作他在断言，但不限于此，一个人话语的说出，在事实和意图上，是他的精神世界的一个标记。"通过语言，我了解了人类为了向他人交流他们的思想、意图、目的和欲望而使用的所有那些标记。"[1]

四　诚实原则与易信原则

在里德看来，某人话语的说出，是作为一个人所相信的和想要做的标记。"我没有看见迈克尔离开家里"，这是我相信我没有看见迈克尔离开家的标记。与自然语言的运作相比，人工语言的运作相对容易。以特定的方式和在一定的场合，通过说出这些话语，我断言我没有看见迈克尔离开家。根据人类通常遵循的使用语言的"诚实规范"的基本义务，

---

[1]　IHM, p. 51.

我的断言是我如此相信的标记。

与此对比，在这种方式和场合下，我的话语的说出与我作出的断言之间的关系不是一种因果关系，而应该说，我的话语的说出算作断言。存在着一个将前者算作后者，反之则不行的有效规则。正是因为这个规则，说出算作断言，以及断言算作信念。

里德认为，在我们学会语言之后，"作为自然语言的标记总是使得事情成为重要的，并且产生了它的信念"。但是，对里德而言，重要的事并不是已作出的断言，准确地说，是产生的信念。这里的关键是，虽然在听者那里的确产生了信念，但是这个信念并不是说者所具有的信念。很明显，下述区别是很重要的：相信说者相信 p 与相信 p 之间的区别。但是，里德用"标记"的术语模糊了这种区别。标记，换句话说，说者话语的说出和/或说者的断言，是导致我们对事情的直接信念。

里德所关注的主要问题是：这种状态是怎样发生的？当某人告知我 p 时，我直接相信 p，为什么会这样？里德所寻找的是能够说明它的原则。用里德的术语，这一问题可以区分为"一对"问题：第一个问题是，人们所作出的断言是他们所相信事情的标记，我的 p 断言是我相信 p 的标记。怎样说明这一事实？第二个问题是，听者趋于相信他们所认为的说者所作的断言，以及读者趋于相信他们所认为的作者所作的断言，又怎样说明这一事实？里德特别关注的是：我们在这里所涉及的原则的是"原初"的，还是"习得"的？

先看第一个问题，里德的观点是，我们的断言是我们信念的标记，因为上帝将所谓"诚实原则（the principle of veracity）置入我们的本性之中"，也就是"说实话，以及使用语言的标记传达我们真实情感的倾向。"[1] 当然，根据里德，我们是自由的主体，所以，说实话就是一种倾向，而不是一个因果必然性规则。我们能够坚持这种倾向，准确地说，通常能够坚持这种倾向。"说实话……是心灵的自然流露。它不需要技巧或训练，没有诱因或诱惑，我们仅仅是服从一种自然的冲动。相反，撒谎违背了我们的本性，没有某种诱惑，即使是最坏的人，撒谎也是不老

---

[1]　IHM, p. 193.

练的。"①

出于内在的本性我们说实话。"说实话就像食用自然食物，我们出于食欲这么做，虽然这并不服从任何目的。"为了达到某种目的，我们说谎。"说谎就像是服泻药，倒胃口，若不是为了达到不说谎就不能达到的目的，那么没有人会这么做。"在这里，围绕目的出现了一个不对称。②

针对这种不对称的目的，有人或许会对里德提出以下反驳：当人们撒谎时，人们有某种这么做的目的，尽管这是事实，但说实话也遭遇同样的情形。例如，"受到道德的或政治的考虑"而说实话，因此，说实话"不是诚实的原初原则"，没有不对称。无论一个人说真话或假话，他或她也许都是为了某个目的而这么做的。

里德并不否认，为了达到某个目的，我们有时说真话。不过，他认为，这并不是普遍的情形，其理由有二。首先，"在我们达到能够理解和反思的年龄之前，道德的和政治的考虑是不会有任何影响的；从经历上看，儿童在受到这种影响之前，他们总是在说真话，这是确定的。如果自然让说者的心灵自由地获取平衡，对说真话或说假话没有任何倾向性，那么儿童就会像经常说真话那样撒谎，直至理智成熟到否定撒谎，或直至良心发现其不道德性"③。显然，这与现实不符。

其次，"当我们受到道德的或政治的影响时，我们必须意识到这种影响，并且基于反思能够感知到它。现在，当我留心地反思我的行为时，我并没有意识到，在日常说真话的情形中，我受到了任何道德的或政治的动机的支配。我发现，真话总是挂在嘴边，若不咽回去，总是不由自主地说出。说出来并不需要好的或坏的意图……当不存在撒谎的诱惑时，我们本能地说真话"④。

所以，里德认为，讲真话通常是缺乏动机的。此外，里德认为语言的存在依赖于诚实原则（语言的存在依赖于人们普遍地和诚实地说）。"通过这种［诚实的］本能，在我们的话语和思想之间构成了一个真实

① IHM，p. 193.
② IHM，p. 193.
③ IHM，pp. 193 – 194.
④ IHM，pp. 193 – 194.

的关联，于是前者适合作为后者的标记，否则话语是不可能存在的。虽然在每一个撒谎和模棱两可的实例中这种关联遭到了破坏，但是这样的实例是相对少的，人类陈词的权威由此而受到削弱，但却没有被损毁。"① 在这里，里德首创了用语言的存在来论证"诚实原则"，这一思想为后来许多学者［如斯特劳斯、达米特（Dumett）等人］所继承和发挥。

至此，里德论证的结论是：当我们相信某事时，我们才断言，这是人类的一种"内在倾向"，用里德自己的话来表述就是，"使用语言标记来传达我们的真实情感"。

一个人或许仅有断言他所相信的事情的倾向，但同时却不具有说真话的倾向。更可悲的是，在一个人所相信的事情中也许存在着一个很高比例的虚假。里德认为，如果我发现在你的断言中有规律性的不诚实，或者，如果我发现在你的断言中有规律性的诚实但却误导听者，那么这将导致我不相信你的断言。这里，里德对陈词的完整描述是，不仅将诚实原则理解成说者断言个人所相信的事情，而且还要求听者对说者持有一种态度。这其实就涉及第二问题：陈词的接受。

里德说，与诚实原则相应的是易信原则（principle of credulity）②，也就是说，"对他人诚实的信任，以及相信他们所告知我们的"一种内在状态。"贤明和仁慈的上帝，希望我们成为社会的动物，以及通过他人的陈词让我们接受最大量的和最重要的知识，所以，为了达到这些目的，他将两个相互一致的原则置入我们的本性之中。"③

"相信他人所告知我们的"，这些话语和类似的话语不断地出现在里德的著作中，但这并不表明，里德试图将这一原则应用于所有断言的场合。里德并没有将所有断言的情形都作为陈词的情形，最明显的是他区分了陈词与判断。"肯定与否定通常是陈词的表达，它们是心灵的不同行为，应当与判断区别开来。"例如，一位法官询问目击者，对于他听到或

---

① IHM, p. 194.

② 在英汉类词典中，credulity 通常译为"轻信"，轻信有贬义词的含义，但里德是在正面的含义上使用 credulity 一词的，所以，译成"易信"也许更恰当。

③ IHM, p. 193.

看到的事知道些什么。通过肯定或否定某事，证人作答。但是他的回答并不表明他的判断，而是陈词。同样，我询问一个人对科学中的事务或批评的看法。他的回答不是陈词，而是判断。陈词是一种社会行为，在本性上是用话语或标记表达的。"在陈词中，一个人用他的诚实保证他所肯定的，所以虚假陈词是撒谎；但错误的判断却不是谎言，它仅是一个错误。"①

易信原则是一个先天的原则，里德对它的论证是一种反证法论证。

如果自然让听者的心灵处于均衡状态，而对信任与怀疑没有任何倾向性，那么我们就会在当我们有一个人讲真话的肯定性证据时才会接受他的话语。……在陈词中，当没有相反的事出现时，对人类陈词的取舍是通过自然倾向信任的一边而实现的，也就它本身的一边，这是明显的。如果不是这样，那么在交谈中话语就不会得到信任，直到它们受到人们的核实和检验。为了相信为数众多的被告知的事情，大多数人将不可能寻找到理由……

在这种假设之下，儿童将处于绝对的怀疑之中，所以不能教导；对人类生活以及对人的礼节和品德没有什么知识的人则处于次级的怀疑状态之中；最容易相信的人将是那些有广泛的经验和最深的洞察力的人，因为在许多情况下，他们有能力为相信陈词发现好的理由，而无能力的人和无知的人则不可能发现这些理由。

总之，如果易信是推理和经验的结果，那么它就会与推理和经验成比例地成长和增强。但是，如果它是自然的礼物，那么它在儿童那里就是最强盛的。实际情况的确是后者，而不是前者。②

五 陈词信念的形成

与易信原则相关，并在当代陈词讨论中引起广泛争议的是陈词信念的形成过程。虽然里德并没有明确地说，但他的思路似乎是，易信原则是直接信念形成的原则。里德认为，基于陈词的信念形成是直接的，不需中介或推理。这一思想使得里德成为当代反推断论的鼻祖。

---

① EIP, p. 314.
② IHM, pp. 194 – 195.

在接受某人告知我 p 的基础上，我直接地相信 p。如果有人问我，我为什么相信 p，其含义是，我有怎样的根据去相信它？我的回答是，因为他断言 p，所以我相信 p。因此，我的 p 信念的形成是直接的，没有经过推论的环节。

相反的观点是，推论作为一个信念形成的原则，我不仅仅必须相信作为前提的命题，也必须相信这些前提逻辑地蕴含着结论，或者，它们至少使得结论有意义。我对结论的接受是以我的前提逻辑地支撑结论的信念作为中介的。

里德认为，根据易信原则，不存在着这样的中介信念。我相信他的 p 断言，所以我相信 p。我相信 p 不是以他对 p 的断言逻辑地支持 p 命题的额外的信念作为中介的。使得易信原则发挥作用的仅仅是这么一个信念：他断言 p，于是，他的断言使我产生了 p 的信念。

里德曾注意到，在哲学家中，推断论的图景是有很大诱惑力的。推断论试图将所有相信他人断言的情形，以及相信他人告知的情形，都消解为依据理由而相信的推论情形。例如，休谟提出，当我依据某人断言 p 而相信 p 时，那么我是基于论证基础上的相信，其论证过程是：

（1）他断言 p；

（2）他的断言是一类断言的实例，该实例表现为一类概率相对比较高的真实断言；

（3）所以，这一类断言中的这个实例是真的。

当然，（2）是通过归纳核实的。里德反对这种分析的理由是，对于一位儿童而言，假设他经历或能够经历这样的推理过程是令人难以置信的。

为什么哲学家倾向于把相信他人断言作为一个推理的情形来分析？里德认为，易信原则是与信任相伴随的原则。作为人类，我们本性的构成远没有达到"理性动物"的理想状态，所以上帝要我们从他人那里弥补我们的不足，但对于许多哲学家而言，承认这一点是困难的。

当然，里德的观点并不是说，在我们相信他人的断言时，以及在我们相信他人的告知时，推理不起任何作用。他说：

在我们能够用腿走路之前，我们应当能够用手搬运，这是自然的目的；同样，自然的目的是，在我们的信念能够被自己的理智指导之前，应当受到他人的权威和理智的指导。婴儿的脆弱以及母亲的自然感情明显地表明了前者；年轻人的自然的易信以及年龄的权威明显地表明了后者。通过恰当的养育和关怀，婴儿获得了不需扶着行走的力量。当理智必须用手走路时，她同样处于的婴儿阶段：于是，通过自然本能，她完全依赖权威，她似乎意识到自己的脆弱。没有这种帮助，她会眩晕的。当通过恰当的文化达到成熟时，她开始试探她自己的力量，较少地依赖他人的理智。在一些情形中，她学会了怀疑陈词，而在另一些情形中，不相信陈词，她达到了她是完全主体的权威。但是，为了生活的目的，她发现借助陈词的必要性，在陈词中她拥有了自己所没有的东西，学会在某种程度上依赖他人的理智，在那里她意识到她自己的愚蠢。

正如在许多情形中，甚至在成熟阶段，理智从陈词中获取帮助；在另一些情形中，理智也给予陈词帮助，并增强陈词的权威。正如在一些情形中我们发现有好的理由拒绝陈词一样，在另一些情形中，在我们认为最为重要的事务上，我们发现，有好的理由以完全的确定性依赖它。与理智的天赋和内在的权威相比，目击者的品德、人数和无私性、共谋的不可能性，以及没有勾结在陈词中串供的不可能性，这些都赋予陈词不可抵御的力量。[①]

当我们成熟了，我们逐渐地建立了一种与我们的利益相关的陈词的技能，相信真的东西和不相信假的东西，伴随这样的结果，与其说完全相信他人告知我们的，还不如说，现在"在一些情形中我们怀疑陈词"，"在另一些情形中不相信它"，但尽管如此，我们还是会发现，我们永远不会处于一个不再依赖易信原则的处境。

在相信人们告知我们的过程中，里德将这种理智成熟的过程理解为易信原则和推理原则交互影响的结果。这种交互影响是这样发生的，首先，在相信某人所说的之后，我们随后会偶尔地发现它是假的，或者至少认为它是假的。当然，这种情形的出现预设了被我们归结为假的命题，以及另一些我们认为与它相冲突的命题，我们相信前者的确定性是低于后者的。其次，除此之外，我们也可以查找虚假话语的线索，更一般地，不可靠的话语的线索。我们发现，特定的一类人在特定的环境中对某一

---

① IHM, p.195.

特定话题以特定的方式说的话语通常是假的。我们可以学会将这一类话语从话语总体中剔除出去,将它们与另外的话语区别开来。

相信他人所告知的倾向是一个人本性的构成成分。然而,既然一个人是成人,对于特定的话题,这种倾向可能受到抑制,因为人们可能会把说者归为不可靠的人,从而不相信他说的,但即便如此,这并不改变易信原则是人类自身所固有的内在倾向的事实。

第三章

当代西方研究现状与评价

第一节 讨论的背景

一 讨论的兴起

在 20 世纪最后的十多年中，陈词问题的研究是一大热点。2002 年库什和利普顿撰文总结近二十年来陈词理论研究概况时说道，"近来陈词在认识论中甚至成了一个有些时髦的话题。一些哲学家，例如科迪和弗里克，凭借他们在陈词领域的贡献变得广为人知。然而，对陈词的兴趣不只局限于年青一代的哲学家，毕竟柏格（Burge）、达米特、古德曼（Goldman）、雷勒（Lehrer）、普兰庭加（Plantinga）和斯特劳森近来也为陈词理论作出了贡献。总之，过去十年间，出版了大量的涉及陈词各个方面的论著。"[1]

古德曼在探讨认识论的社会化改造时，也认为陈词理论是当前认识论中"最为流行的视角"[2]。普赖尔（Pryor）在"近来认识论中最重要的问题"一文中也提到，"陈词和知识的社会维度"是近来认识论的热点之一。[3]

以上说的是认识论学界的情况，但对陈词问题的讨论绝非局限于认

① Kusch, M. & Lipton, P. , "Testimony: a Primer" *Studies in History and Philosophy of Science*, Part A, Vol: 33, Issue: 2, 2002, p. 209.

② Goldman, A. , *Pathways to Knowledge: Private and Public*, New York: Oxford University Press, 2002, p. 201.

③ Pryor, J. , "Highlights of Recent Epistemology" *British Journal of Philosophy of science*, 52, 2001, 96, fn. 2.

识论学界。其他学科的学者也从不同的角度对陈词问题作了大量的和富有成效的讨论。正如施密特所说："1980 年以后，科学社会学的'强纲领'、女权主义认识论以及奎因的自然主义认识论都激发了社会认识论这一主题的研究。这些方面的研究促使认识论学者去重新思考社会关系——尤其是陈词——在知识中的地位与作用。"①

尽管陈词是一个认识论的专业术语，但它显然正成为一个交叉学科的研究领域。历史学家、神学家和法学家对陈词的可靠性作了许多的研究，社会心理学家、社会学家、科学哲学学者也将其作为一个重要的研究主题。

非常有趣的是，不同领域的众多学者对陈词的讨论有着一个共同的特征：当他们在为他们的批评作合理性辩护时，几乎都不约而同地指出，传统认识论忽略了陈词。传统认识论对陈词的忽略几乎成了所有批评者的靶子。其实，这不足为奇，在传统认识论所认可的知识的四种来源中，仅有陈词是一种社会性的来源。在传统认识论理论中，"社会"是没有任何地位的。

显然，"知识的社会性"或"社会知识"是目前关注的核心，但前一种提法一般容易引起误解，并且这种提法并不能完全地表达我们的含义；后一种提法容易被误解成"关于社会的知识"。当然，我们并不否认，关于社会的知识本身就是一种社会（的科学）知识。但是，我们的意思是，知识在其本性上是社会的，无论其产生和形成的过程都不可避免地基于社会，在这种含义上，自然科学本身就是一种社会知识。

我们认为，陈词问题在 20 世纪末之所以受到极度关注的现实原因有两个：首先，科学实践的发展使得陈词在认识论中的地位凸现出来。近代实验科学的出现使得人们不得不考虑对他人的实验数据（陈词）的缺乏证据的依赖，而当代科学的专业化和团体化更使得人们不得不依赖专家意见。其次，在生活世界中，我们发现我们依赖许多缺乏证据的他人陈词。传统的认识论既不能解释科学实践中的认识现象，更不能解决生活世界中对他人话语的依赖。

---

① Schmitt, F. F., "Socializing Epistemology: An Introduction Through Two Sample Issues", in F. F. Schmitt, ed., *Socializing Epistemology*, Lanham, MD: Rowan & Littlefield, 1994, p. 3.

二 认识论的自然化改造

那么从认识论的角度关注陈词的学者的基本出发点是什么？库什认为是"认知系统的效率问题"。我们认为，与传统认识论的个人化认知倾向相对应，也许可以将当前学界讨论陈词问题的出发点概括为对"社会化认知方式"的关注。当然，这仅仅是便于理解的权宜之计。这是因为，将某一种认识行为断然地划分为个人的认知方式或社会的认知方式，这种二分法本身就是有问题的。例如，知觉、记忆和推理本身是与社会无关的纯粹的个人理智活动吗？

哈德维格（Hardwi）认为："认识通常不是一种享有特权的心理状态。如果说它根本上是一种享有特权的状态，那么它是一种享有特权的社会状态。所以，我们需要对它的社会结构进行认识上的分析。"[①] 认识具有一种社会结构，正因如此，制度创新才有其认识论的基础。

在当今高度专业化的社会中，在我们个人的知识体系中，有多少内容是仅仅依靠个人亲身占有的资源获得的？换一种提法是，我们在多大范围内和多大程度上依赖他人的陈词？这是陈词文献都会以某种形式涉及的问题，对此通常的回答是，我们不得不承认这种依赖是根深蒂固的。

但是，依赖的程度并不为依赖本身作辩护。我们必须说明的是，这种依赖在认识论上是不是合理的？认识论应当能够说明和解释人类的这种自然的认识现象，但是以个人主义为导向的传统认识论却无法对人类的认识现象作出合理的解释与说明，其中一个明证便是陈词。从历史可知，整个认识论的历史，就是陈词不断地遭到排斥的历史。因此，认识论学者的任务是，调整与改造传统的认识论理论框架，使其能够解释和说明人类的认识现象，而不是相反。具体到陈词问题上，即如何调整现有的认识论框架，使其适应认识的社会化。在更广的意义上说，对陈词问题的认识论探讨就成为对认识论进行现代化改造运动的一个部分。这种认识论现代化改造运动的主旨便是自然主义认识论。

认识论需要改造，或者"自然化"，这一点已成为当代西方认识论学者的共识。翻开近十年来出版的认识论论著和词典，几乎所有的论著和

---

① Hardwig, J., "The Role of Trust in Knowledge", *Journal of Philosophy*, 88, 1991, p. 697.

词典都将自然主义认识论作为一个重要的主题。但是，这是一个最不容易达成共识的主题，也是一个最能吸引哲学界关注的话题。素以专题形式刊登当年哲学界焦点问题而著称的年刊杂志《中西部哲学研究》（*Midwest studies in philosophy*）第十九卷以哲学自然主义为标题刊登了24篇专题论文。

综观近四十年来的自然主义，从七八十年代以奎因为代表的科学化的自然主义，到八九十年代的经验论的自然主义，再到近十年来的温和的自然主义，这是认识论中自然主义思潮演变的大致的历史过程。[①]

但是，在认识论领域，无论是哪一种形式的自然主义，都忽视了认识的社会维度，这也许是自然主义认识论的软肋。经典认识论的框架是个人主义的，据此出发的自然化改造显然是不够的。社会化的运作显然也是人类自然化的认知方式，所以自然主义认识论应当能够容纳认识的社会维度。唐斯（Downes）将自然主义认识论称作"认知个人主义"，认知个人主义无法说明和解释信念的产生、维持和辩护。所以"科学家应该避免个人的经验限制，应考察认识的集体维度。如果忽视了后者，那么也就忽视了科学知识产生所具有的十分重要的社会本质。"[②] 20 世纪末期，社会认识论（social epistemology）应运而生。《综合》杂志87 卷第 1 期以社会认识论为专题刊登了7 篇论文。1988 年起罗特莱奇（Routledge）推出了以社会认识论为刊名的季刊杂志。1994 年《社会认识论》专题论文集收录了多位学者的12 篇论文。社会认识论也许成为自然主义认识论的一个新的增长点。

第二节 研究路径与主要话题

一 研究路径：认识论与语言哲学

在哲学上，对陈词问题的研究路径有两条：一是认识论，二是语言哲学。从认识论的路径出发，当前主要的论证思路有：

---

① 何静、丛杭青：《自然主义认识论的不同形式》，《自然辩证法通讯》2006 年第 3 期。

② Downes, S. M., "Socializing Naturalized Philosophy of Science", *Philosophy of Science*, Vol: 60, Issue: 39, 1993, pp. 452–168.

第一，对知识的四种来源（知觉、记忆、推理和陈词）之间的关系进行探讨。这也是当前流行的分析方法，这种分析的目的在于表明，与其他来源相比，陈词也是一个知识的基础来源。在这条研究进路上，当前聚焦的问题有：

（1）记忆与陈词之间的类似性。通过记忆，知识得以跨越时间保存下来；通过陈词，知识得以跨越时间和空间。达米特、柏格和奥迪均是采用这种方法的。他们都认为，与记忆一样，陈词的作用在于保存知识，或传递知识，而不是作为新知识的来源。

（2）知觉与陈词之间的关系。无论对于肯定还是否定陈词作用的人，这都是一种研究的方法。里德就是采用这一方法的，在当代学者中，斯特劳森也用这种方法为陈词的不可还原性作论证。他认为知觉与陈词是相互依赖的，以至于哪一个都不能少。我们可能熟悉，理论渗透观察（知觉中的一种来源），斯特劳森则认为，陈词渗透知觉，或知觉承载陈词。

（3）质疑在知识的四个来源之间分界的合理性。我们或许可以放弃将"社会来源与非社会来源"作为划分陈词与其他三种知识来源之间的划界标准。但是，在心理学、历史学、哲学和社会学中，是否有足够的证据证明，知觉、推理和记忆在本质上也是社会的。如果我们"解构"了围绕知识来源的个人主义假设，那么这也许将导致知识的四种来源之间关系的重构，重新划定它们各自的边界。

第二，对信任的认识机制的探讨。在这条进路上，争论的问题有：

（1）在原则上，相信他人话语是一种经验的认识，还是一种先验的认识？大多数学者认为，两者兼而有之。但是，对于这种认识在本性上是经验认识还是先验认识，却存在着很大争议。

（2）信任一个人与相信这个人所说的话之间的关系。先信任一个人，然后再相信他所说的话，抑或，相信一个人所说的话，与对他的道德品质的信任无关？这个问题通常与前一个问题相关，主张相信他人话语在本性上是一种先验认识的学者，通常假定他人是可信赖的；而主张相信他人话语在本性上是一种经验认识的学者通常认为，我们仅需解决某人对某事的断言是否可信，无须考虑他人的道德品质。

（3）相信他人话语是一种认识状态，还是一种伦理状态？虽然大多数学者认为两者兼而有之，但是，对它在本性上是一种认识状态还是伦理状态的问题上，学者之间存在着分歧。

第三，对辩护和辩护主体状态的探讨。

（1）辩护是指认识主体有正当的或合理的理由接受某一个信念，并将它作为知识。那么什么能够作为合理的理由呢？这里有两种倾向：一种是向内寻找理由，如个人的知觉、记忆与推理，另一种是向外寻找使得信念获得辩护的外在的事态。这其实是内在论与外在论在辩护问题上的不同表现。

（2）前一个问题也与"知道"的定义相关，在经典的定义中，其中一条要求是认知者有合理的理由如此认为。以个人的观察和经验为理由称作第一手的知道，以他人对他们自己的观察和经验的报告为基础的知道为第二手的知道。第二手的知道是不是一种与第一手的知道有着同样基础地位的知道？

（3）第二个问题又涉及对认知性质的看法，如果我对自己的认识能力充满信心，推而广之，每个人都对自己的认识能力充满自信，那么我为什么只相信我自己的能力，而不相信他人的能力，以及他人对基于他自己的能力基础之上的报告呢？

（4）进一步，认识是有社会分工的，分工以专业化为基础，专业化导致的结果必定是团队化的认识。分工与协作是社会化认知的基本模式。如果这种观点成立，那么集体性的认识与辩护主体和团体的证据是否也应当成为认识论的研究对象？

另一个研究路径是语言哲学。如果说知识是通过语言表达的，那么知识的存在就离不开语言，也离不开以语言为媒介的交流。从这一路径出发，应考虑的问题有：

第一，学会语言与正确地使用语言是否相关？至少大部分学者主张，正确地使用语言是学会语言的前提。正确地使用语言不仅要求语言的使用者普遍地说真话，而且也要求普遍地将他人的话语作为真的来接受，很难想象儿童在普遍说假话的前提下学会使用语言。他人在诚实地说，以及他人在说他们认为是正确的事，这应该是对说者的两个基本假设。听者在原则上普遍地将他人的话语作为真的来接受，这是对听者的一个基本假设。将它们作为语言学的假设是不存在太多争议的，但是，是否也应当将它们作为相信他人话语的认识论假设却存在着很大的争议。其中一种观点是，区分语言能力的两个阶段，在发展阶段，这些假设成立，但在成熟阶段，这些假设不成立。

第二，如果承认语言是公共的，那么以语言为载体的知识也就必定是社会的。"因为如果没有诸如陈词作为一种信念的来源，那么就根本就不存在最基本的语言种类。""语言与陈词是相互依赖的，以至于脱离陈词，也就没有语言。"①

陈词问题本身属于一个交叉学科的问题，因此，还存在其他的研究路径。例如，科学技术学（science and technology studies）就是一个非常庞大的研究进路，它所采纳的方法与以上所介绍的认识论和语言哲学有着很大的区别。特别值得一提的是社会建构论学者谢平（Shapin），他的《十七世纪英格兰的科学与文化》就是一本用相对主义和建构主义讨论陈词的文化史学专著。尽管我们不赞成他所使用的方法与他得出的部分结论，但是我们赞赏他对信任在知识中的地位与作用的分析。

除此之外，还值得一提的是心理学者哈里斯（Harris）对陈词的接受所作的实验心理学的研究。他将信息的来源分成二种：陈词性的、第二手信息来源和非陈词性的、第一手信息来源。实验结果表明，儿童不善于区分这两种来源，在四五岁时，儿童开始逐渐分清知识来源，但分清两种来源的知识是一个学习的过程，而不是认知系统自带的。不同来源的信息输入有相同的表征，所以，"我们对陈词的相信是有心理学基础的。至少在儿童时代，我们的认知结构并没有被设计成能够很好地区分来源于不同渠道的信息，我们的认知系统是用来整合信息的。区分信息来源在法庭有用，但在日常生活中却未必有用"②。

二　四个争论话题

第一，陈词信念的形成：推断论与反推断论之争。

---

① Plantinga, A., *Warrant and Proper Function*, New York & Oxford: Oxford University Press, 1993, p. 78.

② Harris, Paul L., "Checking Our Sources: the Origins of Trust in Testimony", *Studies in History and Philosophy of Science*, 33, 2002, pp. 315–333.

通过知觉，我们通常直接地获得信念，只有在极少数情况下是通过推理得出信念的。与知觉作对比，在许多的情况下，我们也通过陈词获得信念，也就是说，这种信念是基于陈词的信念，即陈词信念。例如，我们对于久远的过去或遥远的地方所发生事情的信念就属于一种陈词信念，因为我们不可能去亲身感知。再如，布什政府（S）说伊拉克拥有大规模杀伤性武器（p），那么我是直接形成 p 的信念，还是要以额外的信息作为推断的中介？反推断论主张，从"S 说 p"到"p"的过程是直接的；推断论则主张，需要有额外的信息作为中介才能完成这个过渡。二者的分歧在于：

（1）陈词信念的形成类似于知觉信念的形成吗？也就是说，通过陈词得到的知识是像普通知觉那样的直接知识，还是推断性的知识？

（2）陈词信念的形成在多大程度上依赖推断？

第二，陈词辩护：还原论与反还原论的基础主义之争。

并非所有的信念都是知识，只有经过恰当的辩护，信念才能成为知识。当我们接受了某个信念，为了将它作为知识，我们应当进行怎样的辩护？

尽管我们对陈词依赖的深度和广度都是空前的，但是我们并不是不加区别地接受他人的所有话语，我们不会相信我们被告知的所有事情。这就在陈词理论中引申出一个核心的问题：我们是如何确定哪些陈词是可以接受的？这种接受过程可以还原为一般的推理原则吗？或者说，存在某种一般的"接受的格式"吗？这就是陈词辩护的问题，一个充满争议的领域。

与推断论相一致，还原论者主张，作为一种知识的来源，只有当拥有他人话语可信性的经验证据时，我们才能将他人的话语作为知识接受下来。在这里，他人的可信性的经验证据有两种：要么是可以还原为经验的观察，要么是说者有能力作出的判断，而说者的能力又是通过对以往经验的归纳而获得的。支持这种观点的是弗里克的常识理论，生活常识告诉我们，他人的话语并不是全盘可信的，听者必须区别地对待。对说者的话语，听者必须始终地处于主动的监测状态，随时发现说者的不诚实或超出能力范围的迹象。这种监测就要求听者对说者主动地从事（心理学的）解释工作，这种解释工作就构成了一套信念的过滤机制（奥迪语）。只有经过这种解释工作，听者才能接受说者的话语。

与反推断论相一致，基础主义通常是一种反还原论。在他们看来，陈词与其他三种认识来源具有同等的基础地位。无须经验的核实或还原，我们就有权相信他人的陈词。当代基础主义的典型表述是，人们有权接受"看起来是真的"和他"可以理解的"陈词，除非有更充足的理由不让他们这么做。事实上，我们通常缺乏不接受我们被告知的理由。另一种当代经典的表述可以概括成三句话：无须任何理由，我有相信他人的最初的权力，或给予他人基础权威；只有当意见明确冲突时，这种最初的基础权威才遭到了否定；只有当我有相信他人的特殊理由时，我才接受他人的话语，给予他人"派生权威"。支持这种观点的既有认识论的理由，又有语言哲学的理由。

与休谟和里德之间的对立不同，当代还原论与反还原论的基础主义都不排斥对方的观点。例如，还原论认为，特定的人在特定的场合中对特定问题的陈词总是可信的，对此可以默认地加以接受。基础主义认为，当听者与说者的意见发生冲突时，要接受说者的话语，是需要理由的。

但是，在原则上，还原论与基础主义是对立的，还原论认为，相信他人是要有理由的，而基础主义则认为，不相信他人是需要理由的。二者的区别在于，对待他人话语的前置态度，这类似于仪器设备的默认值。尽管可以改变默认值，但默认值是仪器设备自带的，是设备的初始状态。

我们也许可以换个角度来考察陈词辩护的问题：局部辩护与普遍辩护。关注陈词的"局部辩护"也就是关注为什么应该相信特定的陈词，而普遍辩护则追寻更大的目标：不是去证明是否应该相信这个或那个特定的陈词，而是去证明依赖他人的陈词在原则上是不是理性的，也就是说，对他人陈词的依赖是否先于或独立于接受特定的陈词。休谟主张普遍的还原辩护，里德则主张普遍的基础主义辩护，当代陈词辩护理论也是不同形式的普遍辩护。还原论的当代形态通常自称是局部辩护，但是，它其实是通过局部的辩护而达到普遍的辩护，真正的局部辩护应当是地方性和情景化的。

　　另外，也许应当指出的是，无论还原论还是基础主义，所讨论的辩护主体都是个体。辩护的主体为什么不能是不可还原为个体的团体主体？例如，陪审团的裁决，企业决策，不都是一种不可还原为个体的集体决策吗？

　　第三，知识传递。

　　从陈词信念的形成与辩护自然引申出来的一个话题就是：知识从说者到听者的传递。与洛克否认知识的传递不同，几乎所有的当代学者都认为，知识通过陈词得以传递。古德曼认为，信息从一个人到另一个人的传递构成了"通往知识的最基本的和普遍的社会路径（在社会世界中的知识）"。例如，通过阅读历史陈词，我们获得了历史知识，教育和传媒也是典型的通过陈词传递知识的实例。[1]

　　站在说者、话语（陈词）和听者的角度，我们可以构造一个简单的单链传递链。当然，对于第三个人，这里的听者又可以是说者，这是简单的多链传递链。听者为了能够从说者那里获取知识，或者，说者为了把知识传递给（最终）听者，那么对听者、说者和话语的要求是怎样的？

　　对下面的每一个问题都存在着两种不同的回答，并且对其中一个问题的不同回答又决定着对其他问题的不同的回答。

　　（1）传递什么？在大多数认识论学者看来，知识与信念是分离的，果真如此，那么我们不得不追问，传递的是什么：知识还是信念？

　　（2）为了传递知识，说者必须首先知道它吗？如果作这样的要求，那么又有两种情形：要求第一链知道它，类似于邮寄包裹，只要求寄件人知道，但对投递员不作要求；抑或要求每一链都知道它，类似于传达领导的指示？

　　（3）知识在传递的过程中，发生了怎样的改变？有无新知识的出现？主流派认为，与法庭中证人的证词类似，在证人向法官和陪审团传递知识时，证词所代表的知识既没有增加也没有减少。少数派则认为，传递过程本身就是一种知识创造的过程，因此，陈词构成了新知识的一个来源。例如，在婚姻登记时，登记员对新娘和新郎说，从此你们结为夫妻。登记员的陈词，以及新娘和新郎对登记员陈词的理解，创造了一个新的

---

① Goldman, A., *Knowledge in a Social World*, Oxford: Oxford University Press, 1999, p. 103.

社会事实/知识。①

（4）伴随着知识的传递，说者本人所具有的辩护也随着传递的过程一起传递给了听者吗？也就是说，对于一个知识，说者对它的辩护与听者对它的辩护是同一个辩护吗？例如，SARS 病毒是冠状病毒，当传递的第一链（如钟南山）把它传递给我们的时候，钟南山所拥有的正当的理由也一起传递给我们，并成为我们的正当理由吗？换句话说，我们相信 SARS 病毒是冠状病毒的理由与钟南山相信的理由是相同的吗？显然，答案是否定的。

面对这一困境，部分学者主张，知识与辩护是可以分离的，所以，对于同一个知识，说者和听者可以拥有不同的辩护理由。另一部分学者则坚持认为，听者必须拥有说者所具有的理由。但是无论哪一种选择都将面临更大的困境，这种困境在接下来的第四个争论话题上得到了充分的展示。

第四，专家陈词与信任：外行如何抉择专家意见？

前三个争论是在陈词的一般理论层面上展开的，第四个争论主要地集中在科学实践中的陈词以及由此引发的信任问题。

首先，外行与专家之间的关系是一种普遍适用的关系吗？我们认为如此。对此可以从两个思路进行论证：一是语言的社会分工；二是认知的社会分工。从语言上说，虽然词的意义依赖语言的使用者群体，但是，词的含义却是由语言使用者群体中的专家确认的。例如，普通人不必知道或拥有鉴别金子的方法和知识，因为当需要的时候可以求助于专家。即使我们不会亲自区分真假，我们也能够可靠地使用"金子"这个词。从认知上说，每一个人可能在一个特定的领域内成为专家，而不是在所有的领域内成为专家，这有利于认知效率的最大化。于是，专家就是相对的，一个人在他成为专家的领域内是专家，但在其他领域内则是外行。

其次，存在着外行与专家，专家与专家（同行之间）之间的关系。就外行与专家之间的关系而言，在专家意见领域，外行在认识上明显低于专家。通常的情况是，外行不拥有专家的证据，但却接受专家意见。

---

① 对此案例的更详尽的分析，见丛杭青《陈词与知识》，《科学学研究》2005 年第 1 期。

正如我们在 SARS 病毒的例子中所看到的，我们所拥有的证据不是钟南山所拥有的证据，而钟南山所拥有的证据又是我们所不能（或无能力）拥有的。那么外行对专家意见的这种依赖是不是理性的？钟南山在道德上是可靠的，其他同行专家也认可他的结论，新华社也报道了，报纸也宣传了……这些是我们相信这一结论（SARS 病毒是冠状病毒）的理由吗？基于这类理由的相信是不是盲目的？一些学者认为，外行对专家意见的信任是盲目的，推而广之，科学中的信任也是盲目的。

外行与专家之间的关系的一个特例是，当两位或更多的专家对同一个问题发表了不同的，甚至是相冲突的专家意见时，外行如何抉择？例如，2003 年在湖南女教师裸死案中，下至市公安局，上至国家公安部、司法部和最高法院，六批/次专家鉴定团给出了六种死因鉴定意见，这六份鉴定意见是各不相同的，有的甚至是直接对立的。[①] 在此种情形下，作为外行的我们、社会公众及法官，应当如何进行抉择？

如果要求我们去做病理学的、生理学的、解剖学的、物证学的、法医学的研究与调查，那么我们也就成为专家了。当我们以专家身份做研究时，我们很可能作出不同于前六份的第七份鉴定意见。可见，这并没有解决问题。事实上，正因为外行与专家关系的普适性，外行不可能也无必要为了作出第七份鉴定意见而成为专家。

我们认为，对于外行与专家关系的简单情形，陈词辩护中的基础主义与还原论都可以作出很好的解释。但是，对于这类特定的多专家的情景，它们是无法解释的，至少是无法很好地加以解释。外行没有能力掌握专家证据，更没有能力评价专家证据，但这并不表明外行对专家意见的抉择必定是盲目的。信任本身不是一种孤立的个体的认识或伦理行为，而是一种社会交往行为，认识也同样是一种人类社会的理智交往行为。以这种思路出发，或许我们可以作出在某种程度或多或少获得辩护的抉择。当然，这需要我们拓展辩护的概念，将社会的资源纳入辩护的理由之列。

事实上，外行抉择专家意见所必须考虑的因素有许多，社会的、经

---

① 中央电视台新闻频道《社会记录》，专题片《湖南女教师裸死案追踪》（上、下），2004 年 5 月 26 日和 27 日播出。详见本书第十章第二节对案情的简略介绍。

济的、政治的、伦理的等等，在认识上，外行事实上是如何作抉择的呢？我们曾撰文指出，存在着五种抉择的资源：专家的风度与气质、专家的资质、其他专家的认可（多数票）、专家的不良利益与偏见的证据和专家的过往记录。①

就专家与专家之间的关系看，这种关系其实就是同行评议，一位专家就其他专家的陈词作出评价。与前一种关系不同，在这里，专家具有一定程度的把握和评价专家证据的能力。但是，假设科学本身在创新，并且科学正在日益专业化，那么这种同行评议也具有某种程度的外行与专家之间的关系。当然，幸运的是，专家不必像在外行与专家关系中那样完全或主要地依赖优秀专家意见的"外在指示器"进行评价。通常专家是根据自己对问题领域的观点来测量另一位专家在该问题领域的权威程度的，并由此对后者的陈词作出评价。

最后，在接受陈词时，我们通常假设陈词源是人，但当信息源是仪器设备时，我们的考察仍然有效吗？例如，我们能接受计算机作出的证明吗？20 世纪 80 年代初，三位计算机学者用计算机证明了著名的四色定理，但时至今日仍有著名学者认为，这种证明"缺乏数学味"。再如，从设备仪器那里获知是从他人那里获知的一个特例吗？在现实生活中，在高等院校里所受到的教育与通过网络媒体所受到电子化的教育是一样的吗？专家的知识能够电子化和符号化，并传达给接受者吗？在"人工智能与炼金术"一文中，德莱弗斯就认为这是不可能的。②

另一个与此相关的问题是，如果说专家知识不仅是一种知识形态，而且也是一种技能形态，那么能否以及如何获取他人的非命题知识或技能？这种形式的学习与标准的陈词情形（命题知识）中的学习一样吗？

---

① 丛杭青：《新手抉择专家意见的依据是什么？》，《自然辩证法研究》2004 年第 5 期。

② Dreyfus, H., Alchemy and Artificial Intelligence, *Rand*, 1967, p. 3244. 柯林斯也认为，在人工智能系统、专家系统和以计算机为基础的远程学习中，理智是不能成功地脱离肉体而存在。因此，新手也就不可能通过电子途径获取专家意见。见 Collins, H. M., "Humans, Machines, and the Structure of Knowledge", *Stanford Humanities Review*, 4 (2): 1995, pp. 67–83.

第三节 人物与文献概况

一 期刊与文献

在二十多年的西方认识论讨论中，发表并出版了大量的涉及陈词各个方面的论著。"近来在认识论学者中，陈词几乎成为一个时髦的话题，因此跟踪所有的新的研究进展变得困难了。"① 发表的论文主要刊登在，《哲学月刊》（*Journal of Philosophy*）、《哲学评论》（*Philosophical Review*）、《哲学研究》（*Philosophical Studies*）、《科学史与科学哲学研究》（*Studies in History and Philosophy of Science*）、《综合》（*Synthese*）、《心灵》（*Mind*）、《澳大利亚哲学杂志》（*Australasian Journal of Philosophy*）、《美国哲学季刊》（*American Philosophical Quarterly*）、《哲学视野》（*Philosophical Perspectives*）、《亚里士多德学会学报》（*Proceedings of the Aristotelian Society*）、《科学的社会研究》（*Social Studies of Science*）等杂志上。特别是《科学史与科学哲学研究》在 2002 年第二期（陈词专辑）更是以陈词为专题刊登了 11 篇专题论文。

近年来，出版的与陈词相关的专著更是不计其数，我们将在下文中介绍其中的代表性著作。另一个值得关注的现象是，在近十年来出版的认识论或知识论方面的著作中都有专门讨论陈词的部分，词典中也都有陈词的条目，在经典文献汇编中通常有一个栏目收录陈词方面的经典文献。

二 主要的人物与文献

（1）基础主义代表人物与文献

作为当代基础主义的代表人物之一，墨尔本大学的科迪于 1992 年出版了《陈词：哲学研究》，该书至今仍被认为是具有开创性的当代经典著作。在书中，他继承并发展了里德的基础主义思想。科迪的这本专著受到了陈词理论学者的一致好评，拿科迪的主要批评者弗里克的话说，"在

---

① Kusch, M., *Knowledge by Agreement：The Programme of Communitarian Epistemology*, Oxford：Oxford University Press，2002，p. 9.

陈词领域，它是第一本含有重要见解的专著"①。

（2）还原论代表人物与文献

在当代为数不多的休谟还原论思想的继承者中，牛津大学的弗里克可以算作最突出的一位，她的数篇论文被认为是当代还原论的代表作。尽管她对休谟的思想采取了批判性的继承，以及她的开创性的局部还原论思想与休谟的思想有了很大的区别，但是她的思想的本质是休谟式的，而不是里德式的。

非常值得一提的是，迄今为止，她与基础主义代表人物科迪进行了长达近十年的公开的针锋相对的论战。这也许就是为什么两大著名的哲学工具书《罗特莱奇哲学百科全书》与《剑桥哲学词典》分别地收录科迪和弗里克撰写的陈词条目。② 弗里克的著述并不多，几乎都与陈词认识论相关。具体有，1987 年发表在亚里士多德学会学报上的"陈词认识论"，1994 年发表在《从话语中认知》一书的"抵制轻信"一文，1995年发表在《心灵》杂志上的"告知与信任：陈词认识论中的还原论与反还原论"，以及 2002 年在《科学史与科学哲学》第二期陈词专辑上发表的一篇题为"在科学中信任他人"的论文，该文用局部还原论的思想考察科学中的信任机制。

（3）文化史学代表人物与文献

与科迪和弗里克对陈词的哲学讨论相区别，以经验相对主义著称的芝加哥大学社会学系的谢平，是一位社会建构论学者。1994 年他出版了《真理的社会史：十七世纪英格兰的科学与文化》一书，该书以 17 世纪绅士科学家作为研究对象，考察陈词以及由陈词引发的信任问题。他的考察属于一种文化史学的研究，他将陈词这么一个本属一般认识论的问题放在 17 世纪特定的绅士科学家团体中进行考察，并从陈词问题中引申出伦理问题。应该说，考察陈词认识论的伦理维度，无疑是他对陈词理论研究的开创性的贡献。但是，他将陈词的认识论问题消融在伦理中，

---

① Fricker, E., "Telling and Trusting: Reductionism and Anti-reductionism in the Epistemology of Testimony (Review of Coady, Testimony: a Philosophical Study)", *Mind*, 104, 1995, p. 392.

② Coady, C. A. J., "Testimony", in E. Craig, ed., *Routledge encyclopedia of philosophy*, London: Routledge, 1997; Fricker, E., "Testimony", in Audi, R. General Editor., *The Cambridge Dictionary of Philosophy*, Second Edition 1999, Cambridge University Press, 2001.

或者说，将认识论消解为伦理学，这又引起很大争议。

（4）专题论文集《通过话语认知》

1994 年出版的陈词专题论文集《通过话语认知》收录了西方和印度文化中对陈词进行讨论的专题论文，除了科迪和弗里克的论文外，该论文集还收录了其他陈词理论的重要代表人物如达米特、施特劳森、威尔伯纳（Welbourne）、雷勒和加利福尼亚大学的麦克道尔（Mcdowell）等人直接讨论陈词的论文。

（5）其他人物与文献

坚持里德基础主义路线的著名学者还有，加利福尼亚大学的柏格、纽约大学的弗利（Foley）、圣母大学的普兰庭加、田纳西大学的哈德维格、内布拉斯加大学的奥迪、布里斯托尔大学的威尔伯纳、亚里桑那大学的雷勒和加利福尼亚大学的麦克道尔；与此相对应，站在休谟还原论路线上的学者为数不多，其中较出名的是亚里桑那大学的古德曼和剑桥大学的利普顿。

应该说，对于由陈词而引发的讨论，绝大部分学者是持肯定的和支持的态度的，但也有哀叹陈词理论兴起的学者，如福勒（Fuller）在"社会认识论的近作"一文中批评认识论学者把陈词强调为核心范畴的做法。[1] 昆顿（Quinton）在其所编的《思想与思想者》一书中的"确定性与权威"一文中，哀叹对陈词的"炒作"[2]。巴恩斯（Barnes）更是反对对陈词的依赖。"毫无疑词，我们的确以这种第二手的方式获得信念，但是我怀疑这类'拾取之物'能成为知识。它仅是一个巨大的轻信的标志：它是一种堕落的获取信念的方式，根本不是获得知识的方式。"[3] 但重视陈词的认识论价值，积极参加陈词问题讨论的学者毕竟是主流。

（6）经典文献

可以追溯到的最早的直接讨论陈词的经典作家当数休谟和里德。休

---

[1] Fuller, S., "Recent Work in Social Epistemology", *American Philosophical Quarterly*, 1996, 3, pp. 149 – 166.

[2] Quinton, A., "Certainty and Authority", in A. Quinton, ed., *Thoughts and thinkers*, London: Duckworth, 1982, pp. 65 – 74.

[3] Barnes, J., "Scrates and Jury", *Proceedings of the Aristotelian Society*, Suppl. Vol. 54, p. 200.

谟的《人类理智研究》和里德的《人类心灵能力研究》和《人类理智能力评论》被认为是历史上陈词理论的两大经典研究。休谟与里德对待陈词截然相反的态度构成了当代陈词理论争论的核心主线。洛克在《人类理智论》也直接地讨论到了陈词问题，但他对陈词予以直接的否定。

20世纪讨论到陈词问题的经典作家和论著还有，柯林武德《历史的观念》（1970）对历史陈词进行了研究，贝特兰·罗素的《哲学概要》（1927）和《人类知识：范围和界限》（1948），奥斯汀1946年在《亚里士多德学会学报》上的"他人的思想"一文，普赖斯的《信念》一书（1969）都直接讨论到了陈词问题。在这经典作家中，大致地可以这么认为，奥斯汀是站在里德路线上的，其余的人是站在休谟路线上的。

20世纪90年代以来，公认的陈词领域的代表著作有三本，第一本是科迪的《陈词：哲学研究》，第二本是谢平的《真理的社会史：十七世纪英格兰的文化与科学》（1994），第三本是集体论文集《通过话语认知》。

另一本与陈词理论密切相关的集体论文集为印第安那大学的施密特主编的《社会认识论——知识的社会维度》（1994），该书收录了12篇论文，其中有一半的论文是直接讨论陈词理论的，弗利著名的论文"认识中的自我主义"就收录其中。

这本论文集收录了施密特的二篇论文，一篇是"社会认识论——通过两个案例介绍"，另一篇是"集体信念的辩护"。他所感兴趣的是社会认识论，在他看来，对待陈词的不同态度构成了"建构社会认识论"的几种不同路线。在1999年出版的由格列柯（Greco）和索萨（Sosa）主编的《认识论》一书中，收录了他的"社会认识论"一文。在这篇论文中，他继续发展了基于陈词的社会认识论的思想。

三　分专题文献

（a）推断论与反推断论之争：在主张对陈词信念的接受是推断性的论著中，最著名的是弗里克的"陈词认识论"（1987）、"反对轻信"（1994）、"告知与信任：陈词认识论中的还原论与反还原论"（1995），另外，利普顿的"陈词认识论"（1998）也主张推断论。反推断论者有科迪的《陈词：哲学研究》（1992）、奥斯汀的"他人的思想"和《如何以言行事？》（1962）、杜米特的"陈词和记忆"（1994）和麦克道尔的"道听途说得来的知识"(1998)。

(b) 还原论辩护与基础主义辩护之争：休谟在《人类理智研究》中陈述了他的还原论思想，对休谟还原论的批评见科迪的《陈词：哲学研究》(1992) 和"陈词"(1997)、利普顿的"陈词认识论"(1998)、普兰庭加的《辩护和恰当功能》(1993)、罗斯的"为什么我们要相信他人告诉我们的"(1986)、施密特的"社会化认识论：通过两个案例介绍"(1994) 和"社会认识论"(1999)，以及史蒂文森 (Stevenson) 的"为什么相信他人告知我们的?"(1993)。

休谟还原论的当代形态是弗里克的局部还原论，可参见推断论部分所列的弗里克的文献，另外，"在科学中相信他人"(2002) 一文中，她也表达了还原论思想。另一种类还原论的思想是古德曼的"可靠主义辩护"，见《在社会世界中的知识》(1999) 和《通往知识之路》(2002)。

基础主义的经典辩护源自里德的《人类心灵能力研究》(1970)，对里德的基础主义的讨论可见于科迪的"陈词"(1997)，雷勒和施密斯的"里德论陈词和知觉"(1985)，雷勒的《托马斯·里德》(1989)，以及沃尔特斯托福 (Wolterstorff) 的《托马斯·里德与认识论》(2004)。

90 年代以来，最流行的基础主义形式是柏格的"按受原则"，见"内容保存"(1993)、"对话、知觉和记忆"(1997) 和"计算机证据、先验知识和他人的思想"(1998)。对柏格观点的批评和讨论见克里斯蒂森 (Christensen) 和科恩布利斯 (Kornblith) 的"陈词、记忆和先验的局限"(1997)，贝索丹奥特 (Bezuidenhout) 的"口头交流是单纯的保存形式吗?"(1998)，福克纳 (Faulkner) 的"陈词性知识的社会特征"(2000)，爱德华兹 (Edwards) 的"柏格论陈词和记忆"(2000)。

一种与基础主义紧密相关的辩护形式可见普兰庭加的《辩护与恰当功能》(1993)。其他的基础主义形式包括科迪的"陈词"(1997)，雷勒的《自我信任：对理智、知识和自治的研究》(1997) 和吉伯德 (Gibbard) 的《明智的选择，灵敏的感觉》(1990)，科恩布利斯在"认识的社会属性"(1987) 一文中对陈词信任的自然主义辩护也是一种反还原论形式。

公有主义认识论 (communitarian epistemology) 主张知识的承载者不是个体而是共同体。公有主义者有哈德维格的"认识依赖"(1985) 和

"信任在知识中的地位"（1991）、威尔伯纳的《知识共同体》（1993）和库什的《心理知识：社会历史与哲学》（1999）和《由协商产生的知识：公有主义认识论纲领》（2002）。

（c）知识传递之争：在陈词是不是知识的原始来源问题上，认识论学者有不同的看法，大部分学者主张，陈词只能把知识从一个人那里传递到另一个人那里，却不能创造新的知识。奥迪的"陈词在建构知识和辩护中的地位"（1997）和《认识论：当代介绍》第五章（1998），达米特的"陈词和记忆"（1994），弗里克的"陈词认识论"（1987），普兰庭加的《辩护和恰当功能》（1993）都表达了这种思想。少数学者，例如库什、威尔伯纳等人认为，在交往过程中，陈词能够产生新知识。这方面的文献见公有主义认识论专题文献。

另一个极有争议的研究是，在《在社会世界中的知识》（1999）一书中，古德曼认为，或许可以抛弃以是或否二分法为特征的传统辩护概念，知识并非只有真假二值，知识可以具有不同程度的辩护状态。他用贝叶斯定理（*Bayesianism*）作为工具来分析陈词的产生、辩护、传递与接受。这无疑是具有创造性的研究，但是，从这种视角出发，真理概念还能存在吗？或者用他所谓"似真性"或"类真性"来取代真理？

（d）专家意见与信任：哈德维格关注的是科学实践中的陈词，以及由此引发的信任在科学中的地位问题。1985年"认识依赖"一文发表后，导致了一场对科学中的陈词与信任问题的热烈讨论。回应哈德维格论文有，阿德勒（Adler）的"陈词、信任与认知"（1994），布莱斯（Blais）的"认知针锋相对"（1985）和"对认知针锋相对的误解：答约翰·伍兹"（1990），伍兹（Woods）"笨拙的针锋相对"（1989），韦布（Webb）的"为什么我知道的像你一样多？——回应哈德维格"（1993）。

基特奇尔（Kitcher）在《科学的进步：没有传说的科学，没有幻觉的客观性》（1993）一书中从科学哲学的角度对外行与专家意见之间的关系进行了研究。古德曼在《通往知识之路》（2002）一书中从社会认识论的角度分析了外行/新手与专家之间的关系。

与科学中的信任问题相关，有关科学中陈词的历史、社会学和哲学著作，见诺尔-塞蒂纳（Knorr-Cetina）的《超级组织是如何演变的：共通感的形成和高能物理学实验的社会存在论》（1995）和《认识论文化：科学怎么产生知识》（1999）、麦肯齐（MacKenzie）的《杀死北海巨妖：数学证据的社会史》（1999）、谢平和沙弗尔（Schaffer）《利维坦和空气泵》（1985）和谢平的《真理的社会历史：十七世纪英格兰的科学和文化》。

（e）陈词、机械和计算机：就机械设备（比如计算机）能否被当作陈词源，以及它们是否有别于人作为陈词源的问题，在学者中存在着争议。一个实例是四色定理的证明，有关这方面的文献见泰默克兹（Tymoczko）的"四色定理问题和它的哲学意义"（1979），德特勒夫森（Detlefsen）和卢克（Luker）的"四色定理与数学证明"（1980）。柏格在他的论文"计算机证据、先验知识和他人的思想"（1998）对以计算机作为陈词源作了系统的分析。麦肯齐（MacKenzie）的《杀死北海巨妖：数学证据的社会史》（1999）也讨论了计算机证据的地位与作用。

在科学的社会研究中，这个问题与机械的"道德"立场相联系，有关人与机械的互动的人类学案例研究，见拉脱尔的《我们从来没有现代化过》（1993）、哈拉维（Haraway）的《猿、半机械人和女人：自然的再造》（1991）、柯林斯（Collins）和库什的《行动状态：人与机械能做什么？》（1998）和哈钦斯（Hutchins）的《野蛮人的认知》（1995）。

以上的介绍主要是针对英美哲学界的，在大陆哲学传统中，陈词不是核心的范畴。然而，许多解释学的讨论触及与陈词类似的问题，特别是伽达默尔（Gadamer）的《真理与方法》（1991）。有关印度哲学对陈词问题的讨论，见 1994 年的《通过话语认知》论文集，其中收录了印度哲学讨论陈词问题的论文。

第 四 章

陈词的定义、范围与限界

第一节 两次历史转折

一 对陈词证据地位的休谟式认可

在西方哲学史上，对待他人话语的态度经历了一次历史的转折。柏拉图在《泰阿泰德篇》中，通过使用法律情景中的案例指出陪审团也许能够仅仅通过律师的说服力量和修饰技巧确信抢劫案的可靠事实，但是即使他们的信念是真的，几乎也不能说他们知道了这些事实。他认为，对于陪审团而言，抢劫案的信念永远也不可能算作知识，因为，它是"仅能被目击证人所知道"的事实。在柏拉图看来，从他人话语中我们无法知道事实。经过中世纪的漫长历史变迁，文艺复兴之后，这种观点演变成极端个人主义的理智自治观。笛卡儿蔑视教育对我们理智的效果。作为英国皇家学会的哲学代言人的洛克，在他的社会和政治理论中强烈地反对对他人话语的依赖。据此，我们也不难理解为什么"不能以人为据"（Nullius in verba）会成为英国皇家学会的戒律。

历史在休谟那里发生了转折。在《人类理智研究》第十节论奇迹中，休谟充分地肯定了他人话语的证据性价值。"在人类生活中，没有哪一种推理比从陈词、目击证人和观察者那里得到的东西更普遍、有用和必要了。"① 陈词证据（testimonial evidence）从此成为一个讨论至今的哲学主题。但是他采用了经验论的方式赋予其次要的地位，将其视作归纳推理

---

① Hume, D., *An Enquiry Concerning Human Understanding*（2nd ed.）（L. A. Selby-Bigge, Ed.）, Oxford：Clarendon Press, 1966, p. 111.

的一种变形，将它的有效性和客观性还原至个人的观察和经验。这就是
休谟的陈词还原论。休谟的这两个观点被称为"公认的观点"。20世纪
90年代以来，这种观点遭到了众多学者的批评。

知觉、记忆、推理和陈词被认为是知识的四大来源。当代学者普遍
认为，以知觉为中心，四种资源处于并列的地位。它们之间相互依赖，
不存在谁还原谁的问题。对前三者的讨论贯穿于整个认识论的历史中，
而对陈词的讨论却被哲学家们"忽略了"。

这是因为，知觉、记忆和推理是个人亲身占有的资源，人们自然地
将它们作为认识的证据。这种证据观的核心就是以个人的观察和经验为
根基。但是如果我相信我自己的观察和经验，那么为什么我不能相信我
的同事的观察和经验以及他对自己的观察和经验所作的报告呢？又为什
么不能相信同代人所作的观察以及他们对自己对观察所作的报告呢？又
为什么不能相信古人的观察以及他们对自己观察所作的报告（历史陈词）
呢？如果我们能够给予同代人这种权力，那么我们为什么不能给古人这
种权力呢？总之，为什么不能是"我们的观察"，而不仅仅是"我的观
察"？是"社会的观察"，而不仅仅是"个人的观察"？是"我们知道"，
而不仅仅是"我知道"？

二 里德的心灵的社会运作

里德却是一个例外，在历史上，他第一次试图赋予陈词以独立的证
据地位。虽然他的讨论是简短的，但却是富有启发性的并为当代的讨论
提供了框架。与休谟宽泛地将他人话语界定为"报告"和"目击者的陈
述"不同，里德将他人话语视作一种"心灵的社会运作"。同属人类的社
会理智的还有询问、获知、请求、命令、发誓和保证。它们的社会运作
必然以"一个与其他的人类理智的交流的必然假设"为前提。"在任何一
种语言中，一个问题，一个命令，一个承诺，都是社会行为，能够像判
断这种单一行为一样简单地和恰当地表达，……一个问题，一个命令，
或一个承诺的表达是能够像对命题一样对它们进行分析的；但我们发现，
这样做并没有任何帮助。"因为"它们既不是判断，也不是推理，也不是
简单的理解"。因为后者是"心灵的单一运作"，而社会运作是不能还原
为单一运作的。将社会理智行为还原为单一理智行为的企图非常类似于

将"社会情感"还原为"自爱"情感的企图。①

在与作为单一理智行为的判断和推理对比之后，里德抱怨"我们至今还没有给这些社会行为一个不同于它们所表达的运作的名字。"在英语中，判断和推理既有名词形式又有动词形式。Testimony 是一种名词形式，没有明确对应的动词形式，Testify（"作证"之意）可以粗略地认作是 testimony 的动词形式，但是，在英文词源中，testify 仅指目击者对发生事件的第一手陈述行为，是针对说者的一种行为。所以，在里德看来，它不能表达一种涉及"以其他人类理智的存在"为前提的社会行为，而"对这些社会行为的表达是语言的一个基本的和主导的倾向"②。可见，"里德开创了今天称之为言语行为论或语用学的事业"③。

三　奥斯汀的第二手知道

奥斯汀正是沿着这一思路走下来的，在他的"他人的思想"一文中，被当代认识论学者所广为引用的一句话是，"权威的陈述使我知道了我可能不会知道的事情。它是知识的来源"④。奥斯汀在文中探讨的问题是"你是如何知道的？"以及"知道的理由是什么？"。

在"知道"的经典定义中，第三个条件是，S 有合理的理由 r 相信 p。那么，什么是合理的理由 r？休谟所开列的理由是观察与经验。对此，奥斯汀并不否认，但他认为从他人那里第二手（second-hand）地获知也是一种正当的知道的理由。"在我们给出知道的理由的情形中，'引用权威'构成了一种特殊的和重要的理由类型。如果问道，'你是如何知道今天选举的？'我恰当地回答'我在《泰晤士报》上读到的'，如果问道，'你是如何知道波斯人在马拉松中被击败的？'我恰当地回答'希罗多德（Herodotus）明确地表述过'。在这些情形中，'知道'是正确地使用的：

---

①　Hume, D., *An Enquiry Concerning Human Understanding* (2nd ed.) (L. A. Selby-Bigge, Ed.), Oxford：Clarendon Press, 1966, p. 50.

②　Hume, D., *An Enquiry Concerning Human Understanding* (2nd ed.) (L. A. Selby-Bigge, Ed.), Oxford：Clarendon Press, 1966, p. 50.

③　Lehrr, K, *Thomas Reid*, London：Routledge, 1989, p. 93.

④　Austin, J. L, "Other Minds" in J. O. Urmson & G. J. Warnock (Eds.), *Philosohical Papers* (3rd ed.), Oxford：Oxford University Press, 1979, p. 82.

当我们引证一个处于知道位置的权威（也许他自己也不过是间接地知道）时，我们就是'第二手'地知道。"①

在奥斯汀看来，这种知道的理由是不可还原的。"相信他人的权威与陈词是交往行为的一个本质的部分，是我们不断地实施的一种行为。正如作出保证，从事竞争性的游戏，或者感知到色斑一样，它同样也是我们体验的一个不可还原的部分。我们可以陈述这种行为的某些好处，并且我们可以阐述一种它们的'合理的'行为规则（正如法庭和史学家及心理学者制定出接受陈词的规则一样）。"②

第二节　当代陈词的标准模型

一　标准证词与自然陈词

科迪继承了里德和奥斯汀的这一理念，"陈词证据构成了一个基本的证据范畴，不能用诸如观察或演绎推理之类的范畴对它进行还原或辩护"③。科迪试图在哲学层面上为陈词提供一套规则。

哲学关注的是日常生活中的陈词，但证词本身却是一个法律的技术术语。在法庭上作证的行为被称作"testify"，在作证中所说的话语被称作"testimony"。但是，"将这样的技术化的术语应用到日常现象却是不常见的。实际上，在非正式文体中说'他的陈词如何如何'是不常见的；取而代之的是，我们经常简单地说'他的报告……'或者'他的观点……'或者简单地说'他说……'"。尽管词不达意，但这一术语可以使我们从法律和日常生活两个层面上来考察陈词。历史上哲学家都在使用"陈词"一词，所以科迪认为"坚守哲学传统也许是有益处的"。但是，日常生活与法律毕竟是不同的领域，所以"为了表明存在的区别，我将称法律或者准法律的陈词为'标准证词（formal testimony）'，更广泛概念

---

① Austin, J. L, "Other Minds" in J. O. Urmson & G. J. Warnock (Eds.), *Philosohical Papers* (3rd ed.), Oxford: Oxford University Press, 1979, p. 82.

② Austin, J. L, "Other Minds" in J. O. Urmson & G. J. Warnock (Eds.), *Philosohical Papers* (3rd ed.), Oxford: Oxford University Press, 1979, p. 115.

③ Coady, C. A. J, *Testimony: A philosophical study*, Oxford: Clarendon Press, 1992, p. 96.

的陈词为'自然陈词（natural testimony）'"①。

科迪认为，从法律和类似于法律的层面进行考察的好处是，首先，在法律和类似于法律情景中的证词为我们的研究工作"提供一个坚实的立足点"和"一个自然的起点"。法律中的证词概念不仅影响到了像洛克·布拉德雷（Bradley，F. H.）、马塞尔（Marcel）等哲学家，而且也影响到平常人。人们总是习惯将陈词与法律或类似于法律中的证词联系起来。其次，陈词的概念与证据的概念密不可分，在法律中，什么东西能够作为证据是有极其严格限定的。这也有助于澄清陈词的认识论证据的含义。最后，有助于凸显标准证词与自然陈词的异同。"然而，这并不能得出只在法律情景中才存在证词的结论。"②

很明显，在法院或者犯罪或者类似的场合，证词是一种证据，特别是由人提供的证据。提供证词的人通常称为目击证人，但是视觉推论并不是关键的。当然，在某种情形中，一个盲人可以作为一位很好的证人，例如，在黑暗中，他比那些视觉良好的人能够成为更好的证人。事件的旁观者并不是唯一的可能的证人，因为还有专家证词和品德证词的情形。于是，"这里讨论的这种类型的证据似乎应称作'话语'证据（'say-so'evidence）：换句话说，我们接受某事或者其他什么为真，是因为某人这么说，而这个人具有对这件事说的话的可信资格"③。

通过考察英美法系国家的大量的相关的法律规定和实际案例，科迪认为，标准证词具有下述六个特征：

F_1. 它是一种证据形式；

F_2. 它是由以其评论作为证据的人 A 所提供的，因为 A 说是 p，所以我们接受 p；

F_3. 提供这些评论的人具有可以这么说的资格，也就是，他有相关的能力、权威或者资质；

F_4. 通过在形式上认可他作为证人，并给他的证据以法律的地位，作证者处于某种被质疑的地位；

①　Coady, C. A. J, *Testimony: A philosophical study*, Oxford: Clarendon Press, 1992, p. 26.

②　Coady, C. A. J, *Testimony: A philosophical study*, Oxford: Clarendon Press, 1992, p. 26.

③　Coady, C. A. J, *Testimony: A philosophical study*, Oxford: Clarendon Press, 1992, p. 27.

F_5. 作为 F_3 的细化要求，在英美法系和受其影响的法律体系中，证词通常要求是第一手的（如不是道听途说的）；

F_6. 作为 F_1 的推论，证人的评论必须与正在争论的或者尚没有解决的问题相关，并且应该直接提供给那些在这个问题上需要证据的人。[①]

在日常生活中，我们不会要求说者履行像法庭证人发誓那样的形式，所以，上述 F_4 应取消；同样，我们很愿意去接受别人话语，比如竞赛的结果、议会里发生的事等，而不会去要求说者是第一手（first-hand）知道的，所以，F_5 道听途说（从他人那里获知）的限制也应当取消。事实上，即使在英美法系中，对道听途说的限制已经有了许多的例外。

二 自然陈词的定义

通过对标准证词六个特征在日常生活世界中的充分性和必要性的分析，科迪得出了自然陈词的定义，即"自然陈词的三个充要条件"。"说者 S 通过陈述 p 来作证（testify，下同），当且仅当：

N_1. 说者 S 对 p 的陈述是 p 的证据，并且是被作为 p 的证据提供的；

N_2. 说者 S 有相应的能力、权威或者资质去真实地陈述 p；

N_3. 说者 S 对 p 的陈述与某些有争议的或者尚未解决的问题相关（可能是 p，可能不是 p），并且直接提供给那些在这个问题上需要证据的人。"[②]

"至于 N_2，说话的资质或权威，虽然是非常复杂的，但却明显是重要的。"[③] 那么，什么是相应的能力、权威或资质（competence, authority, credentials）呢？科迪并未对这三个词加以明确的界定，而是举了大量的实例加以说明。

我们认为，这三个词表达的意思大致相同，其核心是，与听者相比，说者对所说的事情处于一个较优越的地位，这种地位的不平等使得说者具有如实说的能力，这种能力包括"正常的感觉能力或特殊的技术能

① Coady, C. A. J, *Testimony：A philosophical study*, Oxford：Clarendon Press, 1992, pp. 32 - 33.

② Coady, C. A. J, *Testimony：A philosophical study*, Oxford：Clarendon Press, 1992, p. 42.

③ Coady, C. A. J, *Testimony：A philosophical study*, Oxford：Clarendon Press, 1992, p. 35.

力"。例如，在法院就被告人布朗破坏史密斯夫人房子的案件举行的听证会上，警官琼斯向陪审团作陈述，但他仅仅是根据被告当着他的面威胁过史密斯夫人，犯罪的前后时段在史密斯夫人房子附近看见过被告，以及被告的暴力倾向是出名的，来推断是布朗所为。但在案发的时刻，琼斯并不在犯罪现场。显然，琼斯缺乏作出证词的"能力"，所以，他所说的只是意见而不是证词。这里的"能力"显然指的是直接观察的能力。

同样地，一位弹道学专家可以以他在实验室中做的实验作证：法庭给他看的一粒子弹是从法庭给他看的来复枪中射出来的。但是他不能基于这一点就作证被告将这粒子弹射入了死者，也不能作证被告的指纹就是作案用的枪支上的指纹，除非指纹学专家也做了同样的证实。

专家证词所要求的能力不仅仅局限于正常的感觉能力，还要求专家在问题领域中具备专业化训练和技术能力。"在某种程度上，陈词的资质包括某种直接的熟知或观察，虽然这个要求在不同的环境中差异非常大。"例如，某人说看到了 A 在做某事的陈词，对他的资质的要求也许是观察就足够了。但是某种疾病患者的生存率是多少之类的专家陈词所需要的资质就大不相同了，它需要以熟知，或更准确地说，以对某个医学专业和统计学领域的彻底的熟悉作为资质。这就需要某种技能、能力或专家意见。至于道德品德陈词，"没有人能够作证另一个人的品德，除非他通过下述的方式处于一个作证者的位置上，例如，他是那个人的挚友"①。

科迪对权威的解说耐人寻味。假设在同一件案件审理中有四位作出类似证词的证人，当陪审团听完前三位证人的证词后，陪审团对案件的确定性比第四位证人还要高。这时，谁具有更高的如实说的权威呢？是陪审团还是第四位证人？人们通常的回答是，虽然陪审团对案情的确定性比第四位证人高，但陪审团不是处于证人的位置上，所以他们所具有的是确信而不是权威，权威是说者（证人）所具有的一种权力。但科迪认为，前三位证人的证词使得陪审团比第四位证人对案件处于一个更知情的地位，而正是这种不平等的地位赋予陪审团行使表现在判决书中的

---

① Coady, C. A. J, *Testimony*: *A philosophical study*, Oxford：Clarendon Press, 1992, pp. 27－28.

权威。① 可见，陈词的权威是可以传递的，这也就为通过陈词传递权威的观点埋下了伏笔。

塞尔（Searle，J.）认为，绝大多数语言行为的表达要求说者满足"真诚性条件"的假设，而不论其是否真正得以实施。科迪则采纳了格赖斯（Grice，H. P.）的观点，认为真诚性是一个语言对话的最一般性规则，而不是某种类型的语言（如以言行事）的规则。其次，他认为，真诚性条件与能力条件有重叠。例如，"当一个人的虚假陈词声称他具有实际上他并不具有的资质时"，缺乏诚实其实就是缺乏"诚实的能力"。

"作证恰是一种有能力条件限制的语言行为。"② 科迪认为，能力是作证的充分条件之一，但可能不是必要条件。③ 休谟对奥西恩（Ossian）史诗真实性表示怀疑的部分理由是苏格兰高地人至少缺乏对这类事作出如实报告的能力。④ 在这里，休谟实际上将能力作为作证的一种必要条件。

科迪的对手弗里克对于 N_2 条件提出了强烈的批评，认为说者的"能力、权威或资质"对于听者构成了一个"不透明的类"⑤。在分析弗里克的批评之前，我们先看一下，为什么科迪要将"能力、权威或资质"赋予说者。科迪引用了霍布斯（Thomas Hobbes）的论述，"当一个人的讨论不是从定义开始时，那么，他要不是从自己的想法开始，便是从另一个人的话开始，他对这人认识真理的能力以及不行欺诈的正直胸怀都没有怀疑。……其决断称为相信和信任。所谓信任是指人而言；而相信则同时涉及人和他所说的话的真实性"⑥。

霍布斯的意思似乎是，是否相信陈词取决于提供陈词的人。那么，怎样的人能提供陈词呢？从法律证词的情景看，显然，能力、权威或资质是一个条件。在日常生活中，N_2 "在我们理解陈词是一种什么样的证

---

① Coady，C. A. J，*Testimony：A philosophical study*，Oxford：Clarendon Press，1992，p. 31.

② Coady，C. A. J，*Testimony：A philosophical study*，Oxford：Clarendon Press，1992，p. 229.

③ Coady，C. A. J，*Testimony：A philosophical study*，Oxford：Clarendon Press，1992，p. 229，fn. 6.

④ Mossner，E，*The Life of David Hume*，Edinburgh，1954，p. 418.

⑤ Fricker，E.，"Telling and Trusting：Reductionism and Anti-reductionism in the Epistemology of Testimony（Review of Coady，Testimony：a Philosophical Study）"，*Mind*，104，1995，p. 408.

⑥ ［英］霍布斯：《利维坦》，黎思复、黎廷弼译，商务印书馆1985年版，第48页。

据时发挥着重要作用"。"N_2以一种示意性的方式表明使得这种证据显得特殊的说者是怎样的。"①

弗克里认为，如果假定说者有如实说的能力、权威或资质，那么，听者也就不必对说者进行监测与评价了。事实上，说者是否有能力、权威或资质并不取决于说者，而是取决于听者的评价。她反对将权威放入陈词的定义中，"至于说者对他所说的是否有权威，取决于听者是否能够对说者的情况作出鉴别，显然，听者有时不能鉴别，并且听者通常不知道说者具有这么说的权威。如果将作证者的权威放入陈词的定义之中，那么，似乎就预设存在着一个相信'所作证的'一般的认识权力。站在听者的角度上，听者就会有疑惑：我听到的是陈词吗？所有的陈词认识论问题被这类填塞式的定义所模糊了"②。

她接着说："回顾我们所讨论过的，我们要质疑的更大的问题不仅仅是陈词是不是一个特定的认识范畴，而且它是不是一个统一的范畴。我发现，陈词，恰当地定义，是一种特殊的认知关联，也就是说，它是一种特殊类型的信念产生的过程。""在以交流为目的的认真的断言基础上，陈词是一个碎布袋（rag-bag）范畴。"③

弗里克认为，由陈词所构成的知识并不是一类与众不同的知识，因此，也不需要对陈词加以特别的限制。"如果考虑到一个理性的听者应当遵守的认识规范，那么，陈词是一种相关种类的宽泛的告知行为。"④ 如果抛开弗里克的经验还原论的目的，那么，她的批评是有一定道理的，也就是说，科迪对陈词的定义是极其严格的，它更像是法庭中的作证和证词，而不是在日常生活中的告知行为和话语。

三　自然陈词的范围

科迪认为，自然陈词作为证据范畴的方式类似于保证作为承诺范畴

---

① Coady, C. A. J, *Testimony: A philosophical study*, Oxford: Clarendon Press, 1992, p. 46.

② Fricker, E., "Telling and Trusting: Reductionism and Anti-reductionism in the Epistemology of Testimony (Review of Coady, Testimony: a Philosophical Study)", *Mind*, 104, 1995, p. 397.

③ Fricker, E., "Against Fallibility", n B. K. Matilal, & A. Chakrabarti (Eds.), *Knowing from Words*, Dordrecht: Kluwer, 1994, p. 156.

④ Fricker, E., "Telling and Trusting: Reductionism and Anti-reductionism in the Epistemology of Testimony (Review of Coady, Testimony: a Philosophical Study)", *Mind*, 104, 1995, p. 397.

的方式。作证的人被看作为相关命题 p 的真提供了证据，正如作保证的人被看作为相关命题 p 成为现实而作出的一个承诺。我们可以说，这两种情形都是在以不同的方式担保 p。以作出陈词 p 的方式，一个人其实是就"他所说的事是怎样的"和"事情实际上是怎样的"之间的确定的关联作出担保；以保证 p 的方式，一个人其实是对这种关联的实现（通过改变事件是怎样的方式）作出担保。作为对比，安慰是一种既不属于陈词又不属于承诺的语言行为，它的要点是表达同情。①

陈词作为一种以言行事行为与其他的以言行事行为（如论证）的区别是什么呢？在作证的情景中，某件事情需要证据，而说者具有提供证据的权威，于是说者的陈词就被作为这件事情的证据。埃尔金（Elgin，C. Z.）认为，论证与此不同，对 p 的论证依赖它的前提，与说出这个论证的人的能力、权威或资质无关。"论证是主体中立的"，"即使它的作者是不诚实的或者理智上是不健全的，但只要对问题的论证是有力的，它所得出的结论就是可信的。"而"陈词依赖于权威。"说者让听者相信的理由是："请相信我的话，我具备知道的资质。"②

我们认为，虽然论证不是陈词，但在论证中引文却属于典型的陈词形式，因为它有完整的构成陈词的要素。在许多论证性的和非论证性的文献中，当提到引文文献的作者姓名时，往往会出现许多表明引文文献作者社会身份的信息，或加上"著名的"之类的修饰词，进行论证的作者无非是想表明：该说者（引文文献的作者）有相应的能力、权威或资质如实地说某种观点，可见，这是典型的陈词形式。

在日常生活中，属于作证的行为及陈词有哪些呢？休谟曾使用"报告（report）"一词，科迪认为这个词概括得很好。"很明显，报告的确是一种核心的语言行为。当然，报告不是与宣称（asserting）并存的，而是宣称的支配形式，并且比我们习惯所想象的更常见。"③ 但休谟是在"目击者陈述"的含义上使用"报告"一词的，科迪认为，作出报告的人可

---

① Coady, C. A. J, *Testimony: A philosophical study*, Oxford: Clarendon Press, 1992, p. 43.

② Elgin, C. Z, "Take It from Me: The Epistemological Status of Testimony", *Philosophy and Phenomenological Research*, Vol. LXV, No. 2, 2002, p. 293.

③ Coady, C. A. J, *Testimony: A philosophical study*, Oxford: Clarendon Press, 1992, p. 154.

以是第二手地知道事情的。他列举了四类与日常生活密切相关的陈词或陈词的变种，并统称之"扩展陈词"（extended testimony）：

第一，说者的权威不必是第一手的。在一定的情景下，对第三方陈述 p 的再陈述也构成了陈词的行为。基于前述对权威的解说，这里科迪实际上默认了说者的能力、权威或资质是可以传递的，这为后来的知识传递（见第八章）埋下了伏笔。例如，医生的一位秘书告诉第二个人说，"今天没有医生的邮件。"显然，说者有这么说的第一手的权威，因为他检查过邮箱，没有发现邮件。第二个人对医生说，"秘书说今天没有你的邮件。"在科迪看来，尽管第二个人的权威是第二手的，但这并不妨碍把他的话语作为一种陈词行为。

第二，文献陈词（documentary testimony）。教会的生死登记、婚姻登记、私人日记、秘密的外交档案、新闻报道等，也是一种陈词，区别只在于最初的说者或作者并不知道他们是在向谁作证，即作证的对象当时是不明确的。

第三，制度陈词（institutional testimony）。路标、地图、测量单位、公交车和电车上的站牌之类的"引导性信息"，均属于制度陈词。我们可能会很自然地将它们归入观察而不是陈词的范畴，但是，它们上面所载明的信息分明是由他人提供的，而不是我们亲自观察的。例如，在地图上查找某个地点的行为与向熟知城市的人询问某个地点的行为并无太大的差异。

第四，间接陈词（oblique testimony）。比如，关于我们自己出生这个事件的陈词，再如，关于诸如拿破仑和恺撒之类的历史人物的陈词，均属于间接陈词。虽然我们有各种关于他们的行为的间接陈词，但是我们却没有关于他们的确存在的直接陈词，所以间接陈词的真实性可以是未知的。[①]

---

① Coady, C. A. J, *Testimony: A philosophical study*, Oxford: Clarendon Press, 1992, pp. 48–52.

第三节　对自然陈词模型的修正

一　三种证据的概念

自然陈词是一种基本的证据范畴，科迪也正是基于证据的概念来定义自然陈词。霍普斯金大学阿钦斯坦（Achinstein，P.）的"证据的概念"一文至今被学术界（包括科迪）认为是对证据进行哲学分析的范例。本节基于阿钦斯坦的证据概念来分析科迪陈词概念的缺失，最后简介斯坦福大学格雷厄姆（Graham，P. J.）对科迪自然陈词模型的修正。我们先看阿钦斯坦通过对下面案例的讨论所提炼出来的三种证据的概念。①

安迪的皮肤变成了黄色，所以星期一他去看医生。医生给他做了检查，告诉他，他患有黄疸。星期五安迪做了一些检查，虽然安迪的皮肤仍然是黄色的，但医生说他并没有得黄疸，皮肤的黄色是他在工作时被一种染料染上去的。星期五，医生应该肯定下面哪一个命题？

（i）安迪的黄皮肤曾经是并仍旧是黄疸的证据；

（ii）安迪的黄皮肤过去是，但现在不再是黄疸的证据；

（iii）安迪的黄皮肤不是并且从来就不是黄疸的证据。

根据安迪的黄皮肤是黄疸的典型症状，医生可能会肯定（i）。但是，由于医生现在又有了额外的信息，医生认为这些额外的信息使得原先的证据（黄皮肤）不再有效，他可能会肯定（ii）。最后，根据虚假的或误导的证据（黄皮肤）根本不是证据的理由，医生可能会肯定（iii）。

这三种态度对应三种不同的证据概念。与（i）相对应的是潜在证据（potential evidence）的概念。安迪的黄皮肤是黄疸的典型症状之一，所以，安迪的黄皮肤是黄疸的潜在证据。类似地，这个地区统计样本表明，35%的选民说要投民主党候选人的票，这个样本当然是大约有 35% 的选民将投票给民主党候选人的潜在证据。潜在证据的特征是：1. 即使 h 是假的，e 也可以成为 h 的潜在证据。2. e 是不是 h 的潜在证据并不依赖于任何人的关于 e、h 或者它们之间关系的信念，在这个意义上，潜在证据是客观的。安迪的黄皮肤是他患有黄疸的潜在证据，即使没有人这么认

① Achinstein, P, "Concepts of Evidence", *Mind*, Vol. 87, No. 345, 1978, pp. 22 –45.

为。3. e 必须是真的，而 h 则不必。仅当安迪有黄皮肤时，黄皮肤才成为黄疸的潜在证据。此外，e 真不必蕴含 h 真，安迪的黄皮肤是真的并不蕴含他患有黄疸也一定是真的。

与（iii）相对应的是诚实证据（veridical evidence）的概念。仅当 e 是 h 的潜在证据并且 h 是真的时，e 是 h 的诚实证据。但这是不充分的，假定安迪的黄皮肤是黄疸的潜在证据，并且安迪事实上有黄疸，但是安迪的黄皮肤与黄疸没有关联，而恰恰是由某种化学染料染上去的。那么，我们可以得出结论：安迪所具有的黄皮肤并不是黄疸的诚实证据。可见，诚实证据不仅要求 e 和 h 都是真的，而且要求 e 的真与 h 的真以某种恰当的方式相关。这样，e 是 h 的诚实证据的充要条件是：e 是 h 的潜在证据，h 是真的，并且在 e 的真与 h 的真之间存在着一种解释性关联。

与（ii）相对应的是 X 的证据（X's evidence）的概念，这里的 X 是一个任意的认知主体。我们不仅说某事成为 h 的证据，而且说某事在某人那里是如何成为 h 的证据的。星期一，医生认为安迪有黄疸的证据是安迪有黄皮肤。星期五，黄皮肤不再是黄疸的证据。在这种情景下，黄皮肤是某人（医生）的证据。这个证据的概念全完是主观的，e 是不是 h 的 X 证据完全依赖于 X 怎样认为 e、h 以及它们之间的关系，不依赖于 e 事实上是不是 h 的潜在或诚实证据。

二　自然陈词概念的缺失及修正

应该说，陈词证据所涉及的证据概念至少应包容上述三种类型的证据。尽管科迪赞同阿钦斯坦对证据概念的分析，但他所采纳的证据概念远远严格于阿钦斯坦的证据概念，而这种严格的证据概念使得他的陈词模型缺乏足够的解释力。

第一，对虚假陈词的困惑

N_2 条件的要害是，说者有如实说的能力、权威或资质，因此，说者的陈词（证据）必定是真的，不可能是假的。

德雷特斯克（Dretske, F.）的品酒师的案例（winetaster case）在知识论界引起了广泛而热烈的讨论，这里仅从证据的视角分析为什么说科迪的证据概念是极其狭窄的（对证据的要求过高），并有自相矛盾之处。

乔治是一位品酒专家，他可以准确地品出梅多克（Médoc）葡萄酒，并且他知道梅多克葡萄酒就是波尔多（Bordeaux）葡萄酒，因为他知道梅多克地处波尔多地区。他也能正确地品出基安蒂（Chianti）葡萄酒，并将其与梅多克葡萄酒区分开。然而，十分奇怪的是，乔治错误地认为托斯卡纳（Tuscany，基安蒂葡萄酒产区）是南波尔多的产酒区，所以，他错误地把基安蒂葡萄酒也当作波尔多葡萄酒，而别人都不知道他有这个错误的地理信念。一天，当酒宴同时上了梅多克葡萄酒和基安蒂葡萄酒时，乔治要了一杯葡萄酒并品出它是梅多克葡萄酒，他知道酒宴上了波尔多葡萄酒。第二天，他的朋友迈克尔问他昨晚上了什么酒，乔治回答说波尔多葡萄酒。①

乔治和迈克尔共同拥有"酒宴上了梅多克葡萄酒"这一信念，但是，乔治和迈克尔信念的证据却是不一样的，乔治的证据是他的"品酒时的感觉"，而迈克尔的证据是乔治这么说的。那么乔治的话语能否作为迈克尔的证据呢？按照科迪的陈词模型推论，不能。因为一个错误的地理知识使得乔治丧失了真实地陈述的能力，所以，乔治的话语不能作为陈词。进一步，通过对说者（乔治）增加 N_2 限制性条件，乔治现在不知道"酒宴上了梅多克葡萄酒"了。② 按照阿钦斯坦的证据概念，无论乔治的话语是真还是假，都可以作为迈克尔信念的（陈词）证据。但按照科迪的（潜在）证据观，只有当乔治的话语是真的时，才能成为迈克尔的证据。可见，科迪对陈词的要求过高。

科迪对待"虚假陈词"的态度是前后矛盾的，一方面，面对日常生活情形，科迪不得不承认虚假陈词的确存在；但另一方面，按照它的陈词模型，虚假陈词不可能存在，因为它们被 N_2 条件过滤掉了。因为潜在证据要求作为证据的东西必须是真的，尽管被证明的东西可以是假的。在两难之中，科迪不得不将一些陈词放入"间接陈词"之中，允许它们的真实性是有疑问的或不透明的。可见，科迪事实上并没有将他自己的证据概念贯彻到扩展陈词中，这明显是一种自相矛盾。

---

① Dretske, F., "Cognitive Cul-de-Sac", *Mind*, Vol. 91, No. 361, 1982, pp. 109 – 110.

② Coady, C. A. J., *Testimony：A philosophical study*, Oxford：Clarendon Press, 1992, p. 230.

第二，脚印证据的难题

此外，科迪自己也意识到 N_3 的后一句话（说者 S 的陈述 p 直接提供给那些在这个问题上需要证据的人）遇到了一个"脚印证据"的难题。"例如，当 e 是地毯上的泥泞的脚印时，s 就是约翰进屋前没有擦去他的脚印。即使约翰坦白了并且没有人需要证据，我们还是会认为 e 是 s 的证据。虽然我怀疑这种直觉是合理的，但是我们不需要解决这个问题。"[1]可见，科迪的回答是模棱两可的。但是按照科迪的陈词模型（N_3）推论，如果约翰坦白了并且没有人需要证据，那么，地毯上泥泞的脚印就不是证据。但是，无论是否有人需要，脚印事实上始终是潜在证据。

格雷厄姆对"脚印证据"提出了强烈批评。"我不需要你以告知的方式所传达给我的信息，但这并不意味着你不能提供陈词。的确，即便你的话语是不是证据取决于我的需要是否有道理，但是，为什么说你是否在作证取决于我的知识状态或我的认识需要呢？如果证据是相对于认知者来说的，那么，你的意见是不是证据取决于你的意见提供给谁。但是，我们并不能由此得出下述结论：如果你的话语不是证据，那么，它就不是陈词。假设萨利仅为了奉承吉姆而伪装成需要证据，全神贯注地听着吉姆所说的一切。我们能够因为萨利伪装无知而说吉姆所说的不是陈词吗？"[2]

科迪对自然陈词的分析是依赖对标准证词（法律情景中的证词）的分析。在法庭中，通过质疑证人，证人必须满足 N_2 条件才能提供证词；同时，被告有罪或无罪是处于争议之中的，陪审团需要（证人的证词）证据来确定被告有罪还是无罪。对于证人在证人席上所说的是否算作证词，陪审团或法官所依据的是证人的证词是否满足 N_2 和 N_3。"但是无论是在法庭内外，这并不表明，所有作为证据的陈述事实上都必定满足这两个条件。"[3]

应该指出的是，尽管证据的含义是陈词概念的核心，但这并不意

---

[1]　Coady, C. A. J., *Testimony: A philosophical study*, Oxford: Clarendon Press, 1992, p. 45.

[2]　Graham, P., "What is Testimony?" *The Philosophical Quarterly*, Vol. 47, No. 187, 1997, p. 231.

[3]　Graham, P., "What is Testimony?" *The Philosophical Quarterly*, Vol. 47, No. 187, 1997, p. 232.

着一定要在证据概念的基础上定义陈词,这是因为陈词的概念要大于证据的概念。"陈词是极其普通的,而且并不会总是在认识上有效的。当我们说明 p,围绕 p 进行陈述时,我们就一直在提供陈词,但是,我们却可以没有传递知识,甚至也没有提供潜在的、诚实的、绝对的或其他类型的证据。"①

格雷厄姆对科迪的自然陈词的三条充要条件进行了修改。"说者 S 通过陈述 p 来作证,当且仅当:

G_1. S 对 p 的陈述被作为 p 的证据;

G_2. S 想让他的听者认为他有相应的能力、权威或资质,能够真实地陈述 p;

G_3. S 认为他对 p 的陈述与某个问题相关,他认为该问题是有争议的或尚未得到解决的(该问题可能是 p,也可能不是 p),并且 S 对 p 的陈述提供给他认为在这个问题上需要证据的那些人。"②

这里的修正有两个方面:一是 N_1 中的前一句话(说者 S 对 p 的陈述是 p 的证据)被删去了,只留下后一句话;二是将 N_2 和 N_3 修改成说者的"意图"。应该说,经格雷厄姆修改过的陈词定义,是能够处理类似于"虚假陈词""脚印案例"和其真实性尚待确定的间接陈词,并且也能包容阿钦斯坦的三种证据概念。

陈词作为一种知识来源,其自主的证据地位是不容忽视的。就此而言,科迪等人工作的确揭示了自然陈词的(证据)结构,但是他对陈词的定义带上了浓厚的法律证词的色彩。当代陈词理论学者普遍认为,陈词的定义应能涵盖日常的语言与知识的交流。

---

① Graham, P., "What is Testimony?" *The Philosophical Quarterly*, Vol. 47, No. 187, 1997, p. 231.

② Graham, P., "What is Testimony?" *The Philosophical Quarterly*, Vol. 47, No. 187, 1997, p. 227.

第 五 章

陈词信念是如何形成的？

第一节　陈词信念与陈词性知识

一　知识的四种来源

知识（或信念）公认的来源有四个：知觉、记忆、推理和陈词。"知觉包括对外在的物理世界的知觉，以及一个人对自己的精神状态的内在知觉或反省。推理包括直觉，演绎和归纳推理。知觉、记忆和推理被认为是个人的理智能力"[①]。

持这种观点的著名人物有齐硕姆和达米特，而斯特劳森认为，如果从知识的来源看，那么，推理应从这个列表中删除。他说："我们必须明确，所谓的其他来源是什么。对倾向于还原论回答的人来说，什么才是人类对世界认识的基本来源呢？传统的选项是：知觉、记忆和推理。尽管在对陈词的还原论描述中，推理自然地起到作用，但是在严格的意义上，它本身不是知识的一个基础来源。由于推理需要假设，而且在某些特定的推理中，其部分假设本身就来自于推理，因此，推理的过程必须有赖于非推理性的内容。当然，这并不是否认推理在还原论理论中的作用，而仅仅意味着它的作用小于其他选项。"[②]

学者们对上述四个来源在认识中的地位与作用的看法是不一致的。首先，知觉与记忆受到学者们普遍一致的推崇。斯特劳森认为，"作为知

---

① Kusch, M., *Knowledge by Agreement*：*The Programme of Communitarian Epistemology*, Oxford：Oxford University Press, 2002, p. 15.

② Strawson, P. F., "Knowing from Words", in B. K. Matilal & A. Chakrabarti (Eds.), *Knowing from Words*, Dordrecht：Kluwer, 1994, p. 23.

识来源，知觉和记忆与陈词有什么联系？即使是最激进的反还原论的人也必须承认，知觉是从陈词中获取知识的必要条件。没有视觉，我们就不能从阅读中获取知识；同样，没有听觉，我们也不能从倾听中获取知识。对记忆而言也是如此，首先，没有记忆，我们就不能从学习中保留，获取知识；其次，获取知识要求我们能理解听到或读到的句子，这又要诉诸记忆，即我们对语句所属的语言已获得的知识的保存。"①

此外，学者们公认，记忆与陈词是类似的。达米特认为，"记忆与陈词之间的类似是非常强的。"在他看来，"记忆或许是一个人对过去自我的陈词。"②奥迪认为，记忆与陈词都能产生辩护（虽然以不同的方式）；但是它们都不产生知识：形象地说，前者保存知识，后者传递知识。③

这里有必要先澄清一个问题。陈词作为知识的来源是有不同含义的。一种含义是，对特定的个体而言，他人的陈词构成了新知识的来源。在这种含义上，陈词当然是新知识的来源。例如，我不了解古希腊的历史，通过阅读有关的历史书籍，并经过适当的辩护，于是我拥有了古希腊的历史知识。另一种含义是，从认识论的一般意义上而言，对人类的知识总量而言，陈词不构成新知识的来源。虽然对一个人而言，陈词构成了新知识的来源，但它却在别人那里有着非陈词的起源。后一种含义具有认识论的一般意义。因此，当我们说陈词是不是知识的来源时，应当分区上述两种含义。当然，少部分学者（如哈德维格、威尔伯纳和库什）认为，即使在后一种含义上，陈词也至少部分地是新知识的来源。④

二 如何从"S说p"到"p"？

基于知觉的信念称作知觉信念。例如，我朝窗外看去，看到天空是蓝色的。于是，我形成了一个知觉信念："天空是蓝色的。"尽管在这一

---

① Strawson, P. F., "Knowing from Words", in B. K. Matilal & A. Chakrabarti (Eds.), *Knowing from Words*, Dordrecht: Kluwer, 1994, p. 24.

② Dummett, M., "Testimony and memory", in B. K. Matilal & A. Chakrabarti (Eds.), *Knowing from Words*, Dordrecht: Kluwer, 1994, p. 260.

③ Audi, R., *Epistemology: A Contemporary Introduction to the Theory of Knowledge*, London: Routledge, 1998, p. 139.

④ Kusch, M., *Knowledge by Agreement: The Programme of Communitarian Epistemology*, Oxford: Oxford University Press, 2002, pp. 45 - 75.

知觉信念的形成过程中，涉及许多认识机制和过程，但是，学者们公认的是，这一知觉信念的形成是直接的。在这一情景之中，我没有作下述形式的推论：

> 我的视觉和智力正常，
> 我感知到天空是蓝色的，
> 所以，我知道天空是蓝色的。

当然，即使对于知觉也存在着需要推断的例外情形。例如，我患了色盲或者眼疾，不能看到窗外的蓝天，在这样的场合下，我可以通过其他方式来推断地获得蓝天的信念。

而由陈词而来的信念的情形就复杂多了，日常由陈词而来的信念像日常的知觉信念一样吗？或者说，所有由陈词而来的信念就像上述知觉的例外情形一样吗？更确切地说，由陈词而来的信念是推论的吗？继续上述例子，不是我亲自看到，而是一位同事或朋友告诉我，天空是蓝色的。在正常的环境下，我是直接相信他的话吗？或者我要经历一个推论的过程？

再比如，假定一个人（S）告诉我，温室效应导致了全球气候变暖（p）。于是，我直接形成了

信念1：某人说温室效应导致了全球气候变暖（S说p）。

这是一个知觉信念，即我感知到有人向我说了p这句话，所以，它还不是陈词信念。我通过听觉所感知到的是，S说p这么一个特定语言行为。

这也说明，（以听觉或视觉为基础的）知觉信念是形成陈词信念的前提。"我不能构成一个以陈词为基础的信念，除非我听到陈词。"[1] 但是，这并不能为后来的争论提供任何解决线索。为了获得陈词信念，我们必须经历一个过渡。从这个特定的知觉行为中，过渡到一般层面的信念上，这个一般层面的信念就是

---

[1]　Audi, R., *Epistemology: A Contemporary Introduction to the Theory of Knowledge*, London: Routledge, 1998, p. 136.

信念2：温室效应导致了全球气候变暖（p）。

在这里从信念1到信念2的过渡也就是从一个（对一个语言行为的）知觉信念过渡到一个陈词信念。

这里，之所以称 p 为陈词信念是因为它是由别人告诉我的。我由 S 说 p 过渡到了 p，例如，布什政府（S）曾经作过一个断言（p），即"伊拉克拥有大规模杀伤性武器"。对我而言，这是一个特定的知觉行为，因为我从广播中和报纸上经常听到和看到这句话。从这句话中，我形成了"S 说 p"这样一个特定的知觉信念。尽管我没有去过伊拉克，也没有观察过与布什政府的断言相关的任何事实，但是，不知不觉中，我也形成了"伊拉克拥有大规模杀伤性武器"这么一个信念。可见，我的 p 信念源自 S 的断言。正是因为这一特殊性，所以才称这类信念为陈词信念。"陈词，恰当地定义，是一种特殊的认识联结。也就是说，它是一种特殊类型的信念产生过程。"①

我们如何从信念1到信念2？推断论者宣称，我们通过推论而达到信念2，并且我们需要额外的前提，在这种情景中，至少陈词源既是诚实的又是对事情有判断能力的。于是，我们有以下推断的画面。

信念1：布什政府（S）说，伊拉克拥有大规模杀伤性武器（p）。

辅助的前提：布什政府是诚实的和有能力这么说的，或者，布什政府的断言与我的观察或信念体系是相吻合的。

所以，信念2：伊拉克是一个支持恐怖主义的国家（p）。

这是推断论者的图式。

在当代学界，持有推断论观点的学者为数不多，其中90年代中期以来最著名的是弗里克，近几年来，奥迪也不断地为推断论作论证。古德曼用贝叶斯推理分析陈词的接受过程，他的观点也属于一种推断论。利普顿将从信念1到信念2的过程看成最佳解释推论，也属于一种形式的推断论。

奥迪认为，推断论的观点也许源自法庭中的证词。"基于陈词的信念源自一个或更多的前提推断的观点，很可能是对正式陈词思考的一个自

---

① Fricker, E., "Against Fallibility", in B. K. Matilal, & A. Chakrabarti (Eds.), *Knowing from Words*, Dordrecht: Kluwer, 1994, p. 156.

然结果。当我听到法庭证词时，我评估证人，将证词放到案件审理和我的一般知识的情景之中，以这种广泛的视角为基础，只有当它似乎是真的，我才接受所说的。"①

但是，大部分学者主张，从"S 说 p"到"p"并不存在前提或条件。他们认为，这一过程在本性上是无须前提或条件的。我们称这种观点为"反推断论"，反推断论者否认在陈词信念的形成过程中存在着额外的前提，也否认存在着推断过程。持这种观点的学者有奥斯汀（1979）、科迪（1992）、达米特（1994）、斯特劳森（1994）和麦克道尔（1998）。

推断论与反推断论之争构成了当今陈词理论最核心的争论之一。但必须注意的是，推断论与反推断论是在一般的认识论原则的意义上争论的，而不是针对在某一个特定的情景中，某一个陈词信念的形成是否经过了推断。当具体地应用到某个特定的场合，推断论者会愿意采纳反推断论者的观点，例如，作为推断论代表人物之一的奥迪认为，"在最常见的非正式的陈词情形中，在听者那里产生的信念确实不是推断的。的确，当可信赖的朋友向我们说起那些我们没有理由认为超出了他们的认识能力范围的事时，我们通常'直接地相信'他们告诉我们的"②。作为反推断论代表人物的科迪认为，"当然，对于非推断获得的信念，提供推断性的支持也许是可能的。……的确，在某些情况下，在增强人们对一个命题的信心的含义上，这样的支持可以加强信念"③。所以，奥迪很无奈地说，"很可能的是，在不同的情形下，每一种描述，推断的描述和非推断的描述，都适用于陈词信念的形成。心理学的可能性是无限的"④。

另一个需要注意的问题是，知识首先是一种信念，推断论与反推断论是在陈词信念的形成过程的问题上展开争论的。陈词信念中的推断与反推断，以及陈词辩护中的还原与反还原问题共同构成了陈词理论的两

---

① Audi, R., *Epistemology: A Contemporary Introduction to the Theory of Knowledge*, London: Routledge, 1998, p. 133.

② Audi, R., *Epistemology: A Contemporary Introduction to the Theory of Knowledge*, London: Routledge, 1998, p. 134.

③ Coady, C. A. J., *Testimony: A philosophical study*, Oxford: Clarendon Press, 1992, p. 124.

④ Audi, R., *Epistemology: A Contemporary Introduction to the Theory of Knowledge*, London: Routledge, 1998, p. 134.

大核心争论。前一个争论与后一个争论又是密切相关的。后者争论的核心是，陈词信念是如何进一步成为一种获得辩护的信念的（陈词性知识）。一般而言，推断论者同时又是还原论者，而反推断论者同时又是反还原论的基础主义者。

当然，这两大争论又通常是很难区分的，原因在于，信念的形成通常与知识的形成是交织在一起的。这种说法的理由是：一个人只能接受那些他认为是真的信念，他认为真也就为他接受这一信念提供了辩护的理由。但是，认识论学者普遍认为，知识与信念是分离的，信念的形成是形成知识的前置阶段。信念的形成和知识的形成毕竟不是同一回事，只有经过主体的辩护，为所接受的信念的合理性寻找理由，信念才能成为知识。

推断论与反推断论的鼻祖分别是休谟与里德，这种争论对应着一个更古老的争论：直接知识与间接知识的争论。[①] 休谟认为，从"S 说 p"到"p"经过了以归纳推理为中介的推断。而里德认为，S 断言 p，于是，S 的这一信念使我直接地产生了 p 的信念。

第二节　反推断论的论证

一　作为直接知识的陈词性知识

当代最著名的反推断论者是科迪，科迪的推断论的立场是与他的坚定的反还原论的基础主义立场相一致的。在《陈词：哲学研究》一书的第八章中，他采用了里德的思路，从对比知觉与陈词的角度出发，论证了陈词在信念和知识形成过程中与知觉、记忆和推理具有同等的原初地位。他认为陈词性知识是直接的，他的主要理由是，为了产生直接知识，一个知识来源不必是无错的来源，可错的但可靠的信念来源也可以产生直接知识。

"在知觉中，如果我们有直接知识的情形，正如在白天当我看见旁边有一只红苹果时。那么，在陈词中我们也应该有直接知识的情形，正如当一位视力正常，无私心和无恶意的朋友告诉我在隔壁房间的桌子上有

---

① 参见第二章第三节。

一只红苹果时。"在知觉情形中，对于我的直接知识而言，感觉信息机制恰当地运作以及环境正常，这就足够了。我们不需要事先地确定，我们的感受能力是正常的，并且为我的知觉结论作论证。"类似地，……如果交流机制常态地运作，并且环境正常（比如，没有特殊的撒谎理由），那么，我们直接地知道在隔壁房间的桌子上有一只红苹果。"①

但是，这对于论证反推断论的主张是不充分的。在该书的第九章中，科迪又从语言哲学的角度作了论证，他认为，对陈词的直接接受是内化于语言的。"当我们学习语言时，我们不仅仅通过观察他人所说的，而且也通过相信他们所说的和他们的辨识能力来学习语言。"②

二　什么叫作"我知道"？

奥斯汀的《他人的思想》一文是20世纪中期探索陈词理论的一篇重要文献。该文的主题是他系统地从言语行为论的视角探讨，我们如何知道他人的思想。在英文中，知道是"know"，相信（或认为）是"believe"。Believe被认为是带有主观成分的，历史上的哲学家总是试图将这种主观的成分排除在"知道"的含义之外。而奥斯汀认为，有两种知道的途径：例如，你怎么知道他人在生气，比如"我生气了"。第一种途径是，观察场合、症状和表现，比如，在其他人说"我生气了"的情形下；第二种途径是，由那些具有观察能力的他人告知。③

为什么会这样？他认为，他人说"我知道"时，他人是有"这么说的权力"的。当他人告诉我时，这种权力就转移到了我这里了。"当我说'我知道时'，我向他人作出承诺：我向他人表明我有说'S是p'的权威。"④ 因此，如果某人对我说"他知道"，那么，他具有这么说的权力，并且我就有权力依赖它，并且据此作出我自己的承诺。"所以，当有人对

①　Coady, C. A. J., *Testimony*: *A philosophical study*, Oxford: Clarendon Press, 1992, p. 124.

②　Coady, C. A. J., *Testimony*: *A philosophical study*, Oxford: Clarendon Press, 1992, p. 170.

③　Austin, J. L., "Other Minds", in J. O. Urmson & G. J. Warnock (Eds.), *Philosohical Papers* (3rd ed), Oxford: Oxford University Press, 1979, p. 109.

④　Austin, J. L., "Other Minds", in J. O. Urmson & G. J. Warnock (Eds.), *Philosohical Papers* (3rd ed), Oxford: Oxford University Press, 1979, p. 99.

我说'我知道'时，我也就有权力第二手地说'我知道'。以他人的权威是可以转移的这种方式，说'我知道'的权力是可以转移的。"①

"相信他人的权威与陈词，是交流行为的一个本质的组成部分，也是一种我们总是不断地实施的一种行为。正如作出承诺，从事竞争性的游戏，或感知有色彩的补丁一样，它是我们体验的一个不可化约的部分。"我们可以陈述实施这些行为的特定的益处，并且我们可以陈述它们的"理性的"行为的规则（正如法院和历史学家以及心理学家制定出接受陈词的规则一样），但是我们不需要为从事这些行为作任何的"辩护"②。

达米特的一篇专题探讨陈词的论文，"记忆与陈词"，收录在《从话语中认知》一书中。该文以记忆与陈词之间的类比为线索，展开对陈词问题的探讨。其中一个重要观点是，对传统的"知道"概念的批评。他指责"知道"概念受到了支配直觉知识的"知道"概念的影响，"最近认识论学者遵循古代的传统将真正的动词'知道'与它的日常应用区分开来。"③ 这就导致，在日常的交谈中，对于人们通常所说的知道的事，哲学家们吝啬地否认它们算作知识。

达米特主张一个宽泛的"我知道"。"如果我以被告知的方式知道某事，那么，说者必定有比我好的证据基础，或者，如果他没有，那么，别的人必定有。"④ 所以，传统的"知道"概念必须修改。"修改的原则是，能够包括这样一种情况：在你告诉我之前，我不知道，但是这一原则允许，如果你告诉我，那么，我知道。"⑤

达米特的这种"知道"指的是，知道别人告诉我的，并且我不能以其他方式知道。可见，达米特对知道概念的改造比奥斯汀还要彻底。在

① Austin, J. L. ," Other Minds", in J. O. Urmson & G. J. Warnock (Eds.), *Philosohical Papers* (3rd ed), Oxford：Oxford University Press, 1979, p. 100.

② Austin, J. L., "Other Minds", in J. O. Urmson & G. J. Warnock (Eds.), *Philosohical Papers* (3rd ed), Oxford：Oxford University Press, 1979, p. 115.

③ Dummett, M., "Testimony and memory", in B. K. Matilal & A. Chakrabarti (Eds.), *Knowing from Words*, Dordrecht：Kluwer, 1994, p. 251.

④ Dummett, M., "Testimony and memory", in B. K. Matilal & A. Chakrabarti (Eds.), *Knowing from Words*, Dordrecht：Kluwer, 1994, p. 215.

⑤ Dummett, M., "Testimony and memory", in B. K. Matilal & A. Chakrabarti (Eds.), *Knowing from Words*, Dordrecht：Kluwer, 1994, p. 260.

他看来，"知道"概念本身必定蕴涵着"别人知道"。那么，这种知道是否要以下述假设作为支撑前提呢？"在最初接受他人所说的时，我并没有留意：说者很了解所说的事，并且真实地说。"① 达米特对此予以否认，他认为，如果采纳这假设，"那么，我们应当坦言，我们知道得少得可怜。"其结果是，"陷入对当前状态的认知唯我论"。所以，"接受记忆的传递或他人的断言，而通常不去核实或反思，这或许就是我们的本性"②。

这种知道是直接的和即刻的，"在正常的情形下，不必通过任何形式的推论。……如果某人告许我去火车站的路，或者询问我是否听到外交部部长辞职，或者通知我博物馆今天关门，我根本不必进行任何推理的过程，就能立即得出他在正确地说的结论：我对他的话语的理解和我对他的断言的接受是同一回事"③。

所以，"在陈词的情形中，……我们非推断地接受他人告诉我们的，这必定是一个认识论的原则，而不仅仅是一个心理学现象"④。

三　语言的基本状态：接受他人的话语

达米特的第二个论证视角是语言哲学。在他看来，我们从他人那里掌握语言，并且也只能这么做，因为语言是一种社会制度。"我应当接受他人所告知的：这在整个语言制度上是基本的。这不是一个礼节的规则，或为了节省时间的机制。"⑤

达米特继承了维特根斯坦语言哲学的思想，区分了语言"使用"的两个方面："一个是当我们有权说某事时知道；另一个是知道如何对他人所说的作出反应。"

---

① Dummett, M., "Testimony and memory", in B. K. Matilal & A. Chakrabarti (Eds.), *Knowing from Words*, Dordrecht：Kluwer, 1994, p. 261.

② Dummett, M., "Testimony and memory", in B. K. Matilal & A. Chakrabarti (Eds.), *Knowing from Words*, Dordrecht：Kluwer, 1994, p. 261.

③ Dummett, M., "Testimony and memory", in B. K. Matilal & A. Chakrabarti (Eds.), *Knowing from Words*, Dordrecht：Kluwer, 1994, p. 261.

④ Dummett, M., "Testimony and memory", in B. K. Matilal & A. Chakrabarti (Eds.), *Knowing from Words*, Dordrecht：Kluwer, 1994, p. 264.

⑤ Dummett, M., "Testimony and memory", in B. K. Matilal & A. Chakrabarti (Eds.), *Knowing from Words*, Dordrecht：Kluwer, 1994, p. 266.

假设一位儿童仅仅掌握第一个方面，也就是说，在恰当的场合，当他观察到狗在睡觉时，即当他具备为他的断言作辩护的资质时，他作出断言性的语句："小狗在睡觉。"成人可以将他的话语作为自己观察能力的扩展，能够从他的话语中知道狗在睡觉，即使他们没有看见它。现在问题是，我们能够认为，儿童理解他自己的话语吗？

也许有人会认为，他没有掌握语言使用的第二个方面：他并不知道对他人所说的作出相应的反应，因此，他并不知道所说的是真的。但达米特认为，这种假设是一个幻想："我们并不是先学会语言使用的第一个方面，然后再学会语言使用的第二个方面，而是同时掌握它们。"①

面对他人的断言，如果一位儿童没有作出恰当的反应，或者，如果当要求他作出直接的反应，但他却没有相应地修正他的行为，那么，他并不理解他所使用的语句。

恰当地作出反应就是要求在真实断言的基础上实施行为，这样的反应当然要求将断言作为真的来接受。"以这种方式，接受他人所告知的状态对于学会语言是核心的和基本的：除非一个人接受他人所说的，否则，不能说他理解语言。"达米特称其为"语言的基本状态"②。

当一个人对语言的掌握加深时，他就会在特定的情形下偏离这种基本的状态。人们了解到各种他人错误的可能性，也了解到可以不诚实地使用语言。于是，在一些情形中，人们可能不会有理由地接受被告知的；在另一些情形中，人们也许认为需要有特殊的理由去接受被告知的。尽管如此，但基础的核心仍然存在。"语言制度，以及我们之所以成为人类，以及我们所成为的人类社会的存在，是建立在下述特定的假设之上的：其中之一便是，只有通过语言的手段，知识才得以传递。作出这个假设也就是，正如在正常的情形中，即使没有任何接受的特殊的理由，我们也接受被告知的。"③

① Dummett, M., "Testimony and memory", in B. K. Matilal & A. Chakrabarti (Eds.), *Knowing from Words*, Dordrecht: Kluwer, 1994, p. 266.

② Dummett, M., "Testimony and memory", in B. K. Matilal & A. Chakrabarti (Eds.), *Knowing from Words*, Dordrecht: Kluwer, 1994, p. 267.

③ Dummett, M., "Testimony and memory", in B. K. Matilal & A. Chakrabarti (Eds.), *Knowing from Words*, Dordrecht: Kluwer, 1994, p. 267.

"所以，在正常的情形下，假设必定如下：在作出断言中，说者在说他认为是真的事。嘲笑这个假设是不近情理的，或是不谨慎的，因为它是我们理解断言的预设条件，或者是语言存在的预设条件。"①

当然，理性并不要求在所有的情境中都坚持这一假设。当说者嗜好撒谎时，则不必坚持这种假设；当说者有很强的说谎的诱因时，也是如此。但是在正常情景下，反驳这种假设也就是破坏语言存在的预设条件。因此，这种反驳是不合理的。

普特南（Putnam，H.）的语言社会分工理论也许是对这一思想的恰当的应用。1975 年，普特南发表了一篇其重要性可以和奎因（Quine）《经验论的两个教条》相提并论的长文：《意义的"意义"》。在该文中，普特南第一次提出了"语言分工普遍性假设（hypothesis of the univers-ability of the division of linguistic labor)"②。在语言社会分工理论中，"专家"的作用就在于确定语词的指称。以金子为例，作为一种贵金属，金子对我们很重要，所以我们必须学会正常地使用"金子"一词。但是并不是每个人都能正确地辨认出金子，事实上许多佩戴金饰品的人不知道如何辨认真金，而事实上也无此必要，因为在需要的时候，他们总会向专家寻求帮助。专家不仅能正确地辨识金子，而且也能如实地告诉公众金子的辨认方法，公众也期待着从专家那里获知金子的辨识方法，这就是金子得以维系的语言的社会基础。

由于语言是一种协作活动而非个体的活动，所以与语词"金子"相关的特征，判断某物是否满足金子的条件，是被语言共同体作为一个集合体而掌握的，并不是被一个单独的说话者所独立拥有的。正是依靠这种语言的社会分工与协作，专家的辨认方式就成为语言集合体的共同财富。同样地，他人的话语，尤其是专家的陈词，也就成为我们语言共同体的财富。"至少有一些术语，与之关联的'标准'只是被这些术语的说者中的单一的说者或少数说者所掌握；同时，这些术语之所以被其他的

①　Dummett, M., "Testimony and memory", in B. K. Matilal & A. Chakrabarti (Eds.), Knowing from Words, Dordrecht：Kluwer, 1994, p. 270.

②　Putnam, H., "The Meaning of 'Meaning'", in K. Gunderson (ed.), Language, Mind, and Knowledge (Minnesota Studies in Philosophy of Science, vol. 7), Minnesota：University of Minnesota Press, 1975, pp. 215 –271.

说者所使用，正是依赖于这些说者和在与之相关的子集中的说者之间存在的一种结构性的协作。"①

四　不可还原的认知来源

与达米特类似，斯特劳森在《从话语中认知》一书中发表了一篇与书名相同的陈词专题论文。在论文的开场白中，他充分地肯定了陈词在信念和知识体系中的地位与作用："我们的信念体系的大部分是以陈词为基础的。"②

紧接着，他提出了一个问题："我们应该将陈词及对陈词的理解视作陈词信念的直接的和即刻的来源，还是应该将陈词信念视作其他更基础的知识来源的产物，或者，简单地说，作为一个知识来源，陈词是否可以还原为其他的来源?"③

斯特劳森认为，记忆和知觉的联合运用是获取所有知识，或者获取源自陈词信念的必要条件，所以，作为知识的来源，陈词并不能取得与知觉和记忆完全相当的地位。"但是，即使知觉和记忆的运用是获取并保存任何通过语言传递的知识的必要条件，但是，也不能由此得出结论：借助于推论，陈词性知识（或信念）的获取可以还原为这些能力。"④

为什么是不可还原的？斯特劳森通过对推断论批判的方式对此予以论证。推断论或许会认为，出于对说者和作者的可信赖性（值得信任、能力或两者兼有）心存疑虑，所以，在交谈或阅读中，我们至少会暂时地或永久地不相信所听到的或所读到的。但是，斯特劳森认为，即使如此，我们也不能得出这么一个结论：如果我们最终接受了它并将其纳入我们的知识体系，那么，这是某种更高级推论过程的结果。例如，通过

---

① Putnam, H., "The Meaning of 'Meaning'", in K. Gunderson (ed.), *Language*, *Mind*, *and Knowledge* (Minnesota Studies in Philosophy of Science, vol. 7), Minnesota: University of Minnesota Press, 1975, p. 228.

② Strawson, P. F., "Knowing from Words", in B. K. Matilal & A. Chakrabarti (Eds.), *Knowing from Words*, Dordrecht: Kluwer, 1994, p. 23.

③ Strawson, P. F., "Knowing from Words", in B. K. Matilal & A. Chakrabarti (Eds.), *Knowing from Words*, Dordrecht: Kluwer, 1994, p. 23.

④ Strawson, P. F., "Knowing from Words", in B. K. Matilal & A. Chakrabarti (Eds.), *Knowing from Words*, Dordrecht: Kluwer, 1994, p. 24.

推断的过程，我们接受了这些内容的真实性。果真如此，"在这里，理解和接受已经分开了，从前者到后者的转变过程无论是何种步骤（也许仅仅是精神过程），都要考虑自我说服的因素"①。而这种自我说服是不可能实现的，这是因为，

1. 在许多情况下，核实过程仅限于从其他陈词中寻找证据：请教专家或询问目击者，通常不加质疑地就将他们的陈词作为板上钉钉的事实。为什么我们会直接地接受专家或目击者的陈词呢？斯特劳森认为："一个人从对世界直接的第一手经验中所获取的信念，在可行的范围内，一般地说，是充分准确的。"②

2. 作为知识的来源，人们或许会认为知觉与记忆是更可靠的，从而用它们去核实或推断陈词，并形成信念。但斯特劳森认为，"没有哪一种知识来源是不会出错的"。不仅如此，"源自三种知识来源中任何一个来源的错误都会波及其余的来源"③。在人类社会中，来源的可错性是知识、精确、真实等概念存在的可能条件。

3. 陈词对知觉的渗透。"如果我们说，正如我们必须说，源自陈词的知识依赖于知觉，难道我们不应该同样地说，我们从知觉获得的知识一般地依赖于陈词，以及口头传递的指示和信息吗？"虽然只有通过知觉，话语才是可以理解的，但是我们的知觉又是由话语给予力量和驱动的。能描绘真实知觉状态的大部分概念源自教育。我听到钟敲了 12 下，但如果没有掌握钟表和数字的概念，那么，我能听懂吗？康德说，没有概念，直觉就是盲目的。斯特劳森认为，可以对这条格言略作修改以使其与陈词相关："没有来源于话语和文字的概念和相关信息，知觉即使不是盲目的，也是可怜的近视眼。"④

在论文的结尾处，斯特劳森写道："在任何一个语言使用者的共同体

---

① Strawson, P. F., "Knowing from Words", in B. K. Matilal & A. Chakrabarti (Eds.), *Knowing from Words*, Dordrecht: Kluwer, 1994, p. 25.

② Strawson, P. F., "Knowing from Words", in B. K. Matilal & A. Chakrabarti (Eds.), *Knowing from Words*, Dordrecht: Kluwer, 1994, p. 25.

③ Strawson, P. F., "Knowing from Words", in B. K. Matilal & A. Chakrabarti (Eds.), *Knowing from Words*, Dordrecht: Kluwer, 1994, p. 25.

④ Strawson, P. F., "Knowing from Words", in B. K. Matilal & A. Chakrabarti (Eds.), *Knowing from Words*, Dordrecht: Kluwer, 1994, p. 26.

中，知觉、记忆和陈词，对于该共同体成员构建信念或知识结构，不仅仅是同等重要的，而且既然不存在将其中一个还原为其他的可能性，所以，三者有同等的立足之点。它们之间的相互依赖并不蕴涵着任何还原的可能性。如果我们（经常）直接地和即刻地知道我们的眼睛所告诉我们的，那么，我们也同样直接地和即刻地知道别人告诉我们的。"①

第三节　推断论的主张

一　常识推断

推断论最著名的代表人物是弗里克。在本节中，我们主要评价她的推断论的观点。弗里克的推断论的观点是与她的陈词辩护理论的局部还原论紧密地结合在一起的，以至于很难将它们完全区别开来。仔细分析后，我们认为可以作这样的区分：局部还原论所要解决的是她所说的还原的可能性，这种对还原可能性的分析就构成了局部还原论的前半部分，是陈词辩护理论中的还原论。如何（推断地）实现这种还原作为局部还原论的后半部分，这就构成了推断论。

尽管她认为不排除特定的听者在特定的场合中对特定说者断言的直接接受，但是她认为从"S 说 p"到"p"的过程总体上是通过推断的方式实现的。"对于一个信念，如果某个个体 M 拥有关于陈词源是可信的恰当的基础，将被告知的信念基于推断的基础之上，并以可信性作为中介，那么，他就通过陈词获得了信念。"②

弗里克认为，陈词的特殊性仅在于它是一种特殊的认识联结（epistemic link），在听者 H、听者所拥有的（知识）前提集合 J、说者 S、场合 O、说者的话语 U、话语 U 所表达的断言 p 之间的联结。"陈词的确构成了一种特殊的认识联结。在事态和听者相信这种事态之间，存在着特殊联结的陈词。这种联结涉及另外一个人，说者，他对同一个信念的最初

① Strawson, P. F., "Knowing from Words", in B. K. Matilal & A. Chakrabarti (Eds.), *Knowing from Words*. Dordrecht: Kluwer, 1994, p. 26.

② Fricker, E., "Telling and Trusting: Reductionism and Anti-reductionism in the Epistemology of Testimony (Review of Coady, Testimony: a Philosophical Study)", *Mind*, 104, 1995, p. 399.

获得，他的精神状态，他随后将信念传递给听者的语言行为。"①

但是弗里克根本否认由陈词而来的信念（或知识）构成了一种特殊的信念或知识。"与主流的知识概念相比较，陈词并没有构成一个例外。"② 因此，根本无必要增添什么新的认识原则。她指责反推断论者为了解释陈词信念的形成提出了各种各样的理论和假设，并将这些理论和假设概括为假设权力论题（presumptive right，PR）：听者有认识的权力仅仅根据所断言的相信任一说者所断言的，而不必对说者断言的正当性作任何的评价，也不必根据这样的评价来修正信任的状态。

弗里克借助"常识理论（commonsense theory）"来开辟推断论的路径。她认为，对陈词的接受是人们的一种日常行为，可以从人们的日常生活中获得答案，不必诉诸先验的认识权力。她把人们日常使用的语言以及对在语言交流中所表现出来态度的描述称为"常识语言学"，把对人们日常交往行为的描述称为"常识人的理论"，把对人们在日常行为中接受陈词所表现出来的心理状态的描述称为"常识心理学"。常识理论仅仅是一种对日常现象的描述，所以她并没有对这些术语加以定义。

与反推断论假定人们通常是可信的相反，她认为，"常识人的理论告诉我们，某一个特殊的话语既是诚实的又表达了一个真信念，这是非常偶然的"③。"常识人理论告诉我们，虚假的话语是非常普遍的，特别是对于某些主观事务。"④ 她认为，他人话语的可信性是个别化的，不能一般化。这与她对陈词认识论的看法是一脉相承的。"直觉上说，一些人或一类人在某些话题上是可靠的，而另一些人或另一类人在某些话题上是不可靠的。因此，陈词认识论的关键是：分解。"⑤

① Fricker, E., "Against Fallibility", in B. K. Matilal & A. Chakrabarti (Eds.), *Knowing from Words*, Dordrecht：Kluwer, 1994, p. 137.

② Fricker, E., "Against Fallibility", in B. K. Matilal & A. Chakrabarti (Eds.), *Knowing from Words*, Dordrecht：Kluwer, 1994, p. 127.

③ Fricker, E., "Against Fallibility", in B. K. Matilal & A. Chakrabarti (Eds.), *Knowing from Words*, Dordrecht：Kluwer, 1994, p. 145.

④ Fricker, E., "Against Fallibility", in B. K. Matilal & A. Chakrabarti (Eds.), *Knowing from Words*, Dordrecht：Kluwer, 1994, p. 146.

⑤ Fricker, E., "Telling and Trusting：Reductionism and Anti-reductionism in the Epistemology of Testimony (Review of Coady, Testimony：a Philosophical Study)", *Mind*, 104, 1995, p. 406.

如何在常识理论的范围内探明说者的可信性呢？弗里克认为，说者话语的可信性是可以经验地探明的。"我们发现，S 的话语的真可以分解为话语是真诚的，以及 S 所表达的信念是真的。"①

"所以，为了评价说者的可信性，听者必须至少对说者的信念、欲望和其他的精神状态和品质状态有一个了解。于是，这就是常识心理学或常识人理论，……为了评价说者的可信性，我们必须审核这些状态。"②

在常识理论下，陈词信念和陈词性知识是如何形成的呢？弗里克认为"对说者的知识"在其中起了重要的作用。对说者的知识也就是听者依据常识对说者所作的解释工作。"我的描述的主旨是：认识上负责任的听者与在日常生活中做的同样多，通过主动对说者作一些解释的方式，听者能够评价说者的诚实和能力。"③

弗里克主张："一个理性的个体不应当相信他似乎所看到的，或者他被告知的，除非他持有证据。"④ 在一个特定的断言中，使得一位特定听者的信念获得辩护的可能性是，他具有对情景和说者的相关事实的知识，这些知识使得他有理由去信任说者。"对于在场合 O 中的听者 H，对说者 S 的知识填补了在'S 断言 p'和'p'之间的逻辑的和认识论的裂缝。更准确地说，如果 H 知道 S 在场合 O 断言 p，并且他也知道 S 在场合 O 是'可信的'，那么，他就具有合理地相信 p 的基础。"⑤

二　极小化的信任 (S，U)

弗里克反对 PR 论题中的一揽子信任，提出信任应当是具体化到某一个人和这个人的某一个话语上的，也就是信任（S，U），其中括号内的是

---

①　Fricker, E., "Against Fallibility", in B. K. Matilal & A. Chakrabarti (Eds.), *Knowing from Words*, Dordrecht：Kluwer, 1994, p. 146.

②　Fricker, E., "Against Fallibility", in B. K. Matilal & A. Chakrabarti (Eds.), *Knowing from Words*, Dordrecht：Kluwer, 1994, p. 148.

③　Fricker, E., "Against Fallibility", in B. K. Matilal & A. Chakrabarti (Eds.), *Knowing from Words*, Dordrecht：Kluwer, 1994, p. 148.

④　Fricker, E., "Telling and Trusting：Reductionism and Anti-reductionism in the Epistemology of Testimony (Review of Coady, Testimony：a Philosophical Study)", *Mind*, 104, 1995, p. 398.

⑤　Fricker, E., "Against Fallibility", in B. K. Matilal & A. Chakrabarti (Eds.), *Knowing from Words*, Dordrecht：Kluwer, 1994, p. 129.

信任的两个变量，前一个指说者 S 是真诚的，后一个指说者 S 有能力作出话语 U。"对说者话语 U 的可信性的最好的和最终的界定如下：

信任（S，U）：说者在场合 O 中作出的断言性的话语 U，以及由此他断言 p 是可信的，当且仅当，

（i）U 是真诚的，并且

（ii）在场合 O 中 S 有能力断言'p'，在这里，这一概念定义如下：

如果在场合 O 中 S 真诚地断言 p，那么，就是 p。"①

在 1995 年的反驳科迪的论文中，她更明确地表达了陈词可信性的两个条件："对于陈词而言，说者的话语是诚实的，比如，他相信他所断言的，以及他所断言的信念是真的。我们将后一个条件称为说者对于他所断言的主观事务是有能力的。这两个条件构成了陈词的可信性。"② 奥迪将这两个条件称为"陈词可信性的两个维度"："真诚性维度涉及说者的诚实，能力维度涉及说者所具有的经验和知识，这些经验和知识足以使下述说法成立：如果说者对相关的问题持有一个信念，那么，这一信念就可能是真的。"③

我们认为，信任（S，U）其实是一种极小化的信任理论。第一，它不涉及信任人，仅仅表明说者的特定话语是诚实的。它弱于某人是可信的或是可靠的陈词源的日常概念，因为后者通常更一般地包括说者的断言，蕴含着说者一般是真诚的，并且他通常有能力作出他的断言。但是在弗里克的信任（S，U）含义上，即使一个是不可信赖的人，仍然可以是满足信任（S，U）的。第二，听者相信的是说者的话语 U，而不是断言 p。由相信说者的话语 U 到相信断言 p 的过程是由听者通过对说者建构解释性工作完成的。"听者可以相信说者的特定的话语，以这种方式，H 有理由相信说者通过话语 U 所作出的断言 p。"所以，在他看来，信任（S，U）是所能发现的填补从"S 说 p"到"p"之间裂缝的最小的桥梁。

---

① Fricker, E., "Against Fallibility", in B. K. Matilal & A. Chakrabarti (Eds.), *Knowing from Words*, Dordrecht：Kluwer, 1994, p. 147.

② Fricker, E., "Telling and Trusting：Reductionism and Anti-reductionism in the Epistemology of Testimony (Review of Coady, Testimony：a Philosophical Study)", *Mind*, 104, 1995, p. 398.

③ Audi, R., *Epistemology：A Contemporary Introduction to the Theory of Knowledge*, London：Routledge, 1998, p. 138.

这样，这种极小化的信任理论一方面拒斥了反推断论的"普遍信任"，另一方面又为他的"推断主义"留足了空间。

在这里，"说者是可信的"已被弗里克简约为"说者 S 的话语 U 是可信的"。相应地，对说者是可信的核实也就可以归结为 U 是真诚的，以及 S 有能力作出 U。

以往人们通常认为，一种评估说者可信性的方式是，通过归纳的方式核实说者过去断言的准确性。或许是为了避免重蹈休谟归纳还原的死路，弗里克认为，这不是一种最好的方式。她认为，从说者的主观状态，或从说者的心理学来进行预言，是一种更好的方式。"的确，听者的主要任务是建构一套对说者和与说者过去的和当前的环境相关的理论，用以解释说者的话语：理解说者在那个场合为什么作出那个断言。通常说，从他为什么作出这一断言的解释性理论中，可以推断出说者的断言是不是可信任的。除了建构这样的解释外，很难评价诚实与能力。"①

三　对说者的主动监控

与反推断论主张对说者的默认的信任相反，弗里克主张，对说者的默认的评价。"在评价说者的可信性的任务中，对可信性的经验核实是一个默认的立场。我赞成与 PR 论题相反的论题，这个论题就是，听者应当永远主动地评价说者的可信性。相信所断言的，而又不对其进行评价，是盲目地和不加批评地相信。这是一种轻信。"②

弗里克所说的监控指的是，听者运用常识以及背景知识对说者不诚实的标志或迹象的监控，以及对说者是否具有作出某种话语的能力的监控。"如果存在不诚实的迹象，那么，听者应当记录它们并作出相应的反应。对说者不诚实的监控要求发现说者讲假话的迹象，这涉及发现一些有价值的线索。"③ 这些在说者行为中的特殊的有价值的线索构成了说者

---

① Fricker, E., "Against Fallibility", in B. K. Matilal & A. Chakrabarti (Eds.), *Knowing from Words*, Dordrecht: Kluwer, 1994, p. 149.

② Fricker, E., "Against Fallibility", in B. K. Matilal & A. Chakrabarti (Eds.), *Knowing from Words*, Dordrecht: Kluwer, 1994, p. 145.

③ Fricker, E., "Against Fallibility", in B. K. Matilal & A. Chakrabarti (Eds.), *Knowing from Words*, Dordrecht: Kluwer, 1994, p. 150.

不诚实判断的线索，当然，这种线索间的关联"通常是在无意识水平上发现和处理的"。

弗里克认为，对说者是否具有作出某种话语相应能力的评估，要求听者知道说者的认识能力和缺陷。在一些事情上，特别是与说者自身相关的主观事项上，即使听者对说者一无所知，但是假定说者有能力就是一个默认的立场。她说："对于特定的主观事务，说者通常是有能力作出断言的。一个人对于眼前环境的记忆知觉，个人的历史，诸如一个人早餐吃了什么，以及关于个人和个人生活的基本事实，一个人的姓名，在哪里工作，他的口味等等，我认为，在这些事情上，［说者］有能力是一个默认的立场，换句话说，一个人可以合理地假定，一个由他所不认识的人所作出的这类真诚的断言是真的。"① 推而广之，她认为，如果不是在所有的主观事务上，那么，至少是在许多的主观事务上，一个共同体内的说者几乎总是具有真信念的。这就是弗里克所认可的"有限的默认信任的立场"。奥迪称这种立场为"人们也许具有的一种可靠性的尺度"，说者在这个尺度范围内能够获得听者的信任。② 当然，这只是一个有趣的经验主义假设。

对于其他的一些主观事务，就不存在默认能力的假定，除非听者对说者的相关的认知能力和环境有特殊的知识。"相应地，在非日常的主观事务上，就不存在这样的对能力的默认立场，仅仅是因为这些领域不属于常识的范围。"③ 无论怎么说，在她看来，听者必须总是主动地批判地监测说者。

四　信念的过滤机制

与弗里克的"主动监控"类似，奥迪提出了"过滤信念"。与知觉相比，陈词作为信念的来源不如知觉更为直接：它只有通过陈词本身和一

---

① Fricker, E., "Against Fallibility", in B. K. Matilal & A. Chakrabarti (Eds.), *Knowing from Words*, Dordrecht: Kluwer, 1994, p. 151.

② Audi, R., *Epistemology: A Contemporary Introduction to the Theory of Knowledge*, London: Routledge, 1998, p. 136.

③ Fricker, E., "Against Fallibility", in B. K. Matilal & A. Chakrabarti (Eds.), *Knowing from Words*, Dordrecht: Kluwer, 1994, p. 152.

个或多个前提才能产生信念，而前提支撑所断言的命题，或支撑了说者的可靠性。"一个人不能仅仅从陈词中知道，但是可以从陈词和它的前提中知道。"①

根据这种解释，关于说者可靠性的信念和与所断言命题相关的信念主要发挥一种过滤的作用："它们使我们不会相信那些不能通过'过滤'的陈词，比如，某一陈词似乎不够诚实；但是如果没有这些过滤所形成的障碍，那么，我们就会'直接［非推断地］相信'所证实的。这些过滤的信念就像是地板上活动的门，当触动它时，它就关上了。它的正常位置是开启的，但是它随时阻止不应进入的，开启的状态就是信任，信念缺乏过滤或过滤信念过分松弛将导致轻信，过分严格地过滤信念将导致怀疑论。"②

第四节　怎样才是一位负责任的听者？

要对推断论与反推断之争作一个总结是困难的。之所以困难的原因是，众多学者在讨论这一问题时，凝结了四个层面的问题：①现象学的：我们接受陈词信念的内在的和内省的体验是什么？②认知心理学的：在我们接受陈词信念的过程中，所涉及的意识或无意识的心理机制是什么？③规范认识论的：一个理想的完全理性的认知者是如何接受信念的？④语用学的：我们是如何谈论和接受陈词信念的，以及如何说明其正当性的？尽管如此，也许我们可以通过对比双方的共同点与差别点的方式对它们作一个总结。

一　默认的接受还是默认的评价？

反推断论主张，我们对陈词的依赖是根本性的，也就是说，在根基上的依赖。这种依赖与对知觉、记忆和推理的依赖是类似的，是一种不

---

① Audi, R., *Epistemology: A Contemporary Introduction to the Theory of Knowledge*, London: Routledge, 1998, p. 134.

② Audi, R., *Epistemology: A Contemporary Introduction to the Theory of Knowledge*, London: Routledge, 1998, p. 134.

可还原为其他来源的依赖。与知觉的运作类似，我们用视觉看到蓝天，就形成蓝天的知觉知识。这里的出发点是一种对感官的默认的信任。除非患有色盲或其他视觉障碍，否则我们不会改变对这一过程信任的初始态度。由此形成的知识是直接知识，也就是说，在这一过程中没有经过推断。对此，即使推断论者也予以赞成。

现在的问题是，在陈词信念和陈词性知识的形成过程中，我们是否能将对知觉的默认信任的态度"移植"到陈词上来？通俗地说，我们是以默认的信任还是默认的评价态度对待他人的话语？

反推断论者认为，信任他人所说的是一种认识的初始权力，当没有明显的迹象对这种权力构成反驳时，例如，说者有强烈的撒谎的动机或明显地缺乏作出相应陈词的能力，我们应当始终如一地运用这种预设的权力。正是这种认识的权力使我们从"S 说 p"直接得出"p"。在这一过程中，不存在推断的环节。因此，陈词性知识是一种直接知识。

将陈词性知识作为一种与知觉知识一样的直接知识与人们的日常理解也许很不一致。正如科迪所说："陈词性知识是直接的观点也许是难以接受的。毕竟，理性的人并不会相信他被告知的所有的事，这一观点可能是很有诱惑力的。通过对证人诚实性，可靠性……他所说事的可能性等等的考察，并以此作为中介，理性的人才能作出接受的决定。因此，对他人所说的信念，我们必定是以推论作为基础的和作为中介的……这种观点似乎是有道理的，但它却是错误的。第一个问题是，它与学习的现象学不一致。在我们日常与他人的交往过程中，我们获取信息，而并不会从交往者的诚实性、可靠性和可能性的前提去推断交往的可接受性。因为找不到电话账单，我打电话到电话公司，被告知我在 6 月 15 日前应付 165 美元电话费。没有考察陈词源的诚实性与可靠性，假定电话费在可理解的范围内，那么，为了接受我所被告知的，我需要去权衡各种可能性吗？"[1]

推断论则指责这种假设的权力是"盲目的"和"不加批评的"信任，

---

[1]　Coady，C. A. J.，*Testimony*：*A philosophical study*，Oxford：Clarendon Press，1992，p. 143.

"是对易受骗和不加区分的一种认识论包容。"① 推断论者提出的原则是
"一个理性的个体不应相信他似乎所看到的，或者他被告知的，除非他持
有证据。"② 对说者进行解释性工作就是获得证据的过程，所以评价是始
终存在的，它是一个默认的出发点。"面对一个特定的人，告诉我一件特
定的事，为了在这一场合中正确地相信而不求助 PR 原则，不去假定任何
事，我仅需要确定，在这一场合中他是诚实的，并且有能力作出他所断
言的。"③ 只有通过评价说者的可信性，我们才能从"S 说 p"得出"p"。

　　在推断论者看来，这种以评价作为默认出发点的立场并没有拒斥不
加评价就接受他人话语的情形。根据常识理论，一些人在一些话题上总
是在说真话，并且有能力这么说，而另一些人则相反，也就是说，我们
总是可以期待一些人的话语总是可信的。此外，我们也可以期待人们对
其自身状态的报告总是真诚的和有能力的。所以，对于这些情景，我们
可以不加评价地接受他人的话语。推断论者认为"假设的权力"是一个
"一揽子概括"，没有区分不同的情形。推断论者认为，"假设的权力"只
适用特定的情形。但是即使在这些特定的情景中，"我们也总是监视说者
不诚实和无能力的迹象"④。

　　这样看来，似乎推断论在主张双重策略：以评价作为默认的出发点
和在特定场合中不加评价地默认地接受他人的话语，但是后者只是前者
的一个补充。

　　我们可以作一个比喻，在信任这一根轴线上，推断论和反推断论是
两个终端。一端是反推断论者的极大化的信任理论，另一端是推断论者
的极小化的信任理论。从两个终端出发，双方逐渐地向中间靠拢。

---

① Fricker, E., "Against Fallibility", in B. K. Matilal & A. Chakrabarti (Eds.), *Knowing from Words*, Dordrecht: Kluwer, 1994, p. 126.

② Fricker, E., "Telling and Trusting: Reductionism and Anti-reductionism in the Epistemology of Testimony (Review of Coady, Testimony: a Philosophical Study)", *Mind*, 104, 1995, p. 398.

③ Fricker, E. Telling and Trusting: Reductionism and Anti-reductionism in the Epistemology of Testimony (Review of Coady, Testimony: a Philosophical Study), *Mind*, 104, 1995, p. 404.

④ Fricker, E. Telling and Trusting: Reductionism and Anti-reductionism in the Epistemology of Testimony (Review of Coady, Testimony: a Philosophical Study), *Mind*, 104, 1995, p. 403.

二　需不需要监控说者？

初看之下，在推断论与反推断论之间争论的焦点似乎是监控的责任。根据弗里克，为了能获得辩护地接受基于说者陈词的信念，听者必须监控说者。作为对说者可信性监测的一部分，"听者必须总是审核说者缺乏诚实性的迹象，当这些迹象出现时，他必须能对它们予以警觉"①。

根据科迪，听者根本就没有监控的义务。为了获得辩护地接受说者的话语，他所需要做的仅仅是，没有发现任何可疑的事。当我们有理由不信任时，虽然我们有责任中止我们的信念，但是却不存在对说者不诚实和无能力的迹象进行监控的义务。此外，科迪还强调，即使我们发现了说者是不可靠的，那么，我们也是无意识的，即我们不是有意识地这么做的。"你判断语言交往是如何可靠的，并恰当地接受……在这些过程中，没有涉及任何有意识的思考，显然它不是有意识的。"②

然而，弗里克对此进行了反驳。她认为科迪的电话账单案例恰恰说明的是监控。她说，科迪的"在可理解的范围内"的短语恰恰表明"听者通过对缺乏诚实性和能力监测的方式对说者进行主动的无意识的监控"③。"我们可以接受，这里的听者并没有有意识地考虑陈词源的可信性的问题。评价是有意识的，这不是评价的基本特征；它可以是自主的，主体并没有留意。"④电话账单的例子似乎表明，科迪最终还是认可监控必定是存在的，只不过科迪把它纳入了无意识的范畴，尽管他不喜欢用"无意识"一词。

弗里克走得更远。她似乎认为，一个人只有主动地监控，他才能监控某事。的确，存在着我们仅能以主动监控的方式来监测的事件和事态，比如，驾驶在高速公路上，如果我主动地监测仪表，那么我会发现车速

①　Fricker, E. , "Telling and Trusting: Reductionism and Anti-reductionism in the Epistemology of Testimony (Review of Coady, Testimony: a Philosophical Study)", *Mind*, 104, 1995, p. 405.

②　Coady, C. A. J. , *Testimony: A philosophical study*, Oxford: Clarendon Press, 1992, p. 220.

③　Fricker, E. , "Telling and Trusting: Reductionism and Anti-reductionism in the Epistemology of Testimony (Review of Coady, Testimony: a Philosophical Study)", *Mind*, 104, 1995, p. 405.

④　Fricker, E. , "Telling and Trusting: Reductionism and Anti-reductionism in the Epistemology of Testimony (Review of Coady, Testimony: a Philosophical Study)", *Mind*, 104, 1995, p. 405.

略高于每小时 120 公里。但是存在着许多其他不以主动监控的方式就能被我察觉到的事。就陈词情形而言，监控或察觉某人可能向我们撒谎并不预设一个人必须主动地监控。我们听到或读到某个并不适合我们的话语或命题，这就足够了，也就是说，我们先前的信念可能起到一种对我们被告知的信息的过滤的作用。但是过滤机制并不是主动的监控机制，过滤机制是被动的。排除推断论的预设，我们赞成奥迪对过滤信念的描述。

弗里克将她的监控理论基于常识理论，那么，我们要问的是，在日常生活中，听者有这种监控的能力吗？例如，对专家意见，外行有弗里克所要求的监控的能力吗？再如，对历史陈词源能进行这种监控吗？我们认为，监控的前提至少是听者拥有相关的信念和知识，而这又是普通听者满足不了的。所以，弗里克所要求的作为信念主体的听者是理想化的，对听者的要求也是过高的，对于这种理想化的听者而言，他们承担了他们本不该承担的任务。

三　推断：有意识的还是无意识的？

反推断论者认为，存在着一个默认的认识权力，使我们从"S 说 p"得出"p"。这个假定权力是一个先验的命题，不管对它作如何评价，它毕竟是一个认识论的规范。因此，对它的论证无须借助无意识。

而在推断论那里，无意识成为一种论证的手段。首先，解释是在无意识状态下发生的。为了相信说者所说的，听者要建构对说者的知识。这就要求对说者作一番解释工作，解释说者说话的动机、目的和欲望，判断说者是否有能力这么说。"他必须对他的陈词源作心理学的解释，将他的话语作为一个有意图的语言行为进行建构。对他的诚实性和能力的评估是这种解释工作的一个部分。"这种解释工作就是一种心理学的无意识推断的过程。"通常由听者从事这里所描述的解释性的任务，尽管这通常是自主的以及无意识的留心。"① 其次，监控也是在无意识状态中发生

---

① Fricker, E., "Telling and Trusting: Reductionism and Anti-reductionism in the Epistemology of Testimony (Review of Coady, Testimony: a Philosophical Study)", *Mind*, 104, 1995, p. 405.

的。"对不诚实和无能力迹象的监测通常是在无意识的状态下发生的。"①

　　坚持推断论本身或许无可厚非，但是将推断本身归入无意识就很难说是属于认识论的探讨了。出现这种情形的原因很可能是，作为认识论个人主义者，当无法解释陈词信念的推断机制时，推断论者就感到有一种"向内"的需要，也就是说，进入无意识。"走入无意识或许可以挽救推论本身，但并不成功。因为如果推断论以这种方式逃脱了对手的批评，那么，它只能算是一种付出极大代价而得到的祝捷式的胜利。"②

　　推断论者论证的出发点通常是在知觉与陈词之间作对比：知觉给我们直接知识，基于陈词的知识给我们推断的或间接的知识。然而，一旦我们允许无意识过程出现，对比也就消失了。如果涉及陈词的推断是无意识的，那么，陈词也就归入知觉之中。作为推断论者的奥迪也意识到"无意识的推断"是存在严重问题的。"作为一种精神过程，在什么意义上，一个推断可能是无意识的？这是非常不清楚之处。"③ 应当说，无意识的推断至少不属于认识论所探讨的领域，毕竟，自赫尔姆霍茨以来，心理学者和生理学者假设知觉包括无意识的推论。

　　库什对推断论与反推断论的"心理学具体化"（psychologistic reification）的指责也许值得一提。"当学者们将一种明显的外在样式的行为，比如通常的语言行为，转变为一种所谓的内在体验时，他们通常是有一种心理学具体化的嫌疑。"④ 陈词认识论值得研究，但最好是对围绕作出和接受陈词的社会实践的多样性予以恰当的关注。

---

　　① Fricker, E. , "Against Fallibility", in B. K. Matilal & A. Chakrabarti（Eds. ）, *Knowing from Words*, Dordrecht：Kluwer, 1994, p. 150.

　　② Kusch, M. , *Knowledge by Agreement：The Programme of Communitarian Epistemology*, Oxford：Oxford University Press, 2002, p. 26.

　　③ Audi, R. , Epistemology：*A Contemporary Introduction to the Theory of Knowledge*, London：Routledge, 1998, p. 135.

　　④ Kusch, M. , *Knowledge by Agreement：The Programme of Communitarian Epistemology*, Oxford：Oxford University Press, 2002, p. 27.

第 六 章

当代基础主义的陈词辩护

如何为理性辩护，为我们依赖他人陈词行为的合理性作辩护？近二十年来大致存在着两个主导的解决进路：还原论和反还原论的基础主义。还原论认为，陈词信念是在经验的基础上得到辩护的；基础主义则认为，即使没有经验的基础，我们也可以为我们依赖他人陈词的行为作辩护。

第一节　陈词辩护的概念与渊源

一　陈词辩护的概念

陈词辩护（testimonial justification）问题是指：在什么样的情况下，我们接受他人陈词的行为是能够得到辩护的。这个问题的其他表述形式是：信任他人的话语是否要以他人是否可靠的信息为前提，信任他人的话语在原则上是不是理性的，相信他人的话语是否要有正当的理由。

辩护支撑着我们相信他人的认识权力。英语中表达"辩护"意思的词有 justification（其动词为 justify），entitlement（其动词为 entitle）和 warrant。最常用的是 justification 和 entitlement。这两个词都表达辩护的意思，但有较大的差异。我们把 justification 作为狭义的辩护，而 entitlement（授权）作为广义的辩护。狭义的辩护要求主体能够拥有理解或评价他人的理由。无论是基础主义者，还是还原论者，对辩护的广义和狭义理解大致是一致的。

作为基础主义者的代表人物之一，柏格认为，辩护是一种先验的授权。在《内容保存》一文中，他谈到这两个词的用法。"辩护与授权的区别是这样的：在理性支撑一个命题的态度或认知实践中，以及在建构认识权力中，虽然两者都具有肯定性的力量，但是授权是主体不必理解或甚至不必把握的认识权力或许可（warrant），我们同等地有（授）权依赖知觉、记忆、演绎和归纳推理，以及我所称为的他人话语。天真的人有权依赖他们的知觉信念，哲学家可以清楚地表述这种权力。但是，获得授权并不要求能够为对这些来源的依赖作辩护，或者甚至也不要求持有这样的辩护。在狭义的含义上，辩护包含了人们所拥有的或具有的理由。这些理由可以是自圆其说的充分前提，或是十分零乱的辩护。但是，它们在主体的认知技能中是存在的。授权与辩护概念之间的边界可能是模糊的，我有时宽泛地使用'获得辩护'和'辩护'来涵盖上述两种情景。"①

柏格为什么坚持授权是主体不必理解和把握的认识权力呢？其原因或许在于，对于听者，授权是一种外部的辩护，源自说者的，所以听者不必意识到，也不必具有的。爱德华兹认为，柏格的授权概念是"一个晦涩的概念"，"我们应当认为，既然授权是一种认识权力，那么，对于认识主体，它应当是可以理解和把握的"②。

作为还原论者的代表人物之一，弗里克也表达了类似的意思，她说，"说到'获得辩护'的信念，其含义是若遇挑战，信念的持有者能够将其他获得辩护的信念作为基础提供辩护。我使用术语'获得授权'（enti-tled）来涵盖所有在认识上是正当的信念，而不管这种信念的正当性是否基于持有者对于理由的拥有"③。

值得注意的是，表达辩护的第三个词 warrant，其英文的名词含义为"授权""正当理由"，其动词含义为"使……有正当理由""根据""保证""辩解"。近些年，不少学者用 warrant 涵盖狭义和广义的辩护。1993之后，不少学者批评柏格的先验辩护的概念，在批评者的论文中，以及柏格在 1997 年回应批评的论文《对话、知觉与记忆》一文中，基本上使用 warrant 一词。力推 warrant 的另一位学者是普兰庭加，1993 年牛津大学

---

① Burge, T., "Content Preservation", *Philosophical Review*, 102, 1993, pp. 458－459.

② Edwards, J., "Burge on Testimony and Memory", *Analysis*, 60, 2000, p. 125.

③ Fricker, M., "Trusting Others in the Sciences: a Priori or Empirical Warrant?" *Studies in History and Philosophy of Science*, Part A Vol: 33, Issue: 2, 2002, p. 374 fn. 1.

出版社出版了他的两本辩护专题的著作，《辩护与恰当的功能》和《辩护：当前的争论》。在这两本书中，他基本上用 warrant 表达辩护和授权。[①]

一般而言，柏格所说的辩护是一种先验的辩护或授权，这种辩护或授权并不要求主体能够理解或把握它。而弗里克所说的辩护是一种经验辩护，这种辩护主要基于经验。这是基础主义和还原论辩护概念之间的基本区分。它们的共同点是都在扩展辩护的概念，在广义上使用辩护一词。辩护的理由并不局限于严格意义上认识的理由，毕竟，我们所面对的陈词辩护的情境，大多数是我们缺乏评价能力的情境（原因可能是缺乏时间、机会等）。

二　陈词的辩护重要性

陈词辩护问题是陈词理论的核心问题之一，它是一个既在理论上又在实践上重要的问题。它在理论上的重要性表现在：不解决这个问题，就不能解决信任他人的问题，因而也就不能摆脱认识论中的怀疑主义。如果这个问题能得到解决，那么，认识论中的其他许多问题就能迎刃而解。[②] 陈词理论家们都竭力提出各自的辩护方案来摆脱怀疑主义的阴云，而不同的辩护方案又有不同的哲学认识论意义。

实践上的重要性表现在：在这个日益专业化的社会中，认知劳动的分工日益显著，我们在许多问题上不得不依赖专家，或者说我们对其知之甚少的人的意见，而且往往是虽然不了解他们观点的理由（根据）但是却接受他们的观点。这种行为是不是理性的？又怎样为其辩护？另一个实践意义是陈词在科学中的证据地位的问题。哈德威格首先注意到了这个问题：科学家们在大科学研究中，互相接受彼此的陈词，而不具有对方的证据。所以，陈词辩护问题不仅对陈词领域本身，而且也对科学知识的辩护具有重大意义。"解释科学共同体怎么维持和保存已有的知识

---

① Plantinga, A., *Warrant and Proper Function*, New York & Oxford: Oxford University Press, 1993; Plantinga, A., *Warrant: the current debate*, New York & Oxford: Oxford University Press, 1993.

② Lehrer, K., "Testimony, Justification and Coherence", in B. K. Matilal & A. Chakrabarti (Eds.), *Knowing from Words*. Dordrecht: Kluwer, 1994, pp. 51–52.

并创造新知识，这就要求回答个人是如何有权相信他所被告知的问题。"①

三　辩护还是确证？

在转入陈词辩护的历史渊源之前，我们先看国内对辩护存在的误解。陈嘉明在他的著作《知识与确证》一书中，认为知识与确证是知识论中的两大主题。经核对引文出处，我们发现，他所说的确证其实就是辩护，在英文中，它对应的是 justification。盖梯尔著名的论文被他译成"确证的真信念是否为知识"，元辩护被他译成了"元确证"②，testimonial justification（陈词辩护）被他说成了"佐证的确证"③。

在该书的第二章第二节第一部分"'确证'概念的界定"中，陈嘉明提到了"确证概念的歧义"④，但非常遗憾的是，他没有提及 justification、entitlement 和 warrant 三个词之间的区分。我认为，"确证"一词的用法，至少是不确切的，我所说的不确切，是指它不能完整地表达认识论学界围绕辩护所展开的讨论。

我反对用确证术语的第一个理由是，至少在中文中，确证是一个有着浓厚逻辑实证主义色彩的术语。在逻辑实证主义者那里，确证通常与证实相关联，例如，通过归纳推理证实了一个命题，一个被证实了的命题就被认为是一个得到确证的命题。而波普尔认为证实是不可能，只能证伪，但这也是一种确证。在这种证实和证伪的含义上，确证是一种"二分法"的确证。

当然，我并不否认，在这种证实或证伪的含义上，知识确实能够获得辩护。这也是知识的理想状态，通常这种知识的概念是与无错论的知识观相联系的。但是，当我们既不能证实又不能证伪时，难道我们就没有知识了吗？或者说，难道知识就不能获得辩护了吗？

---

① Fricker, M., "Trusting Others in the Sciences: a Priori or Empirical Warrant?" *Studies in History and Philosophy of Science*, Part A Vol: 33, Issue: 2, 2002, p. 374.

② 陈嘉明：《知识与确证：当代知识论导论》，人民出版社 2002 年版，第 4 页。

③ 陈嘉明：《知识与确证：当代知识论导论》，人民出版社 2002 年版，第 309 页。另几个与科学知识社会学相关的术语译得也是不妥的：社会建构论（social constructivism）被译成了"构造主义"，建构论中的"强纲领"被译成了"强的程序"。陈嘉明：《知识与确证：当代知识论导论》，人民出版社 2002 年版，第 312 页。

④ 陈嘉明：《知识与确证：当代知识论导论》，人民出版社 2002 年版，第 77—93 页。

在我们的知识大厦中，又有多少知识是在这种二分法含义上获得了确证？应该说，似乎是较小的一部分。对于那些不能以证实或证伪的方式确证的知识，又如何才能称作知识呢？我认为，知识不仅需要确证，而且更需要辩护。这就引申出我反对用确证术语的第二个理由。

辩护一词与认识责任或义务相关联。由于每一个人的认知背景、能力或结构上的差异，不能达到确证的状态是很正常的，但是只要他尽其所能了，在认识上他就是无可指责的，在认识责任上他就是不用为错误负责的。这就涉及认识的责任和义务这些信念伦理学的概念。普赖尔在2001年总结了自20世纪80年代以来认识论中的最重要的问题时，将从伦理学考察辩护状态视作一个崭新的领域，即信念伦理学。其中一个有争议的问题是，我们在认识责任上是不用为错误负责的，这是辩护的一个充分条件还是必要条件。[①] 如果采纳陈嘉明的"确证"术语，那么，我们很难理解"确证伦理学"表达的是什么意思？不过，他确实提到了"确证的义务"。

应该承认的是，尽管陈嘉明不恰当地使用了一些中译名术语，以及其他一些不足之处，但是《知识与确证》一书确实是国内关于西方知识论或认识论领域中第一本中文著作，该书系统地和全面地展现了当代研究的现状。对于想了解西方认识论现状的读者而言，这是一本值得一读的好书。

四　两大历史渊源：休谟与里德

洛克式的个人主义者根本不承认陈词是知识的一个来源，相应地，他们不认为陈词是可以得到辩护的。休谟和里德承认陈词在认识事业中所扮演的角色，认为陈词可以得到辩护。但他们两人提出了截然不同的辩护思路。在当代的陈词辩护争论中，仍能见到这两种思路的斗争。

休谟认为，我们对陈词的确认是建立在经验和观察的基础上的，这就是陈词的经验辩护。"我们可以观察到，对任何陈词证据的确信，不是

---

① Pryor, J., "Highlights of Recent Epistemology", *British Journal of Philosophy of science*, 52, 2001, pp. 95 – 124.

源于其他什么原则，而是源自于对人类陈词准确性的观察，以及对目击者的报道与事实的惯常一致性的观察。"①

休谟所要求的辩护是这样一种主张："我们把陈词作为一类证据来依赖，这是因为，我们每个人都亲身观察到在人们所陈述的与世界实际所是之间存在着恒常且有规则的联系。具体地说，我们每个人都观察到某种报告与某种情境之间的恒常联系。因此，我们有好的归纳理由期待着这种恒常性在未来也会发生。"② 这种方案就是陈词辩护的个人主义弱纲领的主流形式，它的核心是还原。它认为陈词辩护的基础是非陈词的，是个人的知觉和经验。这种还原论有两大特征：一是普遍还原，它要求用个人的观察和经验为所有相信他人话语的行为作辩护；二是归纳还原，它把相信他人话语建立在对过去观察和经验的归纳基础上。

18 世纪以来，这种还原论的思想被学术界认为是"公认的观点"，构成了理智自治的核心。"实践是检验真理的唯一标准其实就是休谟还原论在当代的翻版。"③ 自 20 世纪 90 年代起，休谟的还原论遭到了大多数学者的批评。

从根本上来讲，还原论过于注重人作为自治的认知者，而忽视了人的社会性。而在今天，知识愈来愈成为一种集体的或社会的事业，认识的社会性也愈来愈明显。还原论剥夺了个人享受团体的和社会的认识成果的机会与权力。另外，它也与科学家在大科学中的分工合作的实践不符。

还原论要求陈词信念建立在个人经验的基础上，而基础主义者认为获得这种经验几乎是不可能的，所以他们转而寻求不以经验为基础的其他辩护资源。

里德反对休谟的经验原则，他主张陈词最初得到"第一原则"的辩护。与休谟不同，里德认为，陈词是知识的原始性来源，陈词具有与知

---

① Hume, D., *An Enquiry Concerning Human Understanding* (2nd ed.) (L. A. Selby-Bigge, Ed.), Oxford: Clarendon Press, 1966, p. 111.

② Coady, C. A. J., *Testimony: A philosophical study*, Oxford: Clarendon Press, 1992, p. 82.

③ 丛杭青：《陈词与知识》，《科学学研究》2005 年第 1 期。

觉同样的原初地位，不必将陈词还原为知觉，所以，他反对用知觉经验来为陈词作辩护。以孩子的成长为例，里德认为，"如果自然决定只能靠经验来解决陈词的可靠性问题，那么，孩子们就会从不信任开始，然后，随着智慧和经验的增长变得越来越信任他人，然而'人类生活最浅显的道理'表明孩子成长的过程与此完全相反"①。里德提出的第一原则是：易信原则和诚实原则。易信原则使我们容易信任他人所告诉我们的，而诚实原则使我们倾向说实话。第一原则使我们对他人话语的依赖得到了最初的辩护。里德认为，虽然造物主将这两个原则植入我们心中，但是他又认为这两个原则最适用的阶段是孩提时代，随着我们经验的积累，易信原则和诚实原则变得越来越脆弱了。

总的来说，陈词辩护理论主要分为还原论与基础主义两大进路，在两大进路上，又有许多辩护理论。在基础主义进路上，科迪的公共语言辩护、柏格的先验辩护和弗利的认识非自我主义辩护。他们把信任他人作为一种默认的认识权力，如果没有很强的否定理由，那么，对陈词的信任就受到这一权力的最初辩护。在还原论进路上，弗里克的局部还原论和古德曼的类还原主义辩护方案就是休谟还原论的当代形态。虽然弗里克和古德曼不再坚持休谟式的普遍还原，并且在某种程度上抛弃了归纳还原，但是他们的辩护思路仍有浓厚的经验还原的烙印。

第二节　柏格的接受原则

一　辩护的先验性

在众多的反还原论辩护方案中，柏格的接受原则也许是最有影响的。原因之一是他对接受原则的论证是从一个基本的哲学问题开始的，这就是辩护的先验性问题。柏格对先验性作了不同于传统的分析。

柏格对先验性的改造有三点：第一，先验性起源。传统的观点认为，先验性起源于确定性，在直觉上我们能够把握的确定性。笛卡儿提到过另一种论证性（demonstrative）的先验性。在笛卡儿看来，一个有很多推

---

① Reid, T., *Inquiry into the Human Mind* (Derek R. Brookes, Ed.), Pennsylvania State University Press, 1997, pp. 194 – 195.

理步骤的演绎推理，尽管我们不能立刻在视觉上和直觉上把握它，但这一推理可以是先验的，因为凭记忆，我们知道我们以前成功地推导过。柏格充分地利用了这种论证性的先验性，他认为辩护或授权就是这种论证性的先验性，这是因为，陈词所发挥的作用就类似于记忆中的保存。在记忆中，信念的辩护性从过去保存到现在，类似地，在陈词中，信念的辩护性从说者传递到听者。因此，辩护性（先验的或经验的）不取决于听者，而是取决于说者信念的状态：先验的辩护或经验的辩护。

第二，由陈词而来的知识可以是先验知识。齐硕姆将笛卡儿的先验性解释成明证的（evident），只有明证的知识，或由明证的知识所逻辑蕴含的结论才是先验知识。齐硕姆在《知识论》第二版，以及罗斯（Ross，J. F.）在《陈词证据》一文中，都认为，基于陈词的信念不可能先验地得到辩护，因而它不可能是先验知识；如果它能算作是知识，那么，必定是经验知识。① 柏格反对这种观点，他认为，以勾股定理为例，"来源数学家先验地知道一个定理，当缺乏怀疑的理由时，接受者先验授权地接受来源者的话语。以这种方式，我们绝大多数人知道了勾股定理。当先验的知识通过报告得以保存，以及当接受者先验地接受了报告时，接受者的知识是先验的"②。

第三，先验知识的可错性。先验的概念着眼于对信念的肯定的和合理的支撑的性质，所以，一个获得先验辩护的信念并不蕴含它是真的。先验的辩护可以是不明显的，并且"不确定的"；同时，被认作是先验的信念，甚至获得了辩护的信念（即先验知识）也是可错的。

柏格认为，虽然先验辩护的辩护力量并不是通过对某些特殊的感觉经验或知觉信念的依赖而构成的，但这并不要求先验辩护独立于推理或理解。柏格认为，先验的辩护以某种方式通常依赖感觉经验或知觉信念，但是这种依赖与先验性本身并不相关，它并不是辩护力量的核心。"辩护

---

① Ross, J. F., "Testimonial Evidence", In Keith Lehrer ed., *Analysis and Metaphysics*, Dordrecht: D. Reidel, 1975, p. 36. 齐硕姆和罗斯都认为，先天知识是明证的，而陈词知识是"间接明证的"。

② Burge, T., "Computer Proof, A Priori Knowledge, and Other Minds", *Philosophical Perspectives*, 12, 1998, p. 4.

或授权的力量源自于理智、理性或反思，而不是知觉以及对感觉的
理解。"①

二　接受原则

接受原则："人们有权接受看起来是真的和他可以理解的东西，除非
有更充足的理由不让他们这么做。我们把这叫作接受原则。"② 在他看来，
根据这一原则，当我们缺乏不接受我们被告知的理由时，我们就有权直
接地接受信息，而无须使用这一原则为我们的接受行为作辩护。那么，
接受原则有什么特征呢？

第一，获得辩护（授权）的接受是一种认识的"默认立场"。我们可
以用经验的理由强化这一立场："他是一位著名的数学家。"我们可以获
得不接受我们被告知的理由："他有强烈的撒谎的理由。"但是，如果不
存在合理的怀疑基础，或者不存在对默认授权的否定，那么，我们不必
为了获得授权而持有理由，换句话说，在缺乏相反的理由时，讲真话是
一个可以合理假定的规范。③ 接受是不需要理由的，而不接受是需要理
由的。

第二，不去质疑他人也是一个默认的认识立场。通常认为，为了能
合理地接受源自他人的信息，一个人必定有正当的理由相信信息源的信
息，并且也获得辩护地相信它。柏格认为，这是一个误解。"接受原则预
设的命题是，在缺乏相反的理由时，一个人有权不去质疑他的信息源的
诚实性和辩护性。"④ 他人是诚实的和理性的，他人的话语是有正当理由
的，这是一个默认的前提，无须质疑。

在日常生活中，不质疑的依赖也是常见的。当我们在大街上问别人
时间，或某个地标的位置，或者，当我要求某人做一个简单的加法时，
我们依赖回答。当我们读书，看标志或报纸，或者在轻松的话题上与陌
生人交谈时，我们都使用了可信性的假设。

---

① Burge, T. , "Content Preservation", *Philosophical Review*, 102, 1993, p. 461.

② Burge, T. , "Content Preservation", *Philosophical Review*, 102, 1993, p. 468.

③ Burge, T. , "Content Preservation", *Philosophical Review*, 102, 1993, p. 468.

④ Burge, T. , "Content Preservation", *Philosophical Review*, 102, 1993, p. 468.

柏格认为，尽管在一个社会中，虚假或许在数目上超过真实，但是，接受原则并不是一个对人们时常讲真话的统计学的观点。同时，他赞赏里德的接受状态是"内在的"观点，不过，他认为"接受原则却不是一个关于人的本性的观点"。

三　理性的标志："可理解的"和"表现为真"

柏格认为，接受原则是一个先验的原则，对它所作的辩护或论证"是一个对理性主体所具有的认识授权的反思性的哲学描述"。那么，他又是如何描述接受原则的呢？他对接受原则的论证涉及两个类似的关键术语："可理解的"和"表现为真"。他说，"一个人有先验的权力接受一个对他表现为真和他可理解的命题，除非存在着不这么做的更强的理由，因为它［指表现为真的和可理解的命题—译者注］基本上是源自于一个理性的来源，或者一个理由的来源；对于理性来源的依赖—或者对理由来源的依赖……对于理性的功能是必需的"①。

对于听者而言，说者话语的"表现为真"和"可理解的"构成了先验授权的初始前提，之所以如此，是因为它们是理性的来源和理由的来源。"理由的来源本身不必是理性的或理性的能力，例如，记忆和知觉。虽然理由的来源本身不必是理性的，但是它们可以向一个理性的人提供先验授权所需的基础。理性的来源本身是理性的能力或者是理性的人。"②

首先，一个理性的来源就是真理的来源，因为理性的来源总是指向真理的，或者说，理性总是伴随着真理的。虽然理性错误是可能的，但是如果当没有理由认为错误出现时，那么接受一个理性来源的肯定性意见是理性的。

其次，"可理解的"和"表现为真的"信息的内容也是理性的。在正常环境下，可理解的表现为真的内容构筑了说者展示其自身思想的基础。所以，"表现为真的内容必定有一个正确的理性起源。在语言接受中，我

---

① Burge, T., "Content Preservation", *Philosophical Review*, 102, 1993, p. 469.

② Burge, T., "Content Preservation", *Philosophical Review*, 102, 1993, p. 470.

们获得授权地假定，我们的来源是理性的来源或理由的来源，因为可理解性是理性的基本的先验标志"①。

四　中立与怀疑的立场在理性上是不自然的

有一点观点认为，在有经验证据证明他人是可靠的之前，对他人的话语应采取中立（怀疑）的立场。在柏格看来，这是一个经验论的修正版本。他认为，"中立（以及怀疑）在理性上是一种不自然的立场"②。柏格对此作了两点论证：第一，实践理性与理性之间的关系。理性必然具有一个目的论的维度，可以通过对实践理性的反思来理解理性的概念。理解理性的概念要求理解它的主要功能。理性的主要功能是，独立于特殊的个人利益，表现真理。虽然撒谎在它代表了撒谎者最好的利益的含义上是理性的，但是撒谎却使理性的功能分裂。

在表现和促进真理的过程中，实践理性有一种与个人的利益无关的导向真理的功能，这就是为什么认识理性与一个人的欲望不相关。这同时也就是为什么，即使理性与人们的当前利益相冲突，但是当缺少相反的理由时，人们仍然会依赖理性。

第二，交流的实践依赖于对真内容的保存。如果一个理性的对话者将内容作为真的来表述，那么，人们可以理性地假设，内容是与成功的实践相符合的。

五　经验辩护不是必需的

从记忆或知觉中，或对观察到的做推论，柏格称这样的辩护为经验辩护。首先，他肯定经验辩护的作用。"为了从他人那里获取信念，使用知觉是一个必要的背景条件。没有知觉，一个人就不可能从他人那里获取信念。但是，在许多情形下，知觉扮演了一个诱导或保存的作用，而不是辩护的作用。"③

他认为，在对话中，记忆和知觉的作用是类似的。"对话语的知觉使

---

①　Burge, T., "Content Preservation", *Philosophical Review*, 102, 1993, p. 470.

②　Burge, T., "Content Preservation", *Philosophical Review*, 102, 1993, p. 475.

③　Burge, T., "Content Preservation", *Philosophical Review*, 102, 1993, p. 467.

得命题的内容从一个人到另一个人的传递成为可能，正如纯保存的记忆使得一个命题的内容从一个时间到另一个时间的传递成为可能。"① 记忆和知觉的基本的认识作用不是表现知识的对象，它们的功能是保存并使认识成为可能，而不是辩护。这是因为，在对话中，听者认为某事表现为真的授权是源自对话语内容的理解，而不是依赖对语词形式的知觉力量。

在知觉的基础上，人们可以知道一个特定的人在一个特定的时间作了一个断言。对陈词信念，人们的确可以建构一个经验的元辩护（或授权）："他断言（他经验地知道的）p，依赖他的断言大致是合理的，所以我应当依赖他的断言。"在对话中，这样的经验元辩护的确丰富了交流，充实了人们的认识处境。但是，它们并不是绝对必要的。仅当交流出现了麻烦时，或者当使用了特殊的非文字表达机制时，为了获得辩护的理解，我们不得不对我们所感知到的进行经验的推理。正如在演绎论证中记住前提项并不增强对象的辩护水平，所以，这种经验的元辩护对于先验辩护或授权没有任何实质性的贡献。

当我们从事交流时，话语涉及认知利益、内容和主观状态。人们或许会认为，在感知到的话语和它们的内容或说者的主观状态之间涉及某种解释。柏格并不怀疑可能存在着这样的解释，但他认为它们不是基本的，因为这种解释将使得授权变成经验的。他的观点是，"内容是被理解的，而不是被感知的"，而对内容理解是建立在对表现为真的先验授权的基础上的。②

六　接受原则与博爱原则

奎因在《语词与对象》（1960）第二章，戴维森（Donald Davidson）在《真理与解释研究》一书中的《彻底的解释者》一文中使用了博爱原则（principle of charity）。博爱原则与后来雷勒提出的"对等原则"（parity argument）是类似的，其主导思想是，要像对待我自己的信念一样对待

---

①　Burge，T.，"Content Preservation"，*Philosophical Review*，102，1993，p. 481.

②　Burge，T.，"Content Preservation"，*Philosophical Review*，102，1993，p. 479.

他人的信念。① 因此，要像我信任我自己的信念一样信任他人的信念。柏格认为，他的接受原则与博爱原因的区别在于：

第一，是否要求解释？戴维森认为，解释在语言交往中是基本的，因此博爱原则要求对说者作语言的解释。柏格认为："接受原则不要求将他人作为解释的对象，而是作为假定可理解的而无须解释的信息来源。""我们不必将我们所听到的作为一个解释的对象，除非出现了怀疑的理由，仅在那个时候，我们才从内容保存转换到解释。"②

第二，解释不是交往的初始情景。与博爱原则不同是，接受原则不仅假设我们像他人一样是理性的，而且也预设我们是获得辩护的，其他人也同样是获得辩护的。这是因为我们与他人共享我们的认知倾向和表达他人的手段，以及一个共同的认知环境。但是，我们并不会宣称，它们依赖于我们的理解。"一旦我们处于交往的位置，我们就处于假定的先验授权之中：我们理解我们似乎所理解的，或准确地说，我们不会在理解和似乎理解之间作一个区分。"

总之，"在最基础的含义上，我们授权地认为，他人是作为理性的或理由的来源，不是因为我们将他们作为解释的对象并加以解释，而是因为，基本的可理解性是理性的一个主要的先验标志"③。

七　恺撒的早餐

在柏格看来，对于听者而言，授权是一种外部的辩护。那么，听者的授权是从哪里来的？根据柏格的先验授权的概念，授权是听者不必理

---

① 对等原则的简化表述是，前提一，我有权信任我自己的信念。前提二，正如我自己的信念是值得信任的一样，他人的信念也是值得我信任的。结论，我有权信任他人的信念。雷勒和吉伯德采纳了这种辩护的方案，见 Lehrer, K., *Self-trust: A study of reason, knowledge, and autonomy*, Oxford: Clarendon Press, 1997, p. 127; Gibbard, A., *Wise choices, apt feelings*, Cambridge, MA & Oxford: Clarendon Press, 1990, pp. 179 – 181. 施密特对"对等原则"提出了批评，见 Schmitt, F. F., "Testimonial Justification: the Parity Argument" *Studies in History and Philosophy of Science* Part A Vol: 33, Issue: 2, 2002, pp. 385 – 406.

② Schmitt, F. F., "Testimonial Justification: the Parity Argument", *Studies in History and Philosophy of Science* Part A Vol: 33, Issue: 2, 2002, p. 487.

③ Schmitt, F. F., "Testimonial Justification: the Parity Argument", *Studies in History and Philosophy of Science* Part A Vol: 33, Issue: 2, 2002, p. 488.

解或把握的认识权力或辩护。在对话中，陈词的作用就在于将说者的辩护传递给听者。如果说者不具有或不能详述他的理由，那么，听者所收到的辩护就是一种授权；类似地，记忆的作用就在于保存先前的辩护。结果是通过陈词，听者所获得的辩护也就是说者的辩护或授权。

虽然听者不必理解相信陈词的授权，但是听者却总是可以理解反驳默认授权的条件。"接受原则说，除非存在更强的否定它的理由，不然，授权是存在的。……个体确定不存在否定物就足够了，个体必定能理解对授权的否定。"① 显然，围绕授权和对授权的否定，这里出现了一种不对称：听者不必理解相信他人的授权，但是听者却可以理解对授权的否定。

利用这种非对称的概念，爱德华兹举了一个恺撒早餐的反例，这个反例可以用来反驳听者的辩护源自说者的辩护的观点。一位古代作者断言，恺撒在他被谋杀的那天没有吃早餐。假设我们不具有支持或反驳这一断言或作者声誉的证据。所以，并不存在对授权的否定。根据接受原则，我们相信古代作者的授权，这种默认的权力并没有被否定。我们可以进一步假设，这位作者对他的断言并不拥有辩护，即他并不能获得辩护地作出这一断言。尽管如此，我们获得辩护（授权）地相信在被谋杀的那天恺撒没有吃早餐。在这种情形下，陈词并没有传递辩护，因为来源处并没有辩护。在对话中，陈词产生了辩护。② 而柏格似乎否认陈词能产生辩护。"在对话中，一个人所接收的相信一个命题的默认授权预设了在对话链中存在着一个更基础的认识辩护。"③

第三节　弗利的认识自我主义

一　基础权威与派生权威

弗利认为，在相信他人话语的问题上有二类问题应当区分开来。一

---

① Burge, T., "Interlocution, Perception and Memory", *Philosophical Studies*, 86, 1997, p. 45, fn. 2

② Edwards, J., "Burge on Testimony and Memory", *Analysis*, 60, 2000, pp. 126 – 127.

③ Burge, T., "Interlocution, Perception and Memory", *Philosophical Studies*, 86, 1997, p. 44, fn. 2.

类是说者的诚实性问题。"你真的相信你告诉我的吗？或者你的话语在误导我？我如何才能作出区分。"另一类与说者的诚实性无关。你的观点如何影响我的观点？"你相信一个命题的事实本身足以向我提供一个相信它的理由吗？或者，只有当我有独立的理由相信你的判断是可靠的时候，你相信该命题的事实才给我一个相信它的理由？"弗利认为，"第二类问题构成了一个与陈词源的诚实性无关的问题"①。

为了说明这个问题，弗利使用了两个词：基础权威与派生权威。所谓基础权威指的是直接的接受。"如果你说'p'，我相信你说的，我也相信 p，那么，你对我的权威是直接的。"② 然而，我可以接受你说的命题 p，但却不给你基础的权威。"即使当我准备接受你的观点时，我也不必给你基础的权威。我可以接受你的话语，仅仅是因为，我有独立的理由，例如，即使不拥有你相信这个观点的理由，我仍可认为，在这类问题上，你说的是可靠的。果真如此，那么，我赋予你派生的权威。我认为，你的信息、能力或者环境赋予你特别好的评价资质，派生权威就是出自于我这样的理由。"③

弗利把他所说的基础权威和派生权威与"苏格拉底的影响"（Socratic influence）作了对比，苏格拉底的影响其实就是一种论证说服的能力。假设你通过一系列设计好的问题和对问题论证的方式使我相信了一个主张。然后，我理解了你所理解的，因而相信你所相信的。这时，我相信这个主张的理由并不依赖你相信它的理由，因为现在我理解它为什么是真的。在这种情形下，你对我施加了苏格拉底的影响，但不是权威。

也许我们很难划分权威与苏格拉底的影响之间的界限。弗利认为，"但是，在认识论的意义上，存在着一个有意义的区分，大致说，在我将你的话作为理由和我不将你的话作为理由之间，存在着区分。"④

---

① Foley, R., "Egoism in Epistemology", in B. K. Matilal & A. Chakrabarti (Eds.), *Knowing from Words*, Dordrecht: Kluwer, 1994, p. 53.

② Foley, R., "Egoism in Epistemology", in B. K. Matilal & A. Chakrabarti (Eds.), *Knowing from Words*, Dordrecht: Kluwer, 1994, p. 55.

③ Foley, R., "Egoism in Epistemology", in B. K. Matilal & A. Chakrabarti (Eds.), *Knowing from Words*, Dordrecht: Kluwer, 1994, p. 55.

④ Foley, R., "Egoism in Epistemology", in B. K. Matilal & A. Chakrabarti (Eds.), *Knowing from Words*, Dordrecht: Kluwer, 1994, p. 66.

二　认识自我主义者

对于我们是否受他人的影响，不存在任何实质性的争论，我们明显地受到他人的影响。我们受他人影响是不是合理的，也不存在太多的争论。问题是，是什么使得我们受他人的影响的行为成为合理的？"论题之一是，至少对于我们大多数人在大多数时间，给他人的意见以基础权威是合理的。因此，即使当我们没有特殊的信息表明他人是可靠的时，我们受他人影响也可以是合理的。"①

弗利认为，对立的立场是，"所有理性权威的实例都是派生权威的实例"。弗利称这种立场为认识自我主义（epistemic egoism）。认识自我主义不赋予他人基础的权威，他人相信某个主张的事实并没有为我相信它提供任何的理由。

自我主义者可以给予他人派生的权威，例如，如果我是一位自我主义者，如果我有理由认为你在这类问题上是可靠的，那么，在这类问题上，我可以给予你派生的权威。"我拥有这类理由的最直接的方式是，了解你的过往记录。如果我认为你的记录是好的，那么，我将有理由认为你当前的意见是可靠的。"②

即使我不知道你的过往记录，作为一位自我主义者，我仍然有理由相信你的观点。你可能受过使你能作出专家意见的训练，或者你对相关的信息有特殊的了解，或者你对问题作了深入的思考。这些种类的理由，以及类似的理由，能够使我给你权威，虽然不是在你的过往记录的基础上的权威。

"区别认识自我主义者和非自我主义者的是他们对待理智权威的态度，非自我主义者至少给一部分人以基础权威的地位，而自我主义者不给他人以基础权威，他们仅给他人以派生的权威。"③ 据此划界，洛克和

① Foley, R., "Egoism in Epistemology", in B. K. Matilal & A. Chakrabarti (Eds.), *Knowing from Words*, Dordrecht：Kluwer, 1994, p. 55.

② Foley, R., "Egoism in Epistemology", in B. K. Matilal & A. Chakrabarti (Eds.), *Knowing from Words*, Dordrecht：Kluwer, 1994, p. 56.

③ Foley, R., "Egoism in Epistemology", in B. K. Matilal & A. Chakrabarti (Eds.), *Knowing from Words*, Dordrecht：Kluwer, 1994, p. 57.

休谟是认识自我主义者。洛克非常强调理智自我依赖的重要性，以至于他甚至怀疑可以给予他人派生的权威，更不用说基础权威了。与洛克不同，休谟强调对派生权威的利用。里德则是一位认识的非自我主义者，他给予他人基础的权威。

洛克、休谟和里德的立场是有吸引力的，但同时也有缺点。"对那些珍视心灵的独立性，并担心受团体思维影响的人而言，自我主义是有吸引力的。它的缺点是：它把我们与专家意见，以及他人拥有而我们没有的信息分割开来了。"如果我们彻底地接受自我主义，那么，我们就享受不到集体事业的成果了。非自我主义消除了这一缺点，因为它赋予他人基础的权威，但是"这种立场的缺点是，在理智创新上，理智权威有退缩的趋势。在易信是理性的必要条件的情况下，个人将更难以理性的方式批评他人的观点。他人的理智权威越强，理性反叛的空间就越小"①。

三　相信我自己与相信他人

弗利认为，尽管我们的理智能力可能并不是十分完美的，但是在理智事业中，我们必定信任我们自己的理智能力，也就是说，我们给自己的理智能力以基础权威的地位。即使我们对它们并没有拥有一个完全确定的把握，但是我们基本上信任我们自己的能力，这是因为理性并不要求我们对我们自己的理智能力完全确定。

但是，如果我们对我们自己的理智能力合理地拥有信任，那么，我们能够"一以贯之地"对他人的理智能力也持有这样的信任吗？"自我主义回答否，非自我主义回答是。"②

不过，对于陈词问题，自我主义者与非自我主义者不一定是分歧的。例如，你的信念 p 使得我相信 p 是理性的。自我主义者与非自我主义者能够在这一点上达成一致。"他们的分歧是，还需要别的什么，如果有的话。自我主义者坚持，我必须有肯定性的理由认为你是合理的，非自我

---

① Foley, R., "Egoism in Epistemology", in B. K. Matilal & A. Chakrabarti (Eds.), *Knowing from Words*, Dordrecht: Kluwer, 1994, p. 58.

② Foley, R., "Egoism in Epistemology", in B. K. Matilal & A. Chakrabarti (Eds.), *Knowing from Words*, Dordrecht: Kluwer, 1994, p. 61.

主义者对此予以否认。"① 弗利站在非自我主义者一边，同时，他还认为自我主义的许多精神是可以包容在非自我主义者的框架之内的。

为什么我们要给予他人"一致性的解释"？这是因为，他人的观点浸透了我们的信念系统。"我们不是不受他人影响的理智原子。我们的观点在很大程度上是由我们周围的人建构的，这表明，如果我们信任我们自己，那么，我们就必须一致地相信他人。因为在他人建构我们信念的范围内，除非他人是可靠的，否则我们也是不可靠的。"②

如果他人的理智才能和理智环境与我们的大致类似，那么，在我们信任我们自己的意义上，我们就必须一致地信任他人。假定我们信任自己，那么，我们不信任他人就是矛盾的。即使对那些我们知之甚少的人，我们仍然拥有相信他们的信念的理由，我们不必拥有像自我主义者所提出的相信他人的特殊的理由。可见，弗利论证的核心是一致性的主张：如果我给我自己以基础权威，那么，我必定一致地给他人以基础权威。

"所以，派生权威与基础权威之间的区别并不是，前者以理由为根据，后者不以理由为根据。基础权威可以以理由为动机，只是否定性的理由。如果我信任他人的理由基于他们可靠性的证据，或者关于他们才能、信息和资质的特殊证据，或者关于他们作出陈词的过往记录的证据，那么，他们的权威是派生的。另一方面，即使我缺乏关于他们可靠性的肯定性证据，我仍然能够有信任他们的理由。"③

四　意见冲突与服从

当他人意见与我的意见相冲突时，如何对待他人意见？当我有不同意见时，他人意见的最初可信性就不成立了吗？弗利认为是的。"对他人意见信任的预设是源自于自我信任的，因此，正由于相同的原因，当自信的我有一个不同的意见时，他人意见的最初可信性就被

①　Foley, R., "Egoism in Epistemology", in B. K. Matilal & A. Chakrabarti (Eds.), *Knowing from Words*, Dordrecht: Kluwer, 1994, p. 61.

②　Foley, R., "Egoism in Epistemology", in B. K. Matilal & A. Chakrabarti (Eds.), *Knowing from Words*, Dordrecht: Kluwer, 1994, p. 61.

③　Foley, R., "Egoism in Epistemology", in B. K. Matilal & A. Chakrabarti (Eds.), *Knowing from Words*, Dordrecht: Kluwer, 1994, p. 64.

否定了。"①

他人意见的最初可信性被否定了并不意味着它们是不可接受的，只是我需要接受它们的特殊理由。如果我没有相信它们的特殊理由，那么，我就没有一个改变我的意见的理由。"当有迹象表明，你对有争议问题的断言具有特别好的资质，或有迹象表明，我不具备作出真实断言的资质。例如，我认为，我缺乏作出准确判断所必需的训练、技能或信息，此时，即使对争议中的问题我有一个不同于你的意见，但我还是会相信你的意见是合理的。"②

假设你与我的技能是相同的，我们拥有相同的信息，但是我们的意见相冲突。即便如此，如果你比我花费了更多的时间思考，那么，我仍然有服从你的理由。你在这个问题上花费了更多时间的事实给了我一个作如下假设的理由：假设我花费了更多的时间思考问题，或许我也能获得与你相同的结论。另外，如果我们拥有同等的技能，拥有相同的信息，并且我们花费了同等的时间和努力去思考问题，但是我们仍然存在分歧。在这种情况下，只有苏格拉底的影响发挥作用了，你必须说服我，指出我所存在的问题。

"用'意见冲突'，我的意思是明确的冲突。如果你相信一个主张，而我对该主张根本没有看法，这样也就不构成意见冲突；相应地，相信你的意见的最初的理由并没有被否定。对我的熟悉的话题，我可能也会没有意见，这种情形并不是说，当我没有意见时，我理性上必须接受他人的话语。它仅仅是说，对最初信任的一种否定，即我对他人意见合理具有的否定，是不存在的。"③

此外，在一般的情况下，我对一系列问题通常很少有什么看法，更可能的情形是，我有服从他人意见的理由。例如，我在一个领域中是一位新手，我不太可能对这个领域有许多的看法，因此，在我的意见和他

① Foley, R., "Egoism in Epistemology", in B. K. Matilal & A. Chakrabarti (Eds.), *Knowing from Words*, Dordrecht: Kluwer, 1994, p. 65.

② Foley, R., "Egoism in Epistemology", in B. K. Matilal & A. Chakrabarti (Eds.), *Knowing from Words*, Dordrecht: Kluwer, 1994, p. 65.

③ Foley, R., "Egoism in Epistemology", in B. K. Matilal & A. Chakrabarti (Eds.), *Knowing from Words*, Dordrecht: Kluwer, 1994, p. 68.

人的意见之间，不存在太多的冲突的机会。因此，服从还是有很大空间的。相应地，对一系列问题，我的看法越多，我服从他人意见的合理性也就越少。如果我是一个领域中的一位专家，那么，我很可能对这个领域中的绝大部分问题有看法，因此，在我的意见与他人的意见之间，存在着许多冲突的机会。这样，服从的空间就小了。"我表达的观点越多，否定你与我相冲突的观点就越多；我表达的观点越少，对你的观点的否定也就越少。"①

五 日记案例

弗利讨论到一个假想的日记案例，从这个案例中，可以很形象地看出他的观点。设想我发现一本无主的日记本，上面记载着日记作者所相信的事的一个很长的列表，当然，我所相信的事在列表上都没有出现。日记上也没有提供作者的个人信息，因此，我不能从日记中推论出任何关于日记作者的背景、历史、教育、能力和环境方面的信息，而且我也无法从其他的来源获取有关日记作者的信息。在这些限制条件下，我应当如何根据日记作者的观点来调整我的观点？我们可以分成以下几种情形考察：

情形 1. 在上述原初案例中，我有最初的理由相信列在日记上的命题。我知道日记主人知道这些命题，这就给我提供了一个相信它们的理由。另外，如果其中一个命题是我不相信的命题，那么，这种最初的理由就被否定了。此外，既然我不了解日记主人，那么，我也就没有依据日记所列命题来改变我的观点的理由，换句话说，我没有理由给日记主人派生权威，从而去接受他的观点。

情形 2. 对原初案例略作修改，假设我有理由认为，日记主人拥有我所缺乏的信息或技能。于是，即使我有不同的意见，我还是有理由根据日记所列的观点对我自己的意见做修改。如果我根本没有自己的意见和看法，那么，我有理由接受日记主人的观点。

情形 3. 另作一种修改，假设我知道日记的作者是英国诗人乔叟

---

① Foley, R., "Egoism in Epistemology", in B. K. Matilal & A. Chakrabarti (Eds.), *Knowing from Words*, Dordrecht: Kluwer, 1994, p. 68.

(1340—1400）的同时代人。这一背景信息又会使我对日记所列的观点作如何的反应？如果日记所列的观点是 14 世纪人们的生活常识，那么，我相信它也许是合理的。日记主人相信这一命题的事实也给我一个相信它的最初的理由，并且我不太可能有一个不同的观点，因为我对 14 世纪的日常生活知之甚少。此外，我有理由认为，对这类事情，日记主人是具备这样说的资质的。但是，假设日记也罗列了对火星人和肺癌病因的观点，那么，在这些事情上，即使我对这类事情没有任何的看法，但是我相信日记主人的观点是不合理的，对日记主人观点的最初的可信性就被否定了，因为依据在中世纪知识的一般状态，我有理由认为，日记主人对这些事情，并不具备拥有可靠信念的资质。

情形 4. 再作修改，我知道日记主人是一位我的同时代人，并假设至少一部分观点涉及我不具有专门知识的技术事项。尽管这是需要专家意见的问题，以及尽管我不能确定日记主人是一位专家的事实，但是，我或许没有任何理由否定日记主人的观点。"我给他人意见最初的可信性是合理的，这意味着，他人在他们的意见形成过程中是理智地负责任的，作这一假定是合理的。"① 所以，如果日记对一个技术问题发表了一个观点，那么，日记主人或者是一位专家或者依赖了专家，做这一假定是合理的。

情形 5. 对案例再作修改，假设我是日记所列事项中一件事情的专家。虽然我会接受苏格拉底的影响，但我服从他人通常是不合理的。"因为，作为专家，我的部分作用就是不服从，在这些问题上，我应当发表自己的看法。"②

我们也许可以用三个命题来概括弗利通过日记案例所表达出来的观点：

命题 1. 无须任何理由，我有相信他人的话语的最初权力，或给予他人基础权威；

---

① Foley, R., "Egoism in Epistemology", in B. K. Matilal & A. Chakrabarti (Eds.), *Knowing from Words*, Dordrecht: Kluwer, 1994, p. 69.

② Foley, R., "Egoism in Epistemology", in B. K. Matilal & A. Chakrabarti (Eds.), *Knowing from Words*, Dordrecht: Kluwer, 1994, p. 70.

命题2. 当意见明显冲突时,这种最初的权力或基础权威就遭到了否定;

命题3. 仅当我有相信他人的特殊理由时,我才给予他人派生权威。

在弗利看来,这种观点的优点在于:第一,通过命题1,我们不仅享受到社会的和集体的认知成果,而且也避免了自我主义的怀疑论;第二,通过命题2和3,避免了盲目的信任,为理性"留下了空间,理性得以张扬"。

第四节 科迪的公共语言辩护

一 语言学倒置与信念的综合

在《陈词:哲学的研究》一书中,科迪试图对陈词的可靠性作反还原论的辩护。他所采用的总体策略是对休谟关于陈词普遍虚假论点的反驳,也就是说,确立陈词的普遍可靠性。在第四章《陈词、观察与还原主义进路》中,他认为,陈词的不可靠性蕴含了语言的不存在;在第九章中,他试图通过对上述命题的简单的否定倒置表明:语言的存在可以用来反证陈词的一般可靠性。

不过,即使我们接受科迪在第四章中的语言学论证,但是他的否定倒置也是有问题的。第四章中的论证仅仅表明,所有陈词虚假的可能性将导致的结果是公共语言的不存在,所以否定倒置仅仅表明,至少有些陈词是真的,而这与陈词的普遍可靠性的论证目标尚有不少差距。

科迪也许意识到上述问题,在第九章中,他又采纳了两种论证策略。第一,他采纳了戴维森的论证:对语言语义学的正确理解蕴涵了大多数语言使用者的信念必定是真的。科迪并未采纳戴维森的全部论证,他只是用戴维森的思想表明,我们必须将陈词视作真的。第二,我们的信念在两个层面上综合。第一个层面涉及单个信念的形成方式。在一个信念的形成过程中,不同的"信息路径"(知觉、记忆、推理和陈词)共同构成了一个信念。这种综合相当于一个融贯信念整体的形成。科迪将这种层面的综合称作"结合"(cohesion)。将第二个水平的综合称作"一致"(coherence)。第二个水平的综合是指,包括陈词信念在内的不同种类的信念通常是相互适应的。在科迪看来,首先,在某个陈词信念的形成过程中，它结合了其他信息路径的输入；其次，它与其他种类的信念融贯地形成了一个信念体系。因此，这两个水平的综合决定了陈词必定是可靠的。①

在这里，科迪其实诉诸了柏格和普特南关于意义的外在主义理论。根据这种理论，语言和思想的内容是由外在于说者和思考者大脑的因素所决定的。这种外在主义理论与科迪的反个人主义认知的一般观点是相适应的。但遗憾的是，科迪并未在这个方向上进行详细的论证。

二　语言学论证与全能解释者

我们现在来看科迪所使用的第一种策略。的确，用来作出陈词的公共语言的存在，确保了陈词具有一定的可靠性。科迪认为，他的这种方案与维特根斯坦后期语言哲学以及戴维森的语言意义理念是相通的。其基本核心思想是：交往只有在有共同的观点和观念结构的人们之间才能进行。交往愈复杂，共同的地方也就愈多。如果没有共同的前提、语言和观念，那么，即便是争吵也无法进行下去。正如维特根斯坦所言，语言沟通的基础是定义和判断的一致。②

对陈词可靠性的论证，科迪部分地采纳了戴维森的"全能解释者"（omniscient interpreter）的思想。戴维森用全能解释者来讨论理解其他说者的可能性条件。全能解释者认为，一个人的信念是源于他人的，但他又是根据自己的信念来解释他人话语的，其他人也都是这么做的。所以，全能解释者发现，如果一个人要把信念归于他人并要对他人的话语作出解释，那么，他就得接受很多他人的观点，也就是说，交往的必要条件是同意和可理解性，而同意和可理解性通常要求不是将他人的话语解释为错误的，而是要求将他人的话语解释为正确的。③ 因而，我们对待他人陈词的基础态度就是信任，相信他人的话语是正确。戴维森对全能解释者的论证是非常复杂的，为简化起见，我们可以把它分为6步。

---

① Coady, C. A. J., *Testimony*: *A philosophical study*, Oxford: Clarendon Press, 1992, pp. 169 – 173.

② 丛杭青、徐献军：《Testimony 是如何得到辩护的?》,《哲学研究》2003 年第 10 期。

③ Davidson, D., "The Method of Truth in Metaphysics", in Davidson, *Inquires into Truth and Interpretation*, Oxford University Press, 1984, p. 201.

步骤 1. 我们的语言行为显然地受到两个因素的影响。第一，特定的声音总是伴随着特定的意义。第二，我们具有信念，并且我们希望将其中的一部分信念与他人共享。面对一只狗，为什么一位德国人说"saro on tairo"？其原因是，他认为一只狗在他的面前，也就是说，他有这么一个信念。其次，声音"saro on tairo"很可能是指"有一只狗"的意思。

步骤 2. 我们事实上通常不知道，但又希望发现对话者的信念。那么，我们如何发现他人的信念呢？在许多情况下，我们直接问他们，因为对话者通常讲与我们同样的语言，他们能够告诉我们他们的信念是什么。

步骤 3. 我们有时知道别人的信念是什么，但是我们不知道从他们嘴里发出的声音的意义是什么，因为我们不懂他们所说的语言。

步骤 4. 如果我们知道别人所使用的语言，那么，我们就可以以一种方式确定他们相信什么。如果我们知道别人的信念是什么，那么，我们就可以把握他们声音的意义。这里就出现了我们既不知道信念又不知道意义的情形，根据戴维森，即使在这样的极端或"彻底的"场合，"彻底的解释"（radical interpretation）也是可能的。假设你发现自己与一位土著人在一个遥远的荒岛，你们两人没有共同的语言，并且相互之间没有关于对方信念系统的任何知识，但是我们也能最终发现说者的意思和信念。这就是"施予"（charity），将你在相同场合下可能具有的信念施予对方。所以，如果这位土著人站在一只狗的前面，一边指着狗，一边向你发出重复的声音说"saro on tairo"，那么，这就可以认作他在试图向你表达"这是一只狗"的信念。尽管有时会出错，但是如果你对此成功把握了，那么，你就回到了情景 3，你知道了对话者的信念，并且以你自己的方式从信念中把握意义。

此外，一个信念的明确归属（attribute）涉及更多信念的隐含归属。例如，在上述例子中，隐含归属的信念有：你是可教的，狗是可以与环境分辨开的，你不是盲人等。这里的关键是归属的双方都认为是真的信念，因此，只有当你将与你的信念系统相一致的信念归属给对方时，这种语言的和非语言的行为才是有意义的。

步骤 5. "彻底的解释"开始运作，从日常情景中，我们遇到了不能完全掌握我们语言的外国人，我们遇到了说技术词汇的人，也遇到了构造新词的人，将词以奇异的方式结合起来使用的人，以不寻常的发音说一个词的人，在我们的记忆中，我们对说者没有任何信念。因此，我们被迫从事彻底的解释：假定在你的信念与他的信息之间存在着一致，那么，将你的信念归属给说者，这就进入了步骤6。

步骤6. 如果我想解释说者的话语，那么，我得将我的许多信念归属给说者。在论证的最后一步，也是有争论的一步，戴维森认为，"一致产生了真实"，也就是说，他试图表明，我们能够从"信念的一致"到"信念的真"。虽然解释者与说者最终达成一致，因而解释是可能的，但是这里最终却没有出现真的信念。这里又如何过渡？戴维森是通过否定普遍的虚假的方式来完成"从一致到真"的过渡。①

"想象一下，一位解释者，对他的（潜在的）无限制的话语系统中的句子而言，他是全能的。使用与可错的解释者所使用的相同方法，全能的解释者发现，可错的说者基本上是前后一致和正确的。说者通过他自己的标准来解释，当然，既然这些标准是客观正确的，那么，依据客观的标准，可错的解释者基本是正确的和前后一致的。如果我们设想，让全能的解释者注意到，对于可错的说者而言，解释者也是可错的，那么，结果将是对某一事，可错的解释者可能犯错，但不可能是普遍的错。所以，他不能与他解释的主体共享普遍的错。一旦我们同意我所描述的一般的解释方法，那么，人们普遍的错是不可能的。"②

戴维森的论证与陈词的可靠性有什么关系呢？如果这一论证是成立的，那么，大多数人在大多数时间通常持有的是真信念；如果大多数人在大多数时间通常持有真信念，那么，他们的大多数陈词也将是真的。

然而，戴维森的论证存在几个问题。"通常持有真信念"意味着"通常讲真话"吗？弗里克对此提出了疑问，"从大多数信念是真的到大多数

①　有关"彻底的解释"见，Davidson, D., "A coherence theory of truth and knowledge", in Lepore, E. (ed.), *Truth and interpretation*: *perspectives on the philosophy of Donald Davidson*, Oxford: Blacwell, 1989, pp. 307 – 319.

②　Davidson, D., "A coherence theory of truth and knowledge", in Lepore, E. (ed.), *Truth and interpretation*: *perspectives on the philosophy of Donald Davidson*, Oxford: Blacwell, 1989, p. 317.

断言是真的之间，并不存在着关联"①。此外，库什认为，"戴维森从一致到真的关键步骤，在最后的论证中引入全能解释者是缺乏说服力的。首先，论证是一个假设。它是说，如果存在一个全能解释者，那么，我们大多数信念将是真的，但是这不足以为我们大多数信念事实上是真的作辩护"②。科迪同样也拒绝从一致到真的过渡，这部分地是因为，全能解释者概念本身是模糊的。比如，科迪问道，如果全能解释者是如此的聪明，那么，为什么不在开始的阶段就从事解释呢？

　　既然科迪不接受戴维森从一致到真的全能解释者的推论，那么，即使科迪成功地论证了信念的一致，但这也并不能在一般的意义上得出陈词通常是可靠的结论。

　　科迪采纳了戴维森的步骤 1 至步骤 5 的论证思路，并作了两点修改，其中之一是，用"构成的共同性"来代替"信念系统"③。第二个是既强调共同性又强调差异性的重要性。"如果我们要求他人的观点与我们的观点相同，那么，我们就失去向他们学习的能力；如果我们坚持，他人的观点与我们的根本不同，那么，我们就彻底失去了理解他人的能力。……我们必须认为，其他人像我们一样，居住在同一个物理世界，在许多的方面，是与我们类似的同种生物，而不论他们的文化习性如何。……这种构成的共同性构成了观点的某种基本类似性，因此，也构成了相当大的信念和利益的共同性。戴维森说，正如通常不值得关注一样，在其运作中共同性是如此明显和常见。"在科迪看来，这种共同性构成了陈词可靠性的基础，戴维森论证的步骤 1 至步骤 5，经恰当的修改后，"强烈地表明他人陈词可靠性的合理基础，无论他们是外来人还是本地人"④。

　　以上是当代反还原主义的三个主要代表人物，其实，柏格的先验辩

---

① Fricker, E., "Telling and Trusting: Reductionism and Anti-reductionism in the Epistemology of Testimony (Review of Coady, Testimony: a Philosophical Study)", *Mind*, 104, 1995, p. 410.

② Kusch, M., *Knowledge by Agreement: The Programme of Communitarian Epistemology*, Oxford: Oxford University Press, 2002, p. 42.

③ Coady, C. A. J., *Testimony: A philosophical study*, Oxford: Clarendon Press, 1992, p. 167.

④ Coady, C. A. J., *Testimony: A philosophical study*, Oxford: Clarendon Press, 1992, p. 168.

护方案和弗利的非自我主义辩护方案是类似的，他们都主张，即使是在没有任何经验证据的情况下，人们也可以拥有获得辩护地相信他人的认识权力。因此，可将他们归入先验辩护的范畴。

公共语言方案和先验辩护方案共同点不仅仅在于对还原论的彻底失望，更为重要的是，为了切断由还原或归纳所带来的怀疑主义阴云，他们转而寻求一种不以经验为基础的辩护。他们认为，信任可以作为认识以及认识辩护的起点，即使我们没有证明说话者是可靠的证据，我们仍然可以得到初始的辩护，而这正是还原论者所强烈反对的。

第 七 章

还原论陈词辩护的困境与出路

第一节　休谟还原论的困境

一　经验还原论

休谟对陈词的肯定源自他的经验论，因为经验论要求知识建立在直接经验的基础上，而当我们不是一个事件的目击者时，依赖目击者的陈词就是顺理成章的事了。休谟试图用经验或还原，来解决在日常生活及科学研究中对他人陈词的依赖问题。于是，对陈词的依赖就被还原到了对自身观察和经验的依赖。

这时，我们所依赖的并非他人，而是自身的知觉。我们不应对他人话语有任何根源上的依赖，正是在这个意义上，还原主义的思想本质上是个人主义的。它认为，我们需要的仅仅是个体的知觉、记忆和推理，而且也只有个体的知觉、记忆和推理才是可靠的。陈词是一种社会的资源或者说非亲身的资源，因而它是不可靠的。因此，认识必须在一种孤立的状态下进行，认识者是单一的认知英雄。

二　经验与归纳能解决问题吗？

尤其是 20 世纪 90 年代以来，休谟式还原论遭到了众多学者的批评。科学哲学学者对休谟的批评主要有三点。首先，知识是一项集体的事业，而我们不可避免地依赖他人。比如，在当代科学研究中，每一个研究者都只占有一小部分最后结果的证据，所以研究必须建立在他人证据的基础之上。其次，我们不能够完成休谟所要求的观察。因为我们所知的东西是如此之多，以至于我们要亲身观察以核实其正误的东西是如此之多，而我们的生命是如此短暂，精力是如此有限，所以我们根本无法完成休谟所要求的观察与核实。比如，虽然我们没见过血液循环，没有见过南极臭氧空洞，没有观察过二氧化碳的温室效应，但是我们却毫无保留地相信它们。最后，陈词只有在不可还原时才有意义，比如，专家陈词之所以重要是因为它超出我们个人认识所及的范围，并且能够给我们以有益的指导。休谟的还原论，既不能解释知识的生产过程，也不能解释个人知识的社会来源，所以它必定失败。

从归纳推理上看，通过重建休谟论证的结构，我们也可以发现其中的归纳错误。设想他人向你提供了许多作为知识的信息。对于其中一些信息，你根据亲身占有的能力（知觉、记忆和推理）拥有第一手的知识。于是，你可以将所有这些报告区分为三类：

（1）被第一手核实的报告；

（2）与第一手知识相冲突的报告；

（3）你根本无法进行第一手核实的报告。

休谟的推理如下：被我第一手核实过的（1）类报告在数量上远远地超过了与我的第一手知识相冲突的（2）类报告。这个数量之比也可以推论到我根本无法核实的（3）类报告上，休谟认为，作这个归纳概括的假定是合理的，所以这就是相信新陈词的基本理由。

但是，虽然被我核实过的（1）类报告在数量上可能远远地超过与我第一手知识相冲突的报告，但是将这个数量之比推论到（3）上显然是不对的。事实上，我根本无法第一手核实的报告的数量远远地超过了能够被我的第一手知识核实过的报告。因此，从前者概括到后者是一个错误的归纳，正如我们从一个人具有某种嗜好，概括出所有人都具有这种嗜好一样。

认识论学者通常批评休谟将陈词还原为知觉。当代学者普遍认为，知觉与陈词的之间存在密切关联，即知觉承载着陈词。如果我们所感知世界的方式在很大程度上是通过由从他人那里学到的概念和范畴所塑造的，那么，我们又将如何才能将陈词还原为知觉呢？我们感知山脉、河流和桥梁，但是如果我们不从他人那里学到这些概念的术语，那么，我们根本就无法进行这种感知。在这个问题上，论证最为出名的是斯特劳森。"如果我们说，正如我们必须说，源自于陈词的知识依赖知觉，难道我们不应该同等地说，我们从知觉中获得的知识一般地依赖陈词，以及口头传递的指示和信息?"①

当然，在所有对休谟还原论的批评中，最激烈的要数科迪了。首先，他认为休谟所要求的在人们的报告与世界实际所是之间的契合，是我们无法观察到的。这种要求在面对专家陈词时尤其是难以满足的。休谟会说，我们之所以依赖专家陈词，是因为我们很少观察到专家陈词与其所指的情形不符。但是，专家的陈述对于公众来说往往是深奥的陈述，即他们的宣称往往超出了公众的直接经验，以至于公众根本无法判断其正误，或者说，专家陈词的真伪绝不像一张纸的黑白那么容易分辨。例如，某人是一位中东地理学家。如果按照休谟的要求，那么，我们就必须亲自考察中东地理，以发现它与专家陈词是否契合。如果我们做到这一点，那么，就意味着我们在考察专家时自己就必须首先是专家。果真如此，我们将不必再依赖专家陈词了。所以，严格执行还原论的要求会导致专家知识无法积累和传播，个人将被笼罩在怀疑主义的阴云之中。②

其次，休谟所主张的人们的报告与世界实际所是之间不存在因果联系，这个主张也是错的。休谟曾说，"这已成为一个普遍的准则，没有任何客体相互间存在着可以发现的关联，所有由此及彼的推论仅仅建立在我们关于它们恒常的和固定的经验上；很明显，我们不应该认为这个准则不适用于人类的陈词，与别的联系一样，人类陈词与其他任何事情的联系也是没有必然性的"③。这是他的怀疑论思想的表现：在陈词与世界实际所是之间的契合实际上是不存在的，并且这种契合只是源自人类的思维惯性。科迪强烈地反对这一点。他认为人类陈词与实在没有任何联系的思想是无法理解的。公共语言的存在有力地驳斥了休谟的这一论点。可以按照休谟的思想来想象一个火星人的社会："他们总是告诉对方错误的时间和日期，讲错姓名和地址，说错室外的天气，说错他们所在地点

① Strawson, P. F., "Knowing from Words", in B. K. Matilal & A. Chakrabarti (Eds.), *Knowing from Words*. Dordrecht: Kluwer, 1994, p. 26.

② 徐献军、丛杭青：《休谟证词还原论的困境与出路》，《自然辩证法通讯》2005 年第 4 期。

③ Hume, D., *An Enquiry Concerning Human Understanding* (2nd ed.) (L. A. Selby-Bigge, Ed.), Oxford: Clarendon Press, 1966, p. 111.

以及正在做的事。"① 他们经常发现他人所说的与实际经验不相符合，从而他们不再依赖他人告诉他们的。这导致他们再也不能交往，他们的社会也将难以存在下去。通过火星人社会的设想，科迪表明一个人类陈词与实在没有丝毫联系的社会是多么荒唐。

休谟陈词还原论失败的根源在于，他忽略了陈词是一种独特的知识范畴，并且如果陈词要发挥作用，那么，它就必须不可还原为经验和观察。因为如果它是可还原的，那么，它只是我们自己的经验和观察的推论，并不能告诉我们新的东西。

出于对休谟式的还原论的极度失望，以及为了切断怀疑主义的退路，当代大多数认识论学者走向了反还原论。他们认为，既然不可能依赖自己的经验独立地核实他人陈词的可靠性，那么，也就只有寻求先验原则的帮助了。他们的共同点就是，在接受陈词时，存在着一个不依赖于经验的先验原则：即使我们没有说者是可信的证据，这个原则也允许我们有信任说者的权力；只有当存在很强的反对理由时，我们才收回这种权力。

三　还原论的新生

我们认为，虽然休谟的以归纳为基础的普遍的经验还原论终结了，但是他的还原论思想并未就此消亡。如果说到它的历史作用，那么，它的最大贡献在于它树立了对个人理智能力的尊重。通过对个人价值的张扬，它也构成了近代以来理智自治的核心思想。可以毫不夸张地说，通过对社会理论、政治理论、伦理理论的渗透，还原论的思想核心构成了西方文明的基石。

从人类的认识能力看，还原论思想的核心价值在于它至少从一个侧面揭示了人类的认知结构。还原式的认知是人类认知结构的基本的组成部分之一。由此也对当代学者提出两个相应的问题：一是当代的理智自治是怎样的？二是在人类认知结构中，我们应当如何看待还原式认知的地位与价值？这些都是值得探讨的。

---

① Coady, C. A. J., "Testimony, Observation and 'Autonomous Knowledge'", in *Knowing From Words*, B. K. Matilal & A. Chakrabarti (Eds.), Dordrecht: Kluwer, 1994, p. 233.

虽然休谟的还原论终结了，但他的还原论的思想价值却仍然存在。一方面，作为一位伟大的思想家，休谟的思想是模棱两可的，当他的观察和经验指的是社会观察和经验时，他完全可以在理论上和实践上逃脱指责，并且还可成为基础主义的鼻祖。另一方面，当代一些学者继承与发扬还原论思想本身所具有的价值，弗里克、谢平、古德曼和利普顿都以不同的方式将经验还原作为陈词辩护理论的核心。弗里克借助的是常识理论，谢平借助的是文化史学，古德曼借助的是个人的经验与观察，利普顿借助的是最佳解释推论。我们可以将这些不同的理论形式看作休谟还原论思想在当代的继承与发展。

第二节　弗里克的局部还原论

弗里克的局部还原论可以分成两部分：一部分是对基础主义的批判，另一部分是建立后休谟时代的还原论。

一　对假定权力的批判

尽管基础主义有不同的形式，且不同的形式之间也略有差异，但是，它们的共同点是，相信他人是一种认识的权力。弗里克将这种权力称为假定的权力（PR）。

"在任一陈词的场合 O 中，不作任何的调查或评价，任一听者 H 都有认识的权力假设：说者 S 在话语 U 上是可信的，除非 H 意识到一个条件 C，C 条件反驳了可信性的假设。更确切地说，C 构成了 S 在 U 上是不可信的有力的证据；在这种情形下，H 不应当根据 S 对 p 的（断言）话语 U 而形成 p 的信念，并至少应当内在地认为，S 在 U 上是不可信的。"①

弗里克认为，"作为一个规范认识论的论题，PR 论题是与下述论题相等的，听者有认识的权力仅仅根据所说的而相信他所听到的任一说者所作的断言。听者不必对说者断言的正当性作任何评价，也不必根据这样的评价来修正信任的状态。这样，PR 论题的必然结果是，仅凭引证

---

① Fricker, E., "Against Fallibility", in B. K. Matilal & A. Chakrabarti (Eds.), Knowing from Words, Dordrecht: Kluwer, 1994, p. 144.

'某人这么告诉我'的事实，听者就对他的信念给予一个充分的辩护"①。

根据 PR 论题，既然听者相信被告知的权力源自一个特殊的为陈词所固有的规范认识论的原则，以及这一原则并不从属于对日常经验的归纳推理，所以这种特殊的假设权力的论断构成了一种不可还原性的论题。弗里克认为，由陈词形成的知识并没有构成一类独立的、与主流知识概念不同的特殊知识，所以这类知识从属于常识知识。在常识知识的范围内，知识要求某种辩护。"陈词是知识的一个不可还原的论断，是作为知识要求恰当的辩护论断的一个反例出现的。"②

"我赞成与 PR 论题相反的论题，这个论题就是，听者应当永远主动地评价说者的可信性，相信所断言的，而又不去对其进行评价，是盲目的和不加批评的相信。这是一种轻信。"③

弗里克认为，PR 论证有两个：一个是肯定性的；另一个是否定性的。肯定性的论证是诉诸语言和理解的基本的社会属性。在推断论与反推断论之争中，反推断论者在为 PR 作证时，诉诸了语言和理解的基本属性，认为讲真话和对他人话语的直接接受是公共语言赖以存在的前提。如果没有这种前提，那么，儿童就学不会语言，公共语言也就不成立了。这是基础主义者的一个非常有力的论证。那么，弗里克是怎样对此进行批评的呢？

对 PR 论题的肯定性论证所作的批判

首先，弗里克认为 PR 论题是一个总括性概括的论题，即"陈词通常是可靠的"。针对这个论题，弗里克认为，这种笼统的论题并不能为特定的人接受特定的话语的可靠性作出辩护。她对"说者主要讲真话"作为 PR 论题的辩护前提表示异议。"PR 论题不应与'说者主要讲真话'的描述性前提相混淆。通过诉诸这样的描述性前提，作为对信念第一个层次

---

① Fricker, E., "Against Fallibility", in B. K. Matilal & A. Chakrabarti (Eds.), Knowing from Words, Dordrecht: Kluwer, 1994, p. 127.

② Fricker, E., "Against Fallibility", in B. K. Matilal & A. Chakrabarti (Eds.), Knowing from Words, Dordrecht: Kluwer, 1994, p. 127.

③ Fricker, E., "Against Fallibility", in B. K. Matilal & A. Chakrabarti (Eds.), Knowing from Words, Dordrecht: Kluwer, 1994, p. 145.

辩护的一部分，它与断言的信念获得了辩护的观点是一个完全不同的观点。"①

其次，弗里克认为，应当区分或分解 PR 论题，即 PR 论题是有适用范围的。这种适用范围包括两个方面："首先是在不同的告知行为之间，我认为对陈词的态度应依赖其主观事项而定。其次是在接受陈词的不同的阶段之间：发展阶段与成熟阶段。"②

第一个方面是在不同的告知行为之间作出区分，即哪一类人在哪些话题上的话语通常是可靠的，哪一类人在哪些话题上通常是不可靠的。这其实就是她的常识理论所描述的。③

第二个方面是在接受陈词的不同阶段作出区分：发展阶段与成熟阶段。弗里克认为，这两个阶段其实对应下述两个不同的认识论问题：在支撑人们现存的信念网络中，陈词扮演了什么样的地位？人们对待新的陈词实例的态度是什么：批评的或不加批评的？"我认为，在支撑我们成年人的个体信念系统中，对过去陈词的依赖是不可抹去的，但这并不意味着，对待新的陈词源必须或应当采取不加批判的态度。"④

在发展阶段中，在成熟地拥有常识理论之前，我们每一个人都经历了一个历史发展的过程，在这个过程中，人们对教师、父母和其他陈词源持有的态度就是一种天真的信任。在这个阶段，PR 论题是适用的。但是，即使在发展阶段，人们也从事笛卡儿式的重建：识别和中止一些由天真的信任而来的信念。在成熟阶段，PR 论题则不适用，取而代之的是常识理论。

对否定性论证所作的批判

我们再来看弗里克对否定性论证所作的批判。她把 PR 论题的论证概括为：

---

① Fricker, E., "Against Fallibility", in B. K. Matilal & A. Chakrabarti (Eds.), Knowing from Words, Dordrecht: Kluwer, 1994, p. 127.

② Fricker, E., "Telling and Trusting: Reductionism and Anti-reductionism in the Epistemology of Testimony (Review of Coady, Testimony: a Philosophical Study)", *Mind*, 104, 1995, p. 401.

③ 有关弗里克的常识理论，详见第五章第三节。

④ Fricker, E., "Telling and Trusting: Reductionism and Anti-reductionism in the Epistemology of Testimony (Review of Coady, Testimony: a Philosophical Study)", *Mind*, 104, 1995, p. 401.

（1）能够和通常以陈词的手段获得知识。

（2）否定性宣称［NC］：一般而言，听者独立地核实说者是可信的，即他所说的是真的，是不可能的。所以，

（3）只有当存在着一种假设的权力，根据这种权力，当听者相信说者时，才能通过陈词的方式获得知识。因此，

（4）存在这种信任的假设权力。①

弗里克认为，第二个前提，否定性宣称是假的。她认为，听者可以以经验的非循环的方式核实说者的可信性。这就是她的局部还原论所要解决的问题。

二　局部还原论

休谟所要求的还原是普遍的还原，而科迪等人的批判表明，普遍还原的路径是走不通的。作为一位当代著名的还原论者，弗里克清醒意识到了休谟思想中的这一缺陷：即对个人经验和观察的普遍还原。

首先，弗里克认为，不应当将还原论彻底否定，而应当有区别地对待还原论。虽然普遍还原走不通，但局部还原的路径却是敞开的。其次，她提出必须区分两种还原论："在还原论的阵营，我们必须区分乐观主义者与悲观主义者：悲观主义者通常主张'必须还原'（R_{-Nec}）论题，即为了辩护知识，这样的还原是必要的；而乐观主义者则主张可能还原（R_{-Poss}）论题，即这样的还原是可能的。"②

可能还原的论题并不是普遍还原的论题，它并不要求对陈词性知识作一个整体性的辩护。它要解决的是"一个局部性的问题"：在一个特定的场合中，听者如何获得辩护地接受说者的断言，因而它是一个局部性

---

① Fricker, E., "Against Fallibility", in B. K. Matilal & A. Chakrabarti (Eds.), Knowing from Words, Dordrecht: Kluwer, 1994, p. 127. 与此类似，阿德勒将科迪的论证归纳为三个命题。"命题一，在绝大多数情形中，在接受陈词源的陈词之前，去收集他们的陈词的可靠性的证据是不可行的。命题二，如果他人的陈词产生了我们认为我们具有的知识，那么即使在没有特殊证据的情况下我们也必须接受我们的信息源是可靠的论断。命题三，因此，我们必须不加考察地接受陈词。" Adler, J. E., "Testimony, Trust and Knowing", *Journal of Philosophy*, 91, 1994, p. 269.

② Fricker, E., "Telling and Trusting: Reductionism and Anti-reductionism in the Epistemology of Testimony (Review of Coady, Testimony: a Philosophical Study)", *Mind*, 104, 1995, pp. 394 – 395.

的问题，这种局部性的问题可以以经验的方式非循环地加以核实。

局部还原论之所以是可能的，原因在于：第一，局部还原论的任务是一个有限的任务，它并不对听者施加一个无限的普遍还原的任务，也就是说，对于在场合 O 中的听者 H，他所面对的任务是一个极其有限的任务。听者 H 所需要做的仅仅是经验地核实说者 S 在 O 场合针对断言 p 所作出的话语 U 是可信的，即话语 U 是真诚的，并且 S 具有作出断言 p 的能力。① 在常识理论的范围内，可以经验地对这两个条件加以核实，这就是听者对说者建构解释性的工作。这种解释要求听者建构接受断言 p 所需要的极小化的知识。"因此，正是这种最弱的填补裂缝所需的知识构成了非循环的核实，并为解决陈词辩护问题提供了一条还原论的路径。"②

她主张，在听者对说者建构解释工作中，总括性辩护或一致性的辩护是一种经验辩护。说者是不是真诚的，说者的断言是否与听者已有的信念系统相吻合，这些都是可以在常识理论范围内加以核实的。例如，对于说者是否有能力，我们可以期待宾馆服务员有能力知晓房间的价格，汽车机修工有能力知道如何排除汽车故障。这些不仅与我们内在的信念系统是一致的，而且也是可以通过经验的手段加以核实的。

第二，弗里克区分了听者拥有的两种证据状态。"H 对 p 的整体证据有两种类型：H 已有的关于 p 的独立证据，以及如果 H 知道 S，那么，H 从 S 所断言的事实中获得的关于 p 的证据。"③ 前者属于非陈性证据，后者属于陈词证据，而这两种证据之间的冲突就构成"休谟式的冲突"。休谟还原论的失败就在于，休谟要求用前者来核实后者。弗里克认为，她的局部还原论并不要求听者普遍地用非陈词的证据来核实陈词证据。弗里克认为，这两种证据都可以作为还原论的证据。

她对休谟的发展体现在：在对说者或说者所说的话一无所知的情况下，可以运用常识或者公有经验来知道说者的可信性。"最关键的是：相信某人的经验基础不必建立在对他们的个人知识的基础之上，因为我们

---

① 有关弗里克的极小化信任（S, U）的理论，详见第五章第三节。

② Fricker, E., "Against Fallibility", in B. K. Matilal & A. Chakrabarti (Eds.), Knowing from Words, Dordrecht: Kluwer, 1994, p. 129.

③ Fricker, E., "Against Fallibility", in B. K. Matilal & A. Chakrabarti (Eds.), Knowing from Words, Dordrecht: Kluwer, 1994, p. 130.

可以运用关于某人的社会角色的长处和短处的一般知识。"① 这种关于他人的一般知识并不建立在已有经验的基础之上，而是一种通过信任得到的公有经验。因此，她澄清了休谟的模棱两可性，因为她所讲的经验包括公有经验，而不只是个人经验。公有经验源自公有信念，以及一个社会制度和文化的规定。②

"局部还原论"宣称：可以有这样的情形，在一个特定的场合 O 中，当说者 S 说出了话语 U 时，说者以这样的方式向听者 H 断言 p，H 拥有或能够获得足以为接受 S 的话语 U 作辩护的独立证据。③

第三节 古德曼的类还原论

一 可靠主义的辩护

在当代学者中，除弗里克以外，至少直接地公开宣称还原论思想的学者已不多见，取而代之的是以还原为核心的各种理论形式。

古德曼早期的可靠主义理论并不是专门针对陈词辩护理论的，不过，他认为，他的可靠主义为陈词信念的辩护提供了一种不以归纳为基础的辩护。"辩护的可靠论认为，当且仅当一个信念是由一个可靠的信念形成过程或作为该过程的结果而产生的（和/或维系的）时，该信念就获得了辩护。……接受他人报告是一种特殊的推论格式，在这里推论被解释为一个过程，在这个过程中，一些信念输入、输出并产生了新的信念。在陈词的情形中，输入包括了'某 R 报告 X'形式的信念，输出则是'X'形式的信念。"④

怎样的一个过程是可靠的呢？古德曼认为，说者的报告应当是真的，并且听者应当准确地理解说者的报告。"如果这个条件得到了满足，那么，（简单的）辩护的可靠主义理论将赋予陈词信念以'获得辩护'，而

---

① Fricker, E., "Trusting Others in the Sciences: a Priori or Empirical Warrant?" *Studies in History and Philosophy of Science*, Part A, Volume: 33, Issue: 2, 2002, p. 382.

② 徐献军、丛杭青：《休谟证词还原论的困境与出路》，《自然辩证法通讯》2005 年第 4 期。

③ Fricker, E., "Against Fallibility", in B. K. Matilal & A. Chakrabarti (Eds.), Knowing from Words, Dordrecht: Kluwer, 1994, p. 133.

④ Goldman, A, *Knowledge in a Social World*, Oxford: Oxford University Press, 1999, p. 129.

不管接受者对陈词源的报告的可靠性是否拥有归纳的基础。如果听者拥有对陈词源可信性的不利证据，那么，他就不能获得辩护地接受陈词源的报告。"①

1999 年，针对陈词理论，古德曼区分出两种不同的可靠主义形式。一种形式聚焦于发生在听者内心的推论过程的可靠性，这是个人的可靠主义。第二种形式聚焦于发生在说者内心的过程，这是超越个人的可靠主义。在辩护是否传递的问题上，这两种形式的可靠主义辩护理论产生了区别。假设说者对一个命题并不十分确定，也就是说，他并未获得辩护地相信该命题。当他将这一命题告诉听者时，听者能否获得辩护地相信这一命题？超越个人的可靠主义认为，听者的信念并未获得辩护，因为从说者到听者的信念产生的整个过程，包括在说者内心的过程，整体上是不可靠的。这种观点的理由是，只有当对这一命题的辩护本身从说者传递到听者时，接受者的信念才获得了辩护。但是，当说者的信念是未经辩护的时，也就不存在传递辩护的问题了。与此形成对比，个人的可靠主义认为，听者的信念是可以获得辩护的，因为根据个人的可靠主义，仅仅要求听者信念的形成过程是可靠的，并不对说者的信念状态（是否获得辩护）进行考察。②

二　浓厚的经验辩护的思想

在 2002 年出版的《通往知识之路》一书中，古德曼说"他无意主张还原论"，"我不想提出有关陈词信念辩护的全方位的理论。我尤其不想提出与还原论者或归纳主义者立场相同的辩护。我更为关注的是，听者关于陈词源的可靠性或不可靠性的证据，经常能支持或否定听者接受该来源的陈词辩护"③。但是，他对个人知觉在辩护中的核心地位的强调，以及要求达到狭义辩护的主张，是有浓厚的还原论色彩的。这与他强调

① Goldman, A., *Knowledge in a Social World*, Oxford：Oxford University Press, 1999, p. 129.

② Goldman, A., *Knowledge in a Social World*, Oxford：Oxford University Press, 1999, p. 130.

③ Goldman, A., *Knowledge in a Social World*, Oxford：Oxford University Press, 1999, pp. 141 – 142.

社会认识论最终归结为以个人为导向的认识论，否认在本体论意义上存在着集体性认知主体以及团体信念的主张是一脉相承的。

在新手与专家问题上，他认为，新手还是能获得辩护地在两个相互竞争的专家中进行抉择，而不必采纳"盲目"的信任。在认识论可靠主义理念指导下，古德曼罗列了新手赖以抉择专家的五种证据资源，并对它们进行了可靠性的分析。① 古德曼的"可靠性"概念与弗里克是类似的，"在接受说话者的宣称时，你能否得到辩护，取决于你对说者的经验了解"②。

在新手赖以抉择的五种资源中，他认为新手选择专家的最好的和最可靠的资源是"根据公认专家的过往认知成功记录，来评价他们在当前问题上给出正确答案的可能性"③。但是，新手应当怎样评价专家的过往记录呢？他认为在专家的深奥陈述（新手不能理解的陈述）和通俗陈述（新手可以判断其正误的陈述）重合时，新手就能评价其过往记录。因此，在新手怎么样评价过往记录问题上，他的观点是趋向于还原论的。

第四节　对立中的融合

尽管这两大进路表面上分歧很大，但其实有会合的趋势。④

一　共同的目的与理论旨趣

我们受他人的影响是理性的。即使我们不占有他人陈词的证据，但我们依赖他人陈词的行为仍然是理性的，我们的信念并不会因此而变得非理性。与知觉知识一样，陈词性知识是我们知识大厦中不可或缺的部分。如果说休谟的还原论与里德的基础主义在这一点上尚有一定的分歧，但是当代的还原论和基础主义对此已无异议，存在的分歧只是达到这个

---

① 古德曼对五种证据资源的分析见第十章第四节。

② Goldman, A., *Pathways to Knowledge*：*Private and Public*, New York：Oxford University Press，2002，p. 142.

③ Goldman, A., *Pathways to Knowledge*：*Private and Public*, New York：Oxford University Press，2002，p. 157.

④ 丛杭青、徐献军：《Testimony 是如何得到辩护的？》，《哲学研究》2003 年第 10 期。

目标的途径和方法上的区别罢了。

　　这种共同的目的也意味着共同的理论旨趣：在知识的 JTB 定义的（获得辩护的真信念）基础上讨论陈词辩护的问题。其实，我们可以在更广阔的基础上讨论我们对他人陈词的依赖，当然，这有赖于我们扩展知识的概念。事实上，至少存在着四种知识的概念，第一种是将知识等同于信念，第二种是将知识等同于制度化的信念，第三种是将知识等同于真信念，第四种是将知识等同于获得辩护的真信念，即经典的知识概念。① 如果我们采纳前三种概念中的任何一种，那么我们就可以放弃对陈词的辩护主义描述，取而代之的是心理主义、过程主义、因果主义或可靠主义的描述，如心理科学、认知科学、科学知识社会学、文化史学对接受他人话语的行为所作的描述。但是，在西方分析认识领域中，辩护主义毕竟是一个根深蒂固的传统，一般而言，坚持陈词辩护理论的学者大多坚持传统的 JTB 知识定义。

　　但是，即使在认识论学者中，并不见得所有的人都愿意采用这种辩护的视角。例如，古德曼可以算得上一位认识论学界有名的人物，在 20 世纪 80 年代，他是辩护主义的积极倡导者。20 世纪末期，他倡导在真信念（上述第三种知识的概念）的基础上定义知识概念，并对知识的产生、传递和接受做可靠主义描述。例如，在《在社会世界中的知识》一书第四章《陈词》中，他对陈词采用输入与输出的可靠主义描述。

　　而芝加哥大学社会学系的谢平对 17 世纪英格兰的科学与文化的考察更是偏离了陈词的辩护主义理论。谢平在考察科学知识的基础时发现："没有任何实践否定了陈词和权威，也没有任何文化否定了陈词和权威。我给我自己的双重任务是：说明他人所告诉我们的是根深蒂固的，以及说明对陈词的依赖是如何在某种理智实践中变得不可见的。"② 他发现陈词变得不可见的原因是：在绅士文化中，陈词的可靠性被还原到人的道德品质上。我们总是先相信实验科学家，然后再相信他们对某种实在的论断，尽管我们对这种实在没有直接的经验。

---

　　① 丛杭青：《科学社会研究的两种进路》，《自然辩证法通讯》2004 年第 2 期。

　　② Shapin, S., *A Social History of Truth：Civility and Science in Seventeenth Century England*, University of Chicago Press, 1994, p. xxv.

通过实证研究，他还发现，知识是一项集体的事业。既然知识绝不是单凭个人就能完成的事业，那么，就不能不依赖他人的陈词。而依赖他人所取得的知识的可靠性，又不得不依赖他人的道德品质。在获得关于世界的知识时，首先获得的可能是关于人的知识。我为什么相信天上那耀眼的是太阳，那弯弯的是月亮？因为我相信天文学家，所以我相信他们的断言。

所以，在书中谢平孜孜不倦地考察什么样的人说出的话是可靠的。他认为，当时的绅士就是说真话的人的范型，而绅士就是那种没有任何力量能够使他说撒谎的人。著名的实验科学家波义耳就是当时绅士的典型，他利用绅士的身份，使公众在缺乏直接经验时也接受了实验科学的知识。

二 共同的方法论基础

还原论通常是一种基础主义（foundationalism）。基础主义认为，一旦我们达到了无须进一步辩护的基础，辩护也就终止了。这些基础信念是"基础的"。当然，并非所有的还原论都承诺基础主义。例如，为了辩护陈词信念，我们需要其他形式的信念，其他形式的信念可以不是基础的，它们可以或多或少地进一步还原为其他的基础信念。但是，还原论在本性上却是一种基础主义。这是因为，首先，还原论学者将我们的信念划分成两类，一种是认识上保险的和基础的（基于知觉、记忆与推理的信念）；另一些是认识上不保险的和未获得辩护的（基于陈词的信念）。其次，还原论学者又将后者还原为前者，将基于个人的知觉、记忆和推理的信念作为接受陈词信念的基础。

反还原论是另一种形式的基础主义。① 它认为不能把我们对陈词的依赖还原到知识的其他三种来源上。正如知觉、记忆和推理一样，陈词也

---

① 这里涉及两个英文单词：Foundationalism 和 fundamentalism。在中文文献中，前者通常译者"基础主义"，在英文哲学词典中，也常见该条目。在英文陈词理论文献中，当涉及以里德为原型的反还原论理论时，用的却是 fundamentalism。查阅罗特莱奇哲学百科全书（互联网版）、牛津认识论手册、牛津哲学指南和剑桥哲学词典，以及陈词理论专业文献，均未见到对其进行释义性的解释。由于这两个词的含义类似或接近，同时考虑国内对"基础主义"接受度较高，所以，本书暂不作区分，统译为基础主义。

是知识的一种基本来源。

两者都是一种内在辩护论（internal vindicationism）。科迪主张辩护主体信念体系的融合与融贯。这种融合与融贯既体现在单一信念的形成上又体现在整个信念体系的一致上。科迪对陈词辩护的一种路径就是这种内在辩护论。弗里克更是明确表示，她所采取的辩护立场是介于里德与休谟之间的一种内在辩护论的立场。在弗里克看来，主体在接受陈词信念时，一方面要与先前的信念相一致；另一方面又要与主体的知觉经验相一致。

正因为他们有着共同的目的和方法论基础，所以他们追求的是一种陈词的普遍辩护（global justfication）方案。这种辩护方案试图为我们对陈词的依赖作出整体性的说明，还原论与基础主义都是这样一种典型的普遍辩护方案。与普遍辩护相对应的是局部辩护（local justfication），也称地方性辩护。局部辩护是一个有歧义的术语，第一种含义的局部辩护是指所有的辩护都是局部的，虽然我们能够为某一个特定的陈词作辩护，但我们却不可能为依赖陈词本身作辩护。库什称这种含义的局部辩护是"情景主义辩护"①。第二种含义的局部辩护是指，通过为个别陈词作辩护的方式达到一般意义上的陈词辩护。这种形式的局部辩护显然也是一种普遍辩护，弗里克的局部还原论正是在这种含义上的局部辩护。

三　在两个极端之间有根的游离

一个极端是里德在元层次的先验辩护，虽然里德通过诉诸"社会动物的自然性"为信任的权力作辩护，但他认为信任陈词的权力在认识论上是原初的，不需要任何种类的元层次的辩护。里德并不排除经验知觉的作用，甚至他也通过类比知觉与陈词的方式来说明陈词是一种基本的认识能力，但他否认经验辩护在元层次先验辩护中有任何的作用。

另一个极端是，休谟的元层次的经验辩护。休谟试图通过为陈词的一般可靠性提供一种非循环的经验证明的方式，为信任他人的陈词作辩

---

① Kusch, M., *Knowledge by Agreement*: *The Programme of Communitarian Epistemology*, Oxford: Oxford University Press, 2002, p. 35, fn. 6.

护。他根本否认先验原则在经验辩护中的作用。①

斯蒂文森（Stevenson，L.）把休谟式的观点和里德式的观点的对立归纳如下："里德的立场是任何宣称都是可信的，除非有否定的证据；而休谟则提出任何宣称的可靠性都需要特殊的证据。"② 但是，在随后的几页中，他进一步地认为，里德将陈词视作"无罪的"（如可信的），除非表明它是有罪的；还原论者（休谟）将陈词视作"有罪的"（不可信的），除非表明有一个良好的过往记录。③ 休谟的立场与里德的立场之间真的存在着这么大的鸿沟吗？我们对此表示异议。

在元层次上，当他们探讨知识的一般来源时，如我们在第二章中所述，确实存在着明显的对立，这尤其表现在认识的出发点上的对立，即其默认的状态是信任还是（还原或）评价？

但是，在经验层面上，他们之间存在着许多共同点。休谟意识到了里德提出的第二个原则（诚实原则），他称之为"对真理和正直的爱好"。在休谟看来，相信他人告诉我们的倾向（里德的易信原则）是依赖于我们经验地获知人类是倾向于讲真话的。④ 同样，里德也部分地采纳了休谟的经验论，他不仅认为对他人陈词的接受是一个默认的立场，而且还认为，在特定的环境下，对陈词的默认接受的立场会遭遇经验的否定。因此，里德认为，在遭遇欺骗和虚假的实例之前，易信原则在儿童那里是无限的，随着经验的积累，"在一些情形中他学会了怀疑陈词，在另一些情形下，不相信陈词，他达到了完全主体的权威"⑤。所以，在经验层面上，无论是休谟还是里德，他们都站在自己的立场上吸收对方的思想，

---

① 阿德勒对休谟的还原论作了不同的解读，他认为休谟并没有从根基上为陈词作辩护，而是"从中间开始，先接受我们没有理由怀疑的大部分内容。……休谟可以接受这样的观点：存在着许多我们可以合理诉诸的陈词实例（尤其是，接受那些公认的法律）。他所否定的仅仅是，奇迹的报告属于那些被视作理所当然的。"见 Adler，J. E.，"Testimony，Trust and Knowing"，*Journal of Philosophy*，91，1994，p. 269。

② Stevenson，L.，"Why Believe What People Say?" *Synthese*，94，1993，p. 433.

③ Stevenson，L.，"Why Believe What People Say?" *Synthese*，94，1993，p. 436.

④ Hume，D.，*A Treatise of Human Nature*，L. A. Selby-Bigge，Ed.，Oxford：Clarendon Press，1967，p. 112.

⑤ Reid，T.，*Inquiry into the Human Mind*（Derek R. Brookes，Ed.），Pennsylvania State University Press，1997，p. 195.

从一个极端出发向另一个极端靠拢。在这一含义上，斯蒂文森的归纳是不成立的。

休谟与里德之间的这种类似性，为当代还原论与反还原论达成一定的共识埋下了伏笔。当代的还原论与反还原论大多在这两个极端之间游离。他们不仅权衡两种理念，而且也在自己的方案中吸收其他方案的优点，规避其缺点。① 从反还原论的基础主义看，无论是柏格的接受原则还是弗利的认识非自我主义都不排除经验还原在陈词辩护中的作用。例如，柏格认为，当对话交流出现了问题，或遇特殊的经验情景时，我们不得不进行经验的推理，并且这样的经验元技能的确丰富了交流，充实了人们的认识处境。② 弗利的派生权威的思想在本质上就是一种还原论，他直言不讳地说，自我主义（还原论）的许多精神是包容在非自我主义（反还原论的基础主义）的框架之内的。③ 这就表明他们部分同意弗里克、古德曼等人的观点，即接受他人的陈词是需要有理由的，尤其是经验的理由。科迪更是与弗里克一样，主张陈词信念与主体的先前的信念和经验的融贯使陈词得到更强的辩护。

从还原论看，弗里克也许能称作这方面的典型了。一方面，她是反还原论的最激烈的批评者之一，但是她的局部还原论的另一面是部分先验的立场。她赞同反还原论者的下述主张：对某些人的可靠性不必进行直接的经验考察。因为在她看来，在某些情况下，我们可以诉诸常识人理论，而"常识人理论告诉我们：特定的某些人在特定的某些事情上几乎总是正确的"④。所以，她认为，在某些情况下信任他人是诚实，以及是有能力的是一个默认的立场。这样，弗里克就滑到了一种先验辩护的立场上了。"弗里克对 PR 论题的替换是一个三重策略：始终监控说者的不诚实和缺乏能力的说话标志依靠信任的一般化（例如，比起汽车销售员，哲学学者有一个更好的过往记录），以及将可信性作为默认的立场。

---

① 丛杭青、徐献军:《Testimony 是如何得到辩护的?》,《哲学研究》2003 年第 10 期。

② Burge, T., "Content Preservation", *Philosophical Review*, 102, 1993, p. 483.

③ Foley, R., "Egoism in Epistemology", in B. K. Matilal & A. Chakrabarti (Eds.), *Knowing from Words*, Dordrecht: Kluwer, 1994, p. 61.

④ Fricker, E., "Against Fallibility", in B. K. Matilal & A. Chakrabarti (Eds.), Knowing from Words, Dordrecht: Kluwer, 1994, p. 151.

最后一项策略如下：如果没有发现典型的不诚实或无能力的迹象，那么，我们就有权力将说者视作诚实的，不需要关于他的诚实性的肯定证据。"①

在新手与专家问题上，古德曼也超越了还原论。他认为在确立一部分专家的可靠性之后，就不用再以经验的方式验证他们在相关问题上的意见，而且还可以将他们作为元专家，通过他们对其他专家的评价，来确立其他专家的可靠性。② 这其实又是基础主义辩护理念的一个变种，因为这里所诉诸的是陈词信念（元专家的陈词），而不是知觉信念。

当代学者们之所以在这两个极端之间游离，是因为它们各有优劣之处。反还原论的方案较好地描述了陈词性知识的辩护过程，但它们又有盲目轻信的特征。正如柏格自己也承认，与经验标志相比，可理解性显然是一个较弱的真理的标志；而还原论方案似乎更符合人们对陈词辩护的日常观念，但严格的还原论将导致怀疑主义，而且它很难对人类知识总体进行解释。

无论他们之间的共同点有多少，但在元理论出发点上却是存在着根本的对立。这种对立其实就是休谟和里德的对立在当代的表现。当代反还原论者继续坚持信任是默认的出发点，而还原论则坚持评价是默认的出发点，所以他们争论的核心是默认值之争，在两个极端之间的游离是有根的。当然，与休谟和里德相比，在当代还原论与反还原论的基础主义之间存在着更多的共同点。

还原论与基础主义有着融汇的概念基础。由于他们所讨论的经验有双重的意义：个人的经验和公有的经验，而这两种经验有时难以明确划分，当你接受公有的经验（陈词）时，你就有可能把它作为一种个人的知觉经验。同样，观察的概念也有双重的意义：个人的观察与公有的观察。在这两者之间同样也难以作出准确的区分。正是这些融汇的概念为当代还原论与基础主义的融汇留下了发展的余地。

---

① Kusch, M., *Knowledge by Agreement: The Programme of Communitarian Epistemology*, Oxford: Oxford University Press, 2002, p. 24.

② Goldman, A., *Pathways to Knowledge: Private and Public*, New York: Oxford University Press, 2002, pp. 150 – 151.

四　三种个人主义的辩护理论

在对待陈词的态度上，洛克、休谟和里德代表了三种不同形式的认识立场，洛克根本否认他人陈词在认识中的地位与作用，休谟则将陈词的证据性价值建立在经验的基础上，里德则认为他人的陈词本身就具有认识论的原始地位。弗利将洛克和休谟归结为"认识论的自我主义者"，将里德归为"认识的非自我主义者"。我们认为，这种划分，一方面模糊了洛克与休谟之间的区别，另一方面对里德定位不准。

在第一章中，我们提到了在陈词认识论中两种形式的个人主义：以笛卡儿和洛克为代表的强纲领，以及以休谟为代表的弱纲领，而里德为原型的当代基础主义是第三种形式的个人主义。强纲领为拒绝接受他人的陈词作辩护，弱纲领为在个人的经验的基础上接受他人的陈词作辩护，第三种形式的个人主义则从个人的视角出发为他人陈词的合理性作辩护。虽然以里德为原则的个人主义辩护形式是这三种形式的个人主义辩护理论中最弱的一种，但它仍然是一种以个人为核心的辩护理论。在陈词辩护问题上，各种辩护主义始终在个人主义范围绕圈子，它们以反对洛克式的个人主义认识论作为出发点，走向休谟式的个人主义（还原论）或里德式的个人主义（基础主义）。

陈词辩护理论中所讨论的辩护主体是个人，所讨论的信念是个人的信念。在这种含义上，也可以称其为个人主义的辩护理论。唯一的例外是，柏格的先验辩护是超越个人的。柏格区分了"对话中的两种辩护"，"在通过对话的方式知道某事中，接受者有他自己的接受对话者话语的授权，以及接受者可能具有的类似信息的补充辩护。接受者可利用的所有的理由，以及源自于他的认知资源的所有的授权，构成了一个集合体，可称为接受者自己拥有的辩护。接受者自己所拥有辩护，以及接受者的知识所依赖的来源处所拥有的辩护，两者的结合构成了辩护的扩展体"[①]显然，这里的"辩护的扩展体"突破了个人的框架，涉及的接受者与对话者之间的共有的辩护。"辩护扩展体"的概念显然地是超越个体的说者或听者的，这是走向团体辩护的一个有益的尝试。但是，正如我们在恺

[①]　Burge，T.，"Content Preservation"，*Philosophical Review*，102，1993，p. 486.

撒的早餐案例中所看到的，柏格将说者的辩护与听者的辩护视作同一个辩护却是令人难以接受的。当然，还需要指出的是，我们还需质疑的是，团体辩护的主体就仅限于由说者和听者所构成的辩护主体吗？

这里其实涉及两个问题：一是集体性的主体；二是团体信念及辩护。① 在日常生活中，我们通常将信念和/或知识归属于群体，例如，公司、政府、陪审团这样的集体性实体。一些女权主义认识论者甚至走得更远，他们提出，唯一的认知者是团体。纳尔逊写道："我的主张是协商者，达成一致的人，或者在更一般的术语上，产生知识的主体是团体和子团体，而不是个人。"②

近些年来，在吉尔伯特（Gilbert，M.）（1989）、图梅勒（Tuomela，R.）（1995）和塞尔（1995）的论著中可以看出，独立于女权主义认识论，学者们对于集体性主体与团体信念的兴趣与日俱增。他们具有一个共同的思想是，集体信念在哲学上是合理的，并且如果这一观点成立，那么，就应当在认识论中为它寻找一个位置。这是一种在本体论意义上的集体主义的立场，即坚持在个体信念之外存在着集体（团体）信念。③ 与这种本体论的立场相适应，团体信念就具有了认识论属性。施密特认为，团体信念也能够具有辩护的含义。④

与此相关的一个问题是，个人主义的辩护理论必定是脱离了陈词辩护的社会实践。知识的概念是根植于陈词的社会实践中的。很难想象，满足了特定的条件，我们就能够从某人的话语 p 中知道 p；相反，在我们看来，通过陈词辩护而获得的知识是根植于日常的陈词交往的社会实践中的。

---

① 当然，以社会建构论为旗帜的科学知识社会学对此作了大量的富有成效的研究，国内已有不少文献介绍这方面的研究，但他们的研究不属于严格意义的认识论范围的研究。

② Nelson, L. H., "Epistemological Communities", in L. Alcoff and E. Potter, eds, *Feminist Epistemologies*, New York: Routledge, 1993, p. 124.

③ 丛杭青：《什么是科学的社会研究?》，《科学学研究》2003 年第 6 期。

④ Schmitt, F. F., "The Justification of Group Beliefs", in F. F. Schmitt (Ed.), *Socializing Epistemology*, Lanham, MD: Rowan & Littlefield, 1994, pp. 1 – 27.

第八章

知识传递

知识最初只是普通个人或科学家的私人知识，它们必须通过传递才能输送给他人和社会，从而成为社会的公有知识，然后才能通过社会实践释放其蕴藏的巨大力量。科学研究中的知识传递，是科学家们获取最好的研究证据并进行知识生产的前提条件。科技教育中的知识传递，是普及科技并提高大众科学文化素养的重要手段。大众媒体的知识传递，是大众获取和应用知识的重要途径。简言之，知识传递使人类社会成为一个知识共同体。

第一节　洛克的递减说及其问题

一　洛克的递减说及休谟的挽救

洛克认为，知识不应该建立在陈词的基础上。在《人类理智论》中，他认为一个命题的证据必须是能直接确立起该命题真实性的证据，而陈词不属于这样的证据，所以陈词只能提供或然性的知识。他说，当我自己直觉到"三角形的三个角等于两直角"时，我得到的是直觉知识，因为这时我的证据是我的直觉。如果我不是自己直觉到这一点，而是听信了一位数学家的断言而认为"三角形的三个角等于两直角"，那么，我只能得到或然性的知识。由此，洛克否定知识可以通过陈词来传递。[1]

---

[1]　本章所依据的洛克的《人类理智论》（*Essay Concerning Human Understanding*）为 OCLC 下属的 netlibrary 提供的电子图书，网址为 http://www.netlibrary.com。为了便于与中译本对照，我们在英文页码后用括号标出引文所在的部分、章节。其标注格式为，Locke, J., *An Essay Concerning Human Understanding*, Raleigh, N. C. Alex Catalogue, 1690, 页码（部分章节）。

他认为陈词的证据性和可靠性随着传递链的延伸而下降。"任何陈词愈与原来的实况离得远，则它的力量和证明也就愈微弱。事情本身和存在就是我所称的原初真理，一位可信的人对其证明将是一个好的证据，但是，如果另一个同等可信的人以前者的报告来作证，那么，其陈词就变弱了。第三个人基于传闻的作证更是不值得考虑。因此，在传说真理的方面，每推移一步，就会把证明的力量减弱，而且传说所经过的人数愈多，则它的力量和证明性便愈为减弱。"①

在休谟看来，洛克的递减说的颠覆性后果是：历史知识会随着传递链的延伸而消失。"以这种方式考虑问题（不过它本身是不真实的），也就不存在历史或传统了，最终必定失去的是力量和证据。每一个新的可能性都减损了最初的确定性，而历史知识被认为是具有很大的确定性的，但在这样一再减损之后，它是不可能继续存在的。"② 休谟认为他有一个解决方案，至少能对这一问题作变通处理，所以，他事实上对历史知识并不感到绝望。

休谟的心理主义解决方案的基本思想是源自遥远过去的确定的历史事实以下的方式得以传递：将过去的事实与当前的印象关联起来的链接虽然是无数的，但却依然是"同一个"。由于印刷和抄写者是忠实的，从过去到现在，一版又一版没有变化，因而印象的生动性和活泼性仍如最初的一样。因此，不存在变异，思想很容易追根溯源，敏捷地从一个到另一个，针对每一个链接，构成了一个广泛的和一般的概念。以这种方式，印象的活泼性得以保存下来。历史的证据就这样传递了下来，人类的记忆就这样得以延续。休谟的论证似乎依赖这样的观点，当前对某一历史事实的知识既要求认知者直接熟悉传递链中的所有传递环节，又要求认知者知道它们是"相同种类的"。科迪认为，"前者是虚假的，后者提出了传递链性质的问题"③。

---

① Locke, J, *An Essay Concerning Human Understanding*, Raleigh, N. C. Alex Catalogue, 1690, p. 503 (bk. iv, ch. xvi, s. 10.).

② Hume, D., *A Treatise of Human Nature*, L. A. Selby-Bigge, Ed., Oxford: Clarendon Press, 1967, p. 145 (bk. I, part iii, s. 13).

③ Coady, C. A. J., *Testimony: A philosophical study*, Oxford: Clarendon Press, 1992, p. 201.

　　洛克递减说的直接依据是法律中的相关规定，即 17 世纪英国法中对传闻（辗转相传的）（hearsay evidence）证据的规定。他认为，最初的事实经由陈词，沿着传递链的传递，就是摹本的摹本。"我们不妨观察英国法中所恪守的那个规则，那就是，'一种记录的摹本在经过校检以后，虽然是很好的证明，但是无论摹本校检得多么完好，无论出于怎样可靠的明证，在法院中总是不能作为一个证明'"[①]。

　　在本章开始的引文之后，洛克紧接着提到了"传闻证据"，也称辗转相传的证据或道听途说的证据，并且将他的递减说应用于传闻证据。传闻证据是指证人根据别人讲述的内容，而不是本人所了解的情况作出的陈词。因此，它通常不被认为是可接受的证据。在第六章中，我们在介绍科迪的标准证词的特征时，曾提到第五个特征，即要求证人在第一手知道的基础上作出证词，不能在道听途说的基础上作出证词。当然，这仅仅是针对普通证人的证词，而对专家证人的证词并不适用。洛克对传闻证据持根本的否定态度，在《人类理智论》全书中仅有两处提到传闻。[②]

　　需要指出的是，洛克对传闻证据的否定其实也就否定了知识是可以传递的。洛克在讲到摹本时，用的英文单词是 copy，他还提到了"摹本的摹本"，我们简称为"第二摹本"，以此类推。对于洛克，第一摹本相当于对一事件的实际证人的报告。在洛克看来，第一摹本是有其证据性价值的，第二摹本次之，……最后的摹本则无任何证据性的价值。洛克对摹本持极端蔑视的态度，在《人类理智论》一书中仅有四处提到 copy，前三处是动词用法（指复制），最后一处为名词用法（指摹本的摹本）。[③]

　　即使在英文中，也没有一个公认的传闻定义。在这里，我们仅关注洛克所说的摹本如何与传闻对应。第一摹本不掺杂任何的"他人说"的内容，不涉及第三者，它大致相当于法律所要求的第一手知道，属于目

---

① Locke, J., *An Essay Concerning Human Understanding*, Raleigh, N. C. Alex Catalogue, 1690, p. 503（bk. iv, ch. xvi, s. 10.）.

② Locke, J., *An Essay Concerning Human Understanding*, Raleigh, N. C. Alex Catalogue, 1690, pp. 314, 503.

③ Locke, J., *An Essay Concerning Human Understanding*, Raleigh, N. C. Alex Catalogue, 1690, pp. 227, 274, 357, 503.

击者的证词。当他人"复制"这份陈词时，就属于第一次传闻，在英文中称作 primary hearsay。但是，传闻证据通常被认为是经过了多次这样的辗转相传（hearsay upon hearsay）的，我们在下面所介绍的土著人的传闻证据就是属于这种世代（口头）辗转相传的证据。

二　递减说的问题

洛克的论证是存在问题的。[①] 第一，个人主义的知识观。正如谢平所说，"单凭个人难以构造知识：个人所能做的是把持有的关于证据、论点和动机的宣称提供给共同体，并让共同体来作出评价。知识是共同体的评价和行为的结果，它是通过把各种关于世界的宣称整合进共同体的建制化中而得以确立的"[②]。

第二，在今天，法律的规定也发生了变化。对于17世纪英国法中关于传闻证据的具体规定已无从核实。但是，根据科迪的考证，在现在的英国民法中，在许多情形下，许多（有边界限制的）传闻证据在法律上也获得了证据的地位。而且甚至在英国刑法中，对于传闻证据的限制也有了许多的例外，也有不少放松或废除限制的呼声。在当代英国法系中，就摹本能否成为证据，克劳斯提到，"有权威人士认为，摹本的摹本是不能被采信的，但是也有权威人士认为，如果证人制造了该摹本或有其他证人澄清：该摹本是第一摹本的真实摹本而且第一摹本又是对原初事实的真实摹本，那么，没有理由不把这种摹本接受为证据"[③]。

实际的法院判决案例也说明，即使口传的陈词也可以成为证据。1971年，澳大利亚北方地区最高法院受理了一起案件，几个土著部落起诉一家矿业公司。土著人的诉讼要求是：他们拥有对戈夫（Gove）半岛中的一大块土地的所有权，但这需要证据，即在1788年欧洲人进入该地区至1936年期间，土著人的生活方式被迫改变的证据。当然，这类证据涉及在这一特定历史时期内土著人的生活习俗和生活信念。有两类证据

[①]　徐献军、丛杭青：《知识可以传递吗?》，《自然辩证法研究》2005年第4期。

[②]　Shapin, S., *A Social History of Truth*：*Civility and Science in Seventeenth-century England*, Chicago & London：University of Chicago Press, 1994, p. 6.

[③]　Coady, C. A. J., *Testimony*：*A philosophical study*, Oxford：Clarendon Press, 1992, p. 202.

得到传召：土著人的有关他们被告知的事情的陈词和人类学专家的陈词。这两类证据都与辗转相传的传闻有关。比如，其中有一证人说："我父亲（现已去世）告诉我：这是 Rirratjingu 的土地。"显然，这位父亲关于该事实的知识也部分地依赖于他曾经被告知的。此外，就人类学家来说，他们绝大部分的专家意见是以对土著各部落的口头传说的描述。矿业公司的律师认为，这类证据是典型的传闻证据，建议法庭不予采信，而法官认为，这种以传闻为基础的专家意见构成了科学知识，所以它与以观察和实验为基础的物理学家的专家意见一样是可以接受的。[①]

第三，在法律实践中，关于品德的证据就属于辗转相传的证据范畴。品德证据涉及确定一个人品德的方法，为了确定一个人的品德，我们不得不去广泛地考察他人对他的评价。他人对他的普遍评价必定与他人对他的品德报告的次数相关。在这里，辗转相传的次数越多，这种传闻证据也就越能作为一个人品德的证据。其实，这又涉及另外一个专门的陈词理论问题：道德陈词。

三 传递确证链

洛克递减说所依赖的前提是，在传递的过程中，每经历一链，可能性就要减损一次。科迪针锋相对地提出确证说，他对传递链（chain of transmission）的分析表明，通常存在这样的情形，可能性不但没有减损，而且可能是增加了。与最初的传递者对 p 的认识状态相比，最终的接受者对 p 所处于的认识状态至少是相同的，或者是更好的。

首先，洛克所主张的传递链是一种单一的线性传递链：

（1）p ～ Aap—Bap—Cap—Dap—Eap…Nap

其中，p 是事实或被认为是已证实的事实。A、B、C、N 是传递链中的证人。用 a 表示英文中的 attest（证实），Aap 指 A 证实 p。"～"指知识的非陈词性起源，例如，从观察中获知；而"—"是传递关系。这是一个非常简单的陈词链，但这种传递链是不可行的，仅是一种假设。另一种可行的传递链是，不同的证人可以仅仅以前一位证人的证实作为自己的证实。当这情形出现时，我们有下述传递链。

---

① Coady, C. A. J, *Testimony：A philosophical study*, Oxford：Clarendon Press, 1992, p. 208.

(2) p ~ Aap—BaAap—CaBaAap—DaCaBaAap…

在这里，每一链都包含了最初证人 A 对 p 证实，但这通常不可能构成一个长链，我们很难期待 A 对 p 的最初陈词能够以这种方式长期传递下去。例如，对远古时代重大历史事件的描述是经历了历代数不清的传递之后才得以流传下来的，很难想象，在所有的传递链中，最初的证人对事件的最初的描述都得到了保存。

(3) p ~ Aap—BaAap—CaBap—DaCap…NaMap

在这里，除了第一个证人外，其余的证人仅仅证实了将前一位证人对 p 的证实，但不包括最初的证人 A 对 p 的证实。例如，A（以某种非陈词的方式）证实了唐山发生大地震 p，并将 p 告诉了 B，这时 B 以陈词的方式知道了 p。因为 B 并没有证实 p，而仅仅是证实 A 证实了 p，所以，C 仅仅是证实了 B 证实了 p，同理，D 仅仅是证实了 C 证实了 p……在这里，B、C、D……N 并没有证实 p 是真的，所以在这种形式的传递链中，很可能出现误传。

(3′) p ~ Aap—BaAap & Bap—CaBap & Cap—DaCap & Dap…NaMap & Nap

(3′) 是（3）的变形，与（3）式相比，（3′）的每一链增加了这一链的证人通过证实 p 的方式知道了 p。与邮递包裹不同的是，在知识传递中，每一链（类似于每一位投递员）需要以某种方式证实 p。当 A 告诉 B 唐山发生了大地震 p 时，B 依赖这样的确信：A 的话语反映了他特定的视觉、知觉、记忆、语言和认知能力的运用，以及 A 的诚实。在这里 B 证实了 p，知道 p 是真的。接下来，B 也运用了这些能力将信息传递给 C，C 同样也依赖类似的确信：B 的话语反映了他特定的视觉、知觉、记忆、语言和认知能力的运用，以及 B 的诚实。在这里 C 证实了 p，也知道 p 是真的。

在这种传递关系中，起作用的是陈词原则：后一链通过知道前一链知道 p 的方式知道了 p。在这里，信任无疑地起到了桥梁的作用。如果后一链不信任前一链，传递就无法进行下去。

$$(4)\ p \begin{cases} Aap—Bap—Cap—Dap \\ Qap—Rap—Sap—Tap \\ Wap—Xap—Yap—Zap \end{cases} Eap$$

在（4）中，E 相信 p 的程度要高于 D、T、Z、C、S、Y、B、R 和 X，而且 E 甚至能够获得比 A、Q 和 W 更强的认识辩护。科迪称这种传递链为确证链（corroboration chain）：在这种传递链中，最后一位接受者所处的认识状态，不会逊于而只会强于 p 的最初见证者（处于未确证状态的）A。因为确证链给最后一位接受者以额外的理由：确信最初的证人和传递链本身是可靠的。这种确证传递链与洛克的递减说的差异在于：它向接受者提供了评价 p 的可能性。由于有不同的信息来源，所以接受者可以比较它们之间的差异，并运用自己的理智能力来进行评价，从而获得尽可能真实的信息。因此，在这种传递关系中，信任可以变得不那么盲目。

例如，假设命题 p 是"五月初在剑桥发现有较少羽毛的野生燕子"。这种鸟与更常见的家燕有一些类似，但在剑桥是很罕见的，更不要说在五月份了。A、Q 和 W 是三位有经验的鸟类学家，在没有相互交流的情况下，他们分别做了观察，尽管他们所作的判断存在着一定的差别，但他们发现的确是有较少羽毛的野生燕子。他们信心十足地将这一命题传递给他人。通过传递链，各自传递到 D、T 和 Z，最终都传递到了一本鸟类杂志主编 E。当主编 E 从 D 处听到这一消息时有些怀疑，当他从 T 处再次听到这一消息时有些相信了，当他从 Z 处第三次听到这一消息时，他也许完全确定了。当然，主编 E 达到的这种认识状态依赖于 D、T 和 Z 的信息来源渠道是自各独立的，并且他也是这么认为的。这说明，这种传递方式使得 E 的认识状态至少与最初的三位鸟类学家的认识状态一样的好，也可能是更好的。

（5）是对确证链的进一步复杂化：有两位或三位接受者会从不同的消息来源那里获悉 p，并且他们也会从同一个信息来源那里获悉 p。例如，G 和 F 构成了 I 的信息来源，J、I 和 K 都从 G 那里获悉 p，于是他们组成一个知识共同体。如果 I 要核实传递的信息的可靠性，他既可以向共同体内的其他成员 J 和 K 求证，又可以向他的另一个信息来源 F 求证。

科迪认为，首先，这对传递的可靠性提供了某种交叉质疑的可能性。虽然错误仍然可能会出现，但是有了更多的纠正错误的可能性。与洛克式的递减说相反，知识的确定性不但没有减损，而且还得到了增强。其次，在这种传递的过程中，接受者不是被动的；相反，在某种程度上，是作为一个主体积极地参与到知识的传递过程中的。①

以上我们介绍了洛克的递减说和科迪的确证说。当代学者认为，知识是通过陈词的方式得到传递的。但是，在知识传递的条件和对象上却存在着争议，接下来，我们先讨论传递的条件，然后再讨论传递的对象。

第二节　当代知识传递的原则及其修正

一　传递的必要条件

当我们倾听他人所说的或阅读他人所写的时，如果我们相信并接受了它们，那么，我们就拥有了他人的知识，而这个过程就是知识从他人传递到我们的过程。那么，传递过程得以实现的条件有哪些？在当代陈词认识论的讨论中，标准的传递原则包括两个宣称：必要条件宣称与充分条件宣称。

必要条件宣称（KN）："仅当 S 知道 p 时，H 才通过接受 S 对 p 的陈述知道 p。"②

主张必要宣称的学者有，奥迪（1997），威尔伯纳（1994），达米特（1994），A. 罗斯（1986），柏格（1993），J. 罗斯（1975），雷勒（1987，1990，1994），哈德威格（1985，1991）和普兰庭加（1993）。

必要条件宣称（KN）认为：知识传递的必要条件是说者必须拥有知识。它分为强弱两种形式：强理论认为，知识传递链中的每一链都必须知道 p（要么是以陈词的方式，即通过知识传递方式得到；要么是以非陈词的方式，即通过知觉、记忆和推理的方式得到）。这类似于传达某位领导者的指示，传达指示的人知道其内容。奥迪说："如果我不知道 p，那

---

① Coady, C. A. J., *Testimony：A philosophical study*, Oxford：Clarendon Press, 1992, pp. 211 - 216.

② Graham, P. J., "Transferring Knowledge", *NOÛS*, 34：1, 2000, p. 131.

么我就不能把知识 p 传递给你。……陈词性知识是通过传递得到的，因此它要求证人知道 p。"① 柏格认为："如果接受者依赖对话来获得知识，那么接受者的知识同时也依赖来源拥有知识。因为，如果来源不相信一个命题，或者该命题是不真的，或者来源无法得到辩护，那么接受者就不知道该命题。"②

弱理论认为，只要第一链（以某种非陈词方式）知道 p 即可。这类似于普通信件，寄信人知道信里写了些什么，而投递员并不知道。例如，达米特认为，"如果记住什么相当于保存关于它的知识，那么当它最初被证实或被经验到时，它必须是为人所知的；如果最初的知觉或理解是错的，那么（对知觉或理解的）记忆就算不上是知识。这同样适用于被告知的情景，因此最初的陈词源［传递的第一链］必须知道该信息，并处于知道它的状态，否则，受众就无法从该信息来源那里得到知识"③。

但是，他们都没有明确地界定说者的主观信念状态，这使得赖奇举出了两个反例，分别反驳强弱两种理论。他认为，即使说者不拥有知识 p，听者 H 仍然可以得到知识 p。

无信念的教师④的案例反驳的是强理论。在一所天主教小学中，一位教师被要求教授进化论，而且她必须隐藏自己的个人信仰。她在图书馆中查阅了可靠的文献，然后进行备课，并将这些内容教给学生。因为她是虔诚的神创论者，并不相信进化论，所以她虽然是可靠的说者，但由于她本人并没有满足知识的第二个条件（S 认为 p），并缺乏相应的信念，所以她不拥有进化论的知识。然而，进化论是正确的，而且她本人及其备课内容也是可靠的，所以在这里完全有理由相信，学生们通过她的陈词得到了进化论的知识。因此，听者得到了说者所没有的知识。

---

① Audi, R., "The Place of Testimony in the Fabric of Knowledge and Justification", *American Philosophical Quarterly*, 34, 1997, p. 410.

② Burge, T., "Content Preservation", *Philosophical Review*, 102, 1993, p. 486.

③ Dummett, M., "Testimony and memory", in B. Matilal and A. Chakrabarti (eds), *Knowing From Words*, 1994, p. 264.

④ Lackey, J., "Tesimonial Knowledge and Transmission", *The Philosophical Quarterly*, Vol. 49, No. 197, 1999, p. 473.

处于怀疑中的指路者①的案例反驳的是弱理论。传递的第一链——简，处在强烈的自我怀疑中，这种怀疑强烈到足以使她丧失许多对日常信念的辩护，因而可以说她不具有日常知识。当一个路人——杰姆，问她咖啡馆在哪里时，她说就在附近，而此时她并没有把她的疑虑告诉杰姆，并且她也没有表现出她缺乏诚意或能力的迹象。这时，杰姆确实有理由接受简的报告，因为他的经验告诉他：在这种情形中，事实和报告通常是一致的。因此，在简的陈词的基础上，杰姆形成了真实的信念：咖啡馆在附近，而事实正是如此。于是，杰姆得到了简所没有的知识。

以上两个反例均表明：即使说者不拥有知识 p，听者仍有可能在说者话语的基础上得到知识 p。其原因是，知识和信念是可分离的，而在知识的传递中，对信念的怀疑或反驳却不一定会得到传递；所以，听者能够通过说者关于 p 的陈词知道 p，尽管此时说者（传递链中的第一链或前一链）不知道 p。

赖奇（Lacky，J.）对标准理论的修正是，"对于说者 S 和听者 H，如果 H 要通过 S 对 p 的陈述得知 p，那么 S 对 p 的陈述必须与事实 p 有正确的联系。"② 实际上，KN 并没有被推翻，而是被精确化了，也就是说，知识得以传递的说者条件是：说者的陈述 p 和事实 p 之间必须有必然的联系（这可以算作一种弱意义上的知识），正是这种联系在起点上保证了成功的传递。

二 传递的充分条件

充分条件宣称（KS）："如果 S 知道 p 并诚实地陈述 p，而 H 得到辩护地接受 S 对 p 的陈述，那么 H 知道 p。"③

主张充分条件宣称的学者有，科迪（1992）、威尔伯纳（1979，1994）、威廉森（1996）等。与 KN 相比，充分条件宣称原则（KS）增加了说者是诚恳的以及听者得到了辩护这两个条件，但它还是不够充分。

---

① Lackey, J., "Tesimonial Knowledge and Transmission", *The Philosophical Quarterly*, Vol. 49, No. 197, 1999, p. 484.

② Lackey, J., "Tesimonial Knowledge and Transmission", *The Philosophical Quarterly*, Vol. 49, No. 197, 1999, p. 489.

③ Graham, P. J., "Transferring Knowledge", *NOÛS*, 34: 1, 2000, p. 131.

报纸案例和品酒师案例对充分宣称原则构成了反驳。

报纸案例[①]：某个小国的军人希望发动一场成功的政变。他们贿赂或威胁该国所有报纸的记者，命令他们报道总统已被谋杀的假新闻，而不管事实上总统有没有被谋杀。除了一位记者之外，其余的所有的记者都屈服了。那位唯一不屈服的记者安迪将报道事实上所发生的事件，而不是报道军人要他报道的内容。最终，军人对总统的谋杀阴谋得逞了，并且安迪是唯一的目击证人。其他记者不知道事实上所发生的一切，甚至没有进行任何的核实就按军人的要求发表了假新闻。安迪在他的署名专栏中公布了总统被谋杀的消息，当詹妮读到了安迪的文章时，她是否知道总统已被刺杀？

如果我们假设，詹妮与安迪或者他所在报社之间没有任何特别的关系，并且如果她没有看到安迪的报道，那么她将会去看其他报纸的报道。在这种假设之下，詹妮是不知道总统已被谋杀的。这是因为，对于詹妮的认知状态而言，安迪的报道和其他记者的报道是等价的，尽管这些报道看上去可能非常不同，例如，它们以不同字体印刷，署有不同的记者姓名，报道不同的细节，诸如此类，但是，对于詹妮而言，它们都是同等的证据。詹妮没有读到其他记者的假新闻纯属一种侥幸，同样，读到安迪的正确报道也是一种侥幸。詹妮并没有排除相关选项，[②] 所以她通过报道所知道的至多只是如下一个析取信息：要么存在假新闻，要么总统已被杀害。

---

① 1996 年，阿德勒最先将该案例引入陈词文献，见 Adler, J. , "Transmitting Knowledge", *Noûs*, vol. 30, no. 1, 1996, pp. 99 - 111。格雷厄姆也对该案例作了分析，见 Graham, P. J, "Transferring Knowledge", *NOÛS*, 34：1, 2000, pp. 134 - 136。

② 知识的相关可选择理论是由德雷特斯克和古德曼提出来的，它是 20 世纪后 20 年来认识论领域中的一个热点问题。这个理论是说：如果 q 是 p 的不相关的可选项，那么，知道 p 并不要求你拥有排除 q 的证据；事实上，只要 q 是不相关的，你就不需要拥有排除 q 的任何的独立证据。例如，如果你在动物园里看到一只斑马，而有一种可能性是你所看到的动物只是一只伪装得相当好的骡子（这是一个不相关的可选择项），那么为了知道这个动物是一匹斑马，不要求你拥有排除它可能是骡子的证据。

在德雷特斯克看来，有时候尽管不能排除 q，但只要 q 是不相关的，那么你仍可以知道 p；如果 q 是相关的，而你不能排除它，那么你不知道 p。对该问题的详细的介绍见 Pryor, J. , "Highlights of Recent Epistemology", *British Journal of Philosophy of science*, 52, 2001, pp. 97 - 100。

我们或许可以通过古德曼的温度计案例对报纸案例作进一步的说明。① 假设一位父亲将手伸入放着一些温度计的盒子里面，并且碰巧抓到一支唯一没有损坏的温度计，所有剩下来的温度计都损坏了，无论温度多少，它们都只显示98华氏度。尽管他孩子的体温事实上是98华氏度，并且父亲通过使用那支可靠的温度计相信他孩子的体温的确也是98华氏度，但是这位父亲不知道他孩子的体温，因为他并没有排除相关的选项。

但是，假设那支准确的温度计被贴上一个的紫色标签，并且父亲只使用这一支，而绝不会去使用其他的温度计，那么，当他使用被贴上紫色标签的温度计时，他知道他孩子的体温是98华氏度。

在报纸案例中，记者在某种意义上是可信赖的，不可信赖的记者的出现使得那些依靠他们的人无法获得知识。在接下来的品酒师案例中，说者在某种意义上是不可信赖的，因为说者在其经验中有时会犯错误。

品酒师反例②：乔治是品酒专家，他可以准确地品出梅多克葡萄酒，并且他知道梅多克葡萄酒就是波尔多葡萄酒，因为他知道梅多克地处波尔多地区。他也能正确地品出基安蒂葡萄酒，并将其与梅多克葡萄酒区分开。然而，十分奇怪的是，乔治错误地把基安蒂葡萄酒也当作波尔多葡萄酒，因为他错误地认为（盛产基安蒂葡萄酒的）托斯卡纳是南波尔多的产酒区，而别人都不知道他有这个错误的地理信念。一天，当酒宴上同时提供梅多克葡萄酒和基安蒂葡萄酒时，乔治要了一杯酒，并品出那是梅多克葡萄酒，因此他知道了波尔多葡萄酒。第二天，他的朋友迈克尔问他昨晚喝了什么酒，乔治回答说是波尔多葡萄酒。

在这里，KS的要求达到了，但听者迈克尔仍然不知道他被告知的，因此知识传递没有完成。这是因为，首先，在这种情形下，无论乔治品尝哪一杯酒（波尔多或基安蒂），他都会得到相同的结论，也就是说，无论p或非p，乔治都将说p。可见，乔治的陈词至多只相当于"那一杯酒是波尔多葡萄酒或基安蒂葡萄酒"。在报纸案例中，听者没能排除相关的选项，在这里，说者同样没能排除相关的选项。其次，当迈克尔相信那

---

① Goldman, A., *Epistemology and Cognition*. Cambridge, Mass.：Harvard University Press, 1986, pp. 45 – 46.

② Fred Dretske, "Cognitive Cul-de-Sac", *Mind*, Vol. 91, No. 361, 1982, pp. 109 – 110.

酒是波尔多葡萄酒时，他可能形成了一个真实信念，甚至是一个获得辩护的真信念，但这个信念不能算作知识。这是因为，乔治的陈词是否能作为知识是有疑问的。

针对上述反例，代表性的修正方案有两个。一个是科迪的 KS *：
"如果 S 知道 p，并且 S 具有相应的能力、权威或资质保证他能真实的陈述 p，并且 H 得到辩护地接受了 S 对 p 的诚恳的陈述，那么，H 知道 p。"[1] 另外一个是格雷厄姆的信息理论方案（IN）："仅当 H 接受 p 的基础（H 理解 S 断言 p 的内部认知状态）承载信息 p 时，H 才通过接受 p 的方式知道 p。"[2]

在科迪看来，说者是诚恳的条件还不足以使听者得到辩护，因为它只是必要而非充分条件，必须加上的充分条件就是"能力、权威或资质"。这样，在反例中，虽然乔治知道几种酒的味道以及它们的区别，但因为他没有相应的资质（因为他有错误的地理信念），所以他不能传递知识。这个修正方案是非常有代表性，因为说者的"能力、权威或资质"不仅关系到他能否作出真实的陈述，更关系到他能否获得听者的信任。如果说知识就是得到辩护的信念，那么，科迪所提出的充分条件 KS * 是没问题的。

格雷厄姆则认为，这个反例不仅否定了 KS，而且也否定了科迪的 KS * 修正方案，因为 KS * 面临的最大问题是："能力、权威或资质"指称不明。如果它们指知识传递所要求的任何条件，那么，范围就太广了，一般而言，它们应该仅指乔治的味觉感受能力和他关于酒的知识。在这个反例中，乔治显然具备相应的能力、权威或资质，并拥有欧洲酒的知识，他的错误并非源于味觉感受，而是源于一个错误的地理信念。有资质并不要求一个人是完美无缺的，所以尽管乔治有这么一个错误的地理信念，但是不能否认的是，他完全具有作为欧洲酒的品酒专家所需的能力、权威或资质，有能力出庭作证并检验样品。因此，当他诚恳地陈述基安蒂葡萄酒是波尔多葡萄酒时，他实际上满足了 KS 以及 KS *，但知

---

[1] Graham, P. J., "Transferring Knowledge", *NOÛS*, 34：1，2000，p. 131.

[2] Graham, P. J., "Transferring Knowledge", *NOÛS*, 34：1，2000，p. 131.

识仍然没有得到传递，因此，KS * 也是错误的。①

格雷厄姆提出的 IN 修正方案是说者应该具备的充分条件是，说者对 p 的陈述承载着信息 p，并且这才是说者知道 p 的含义。当说者知道 p 并诚恳地向听者陈述 p 的时候，这种陈述就承载着信息 p。如果听者相信并理解了说者对 p 的宣称，那么，在通常情况下，听者的认知状态也将承载着信息 p。于是，信息 p 的传递就是这样完成的。②

概而言之，由于科迪等人所认为的知识就是得到辩护的信念，所以他们更多的是诉诸一些外在化和社会化的辩护标准，来完成从信念到知识的转变。相比之下，格雷厄姆方案的特点是把知识辩护和传递内在化了，在他看来，如果说者的信念和陈述的基础是有误的，那么，说者的信念和陈述中就不承载信息 p。但是，他的 IN 方案实际上还是对 KN 的补充，即对说者知道 p 的含义的再解释。

第三节　传递什么?

一　知识还是信念?

在第二节的讨论中，我们已发现，知识传递中的第一大难题是：知识传递应以信念为中心，还是应以知识为中心，即传递的是知识还是信念。这里有两种对立的观点。

大多数认识论者认为，知识就是一种信念。因而，在知识传递定义的问题上，他们主张以信念的交流为核心来定义知识传递的过程。比如，弗里克认为知识的传递过程是这样的，"一个相信 p 并希望传递这个信念的说者，宣称 p；他的听者，一位听者，观察并理解了这个宣称，也就是说，听者认识到这是一个语言行为，于是，他也开始相信 p"③。据此，弗里克提出，作为一种知识传递理论的陈词认识论的任务是：确认听者以他人话语为基础的信念在什么情况下是可以成为知识的。

---

① Graham, P. J., "Transferring Knowledge", *NOÛS*, 34：1, 2000, pp. 139 – 140.

② Graham, P. J., "Transferring Knowledge", *NOÛS*, 34：1, 2000, pp. 139 – 142.

③ Welbourne, M., "Testimony, Knowledge and Belief", in B. Matilal and A. Chakrabarti (eds), *Knowing from Words*, Dordrecht：Kluwer, 1994, p. 306.

　　这种定义的优点是：首先，它与实际传递过程相符。传递完成的标志，就是听者相信了说者所相信的。其次，它适用的范围更广，因为它不要求所传递的内容必须是真的。例如，"地心说"是不正确的，但这并不妨碍中世纪的传教士传播它，也不妨碍听者接受它。

　　但是，部分学者不同意以上观点，例如，威尔伯纳提出了以知识为核心的知识传递："一个诚恳的说者，知道 p 并且就知识而言，说了一个表达性的语句'p'。听者，他过去对 p 是无知的，而现在他理解并相信了说者，于是现在听者和说者都知道了 p。"[1] 他认为，弗里克的知识传递理论是以信念为核心的，而他的理论是以知识为核心的。

　　威尔伯纳认为，以信念为核心的知识传递存在着两个不容忽视的问题。首先，说者告诉听者 p，而听者相信说者相信 p，但听者本人却不相信 p。这就如同无神论者可以相信基督徒相信上帝，但他们自己却不相信有上帝。所以知识的概念总是小于信念概念的，而且对知识的要求总是大于对信念的要求的。其次，在下面这个例子中，我们会看到把知识与信念完全等同的恶果。"假设有一位教授，他强烈地预感到某个信念 p，他知道没有关于 p 的证据，p 只不过是一个预感，但是这个预感是如此强烈。尽管 p 不是他拥有充分的证据可以教授的内容，但他还是决定把 p 植入学生的信念中，从而让学生的信念变得更好。因此，他把 p 告诉学生，而学生把 p 与那些真实的事实一起记到了笔记本上。"[2] 这时，由于学生相信教授的诚实性和权威，所以他们会以为自己获得了新知识。而"这正是对告知或教育制度的滥用。"[3] 所以，他认为，作为知识传递理论的陈词认识论，必须把知识传递与伪装成知识的信念传递区分开。

　　与此争论密切相关的另一个争论是在传递知识或信念的过程中，辩护是否同时得到传递？我们是否将伴随着知识或信念的辩护同时传递给了听者呢？或者说，听者在接受的过程中是否形成了不同于说者的辩护？

---

　　[1]　Welbourne, M., "Testimony, Knowledge and Belief", in B. Matilal and A. Chakrabarti (eds), *Knowing from Words*, Dordrecht: Kluwer, 1994, p. 302.

　　[2]　Welbourne, M., "Testimony, Knowledge and Belief", in B. Matilal and A. Chakrabarti (eds), *Knowing from Words*, Dordrecht: Kluwer, 1994, p. 309.

　　[3]　Welbourne, M., "Testimony, Knowledge and Belief", in B. Matilal and A. Chakrabarti (eds), *Knowing from Words*, Dordrecht: Kluwer, 1994, p. 309.

换一种说法，陈词是否产生辩护？

二　辩护能否传递？

这里有两种对立的观点，一种是传递辩护（transmissional justification）的观点，在传递知识的过程中，辩护也同时传递给了听者。例如，柏格认为，听者为了获得知识就必须拥有说者的辩护，"因为如果说者相信一个命题，或者一个命题不是真的，或者说者没有获得辩护，那么，接受者就不可能知道该命题。接受者依赖由对话而来的授权本身不足以构成知识。特别地，接受者依赖说者所拥有的辩护和授权。接受者至少部分地依赖说者的辩护和授权，否则，他接受到的信念不是知识"①。

传递辩护的观点所依据的理由是，陈词辩护类似于记忆辩护。根据记忆辩护，S 对 p 的后来信念得到辩护，当且仅当该信念与 S 对 p（p 本身是得到辩护的）的先前信念存在着一个记忆的连接。记忆并没有从无中"创造"辩护，而仅仅将辩护从同一个人的某个时间段传递到另一个时间段。

传递辩护的概念不仅仅要求，"H 得到辩护地接受 S 对 p 的陈述"，即充分宣称中对听者的要求，而且它还要求听者所获得的辩护也就是说者所拥有的辩护。要求听者知道说者是获得辩护的，也就是要求听者知道或把握说者对 p 的辩护理由，但是果真如此，听者也就没有必要依赖说者的陈词了。在处于怀疑中的指路者案例中，杰姆不知道简没有获得辩护，但他似然获得了知识。在第六章第二节恺撒的早餐中，说者对 p 所拥有的辩护与听者对 p 所拥有的辩护通常不是同一个辩护。

对立的观点是反传递辩护的观点。这种观点认为，知识与辩护是分离的，知识可以从说者传递到听者，但辩护却没有从说者传递到听者，听者所拥有的辩护是在传递的过程中产生的。例如，奥迪认为，存在着一个"不对称：我不能给你我所没有的知识，但是我却可以给你我所没有的辩护。……在我是可信的但陈词是虚假的情形中，你获得辩护地相信我所说的，我并没有将相信我所说的辩护传递给你，正如我本身并不拥有一样。准确地说，我对命题的作证方式，加上你对我的背景和环境

---

① Burge, T., " Content Preservation", *Philosophical Review*, 102, 1993, p. 486.

的理解，给了你这种辩护，它独立于我本身是否拥有辩护。"①

在奥迪看来，知识与辩护的这种不对称性对应着两个原则，"以陈词为基础的辩护原则：倘若听者能获得辩护地认为说者在作证的命题上是可信的，那么，至少以陈词为基础的信念就获得了辩护（在陈词的基础上获得辩护）。以陈词为基础的知识原则：倘若说者知道所说的命题并且听者没有理由怀疑这一命题或怀疑说者对这一命题的可信性，那么，至少在正常的情况下，以陈词为基础的信念就构成了知识"②。

古德曼举了一个例子用以批评传递辩护的概念。"事实上，存在着质疑陈词辩护中的传递概念。考虑这样一个案例，10 位证人目击了某一个特定的事件，但事件发生在黄昏，所有证人都没有完全看清楚相关的细节。对这一事件，每一位证人都相信命题 p，但没有人完全获得辩护地相信 p。基于自己的亲身观察，10 位证人各自独立地告诉听者 H，p 是怎样的。那么，H 对 p 的信念是完全获得了辩护的吗？根据传递辩护的概念，H 不可能有一个完全充分的陈词辩护，原因是说者本人没有完全的辩护，他不可能将他所没有的辩护传递给听者。不过，H 似乎能够完全得到辩护地相信 p，因为 H 可能有正当的理由认为，10 位观察者是互相独立的，如果这一事件不是真的，那么，10 位证人完全不可能获得相同的判断。"③

传递辩护的拥护者也许会对此作以下的反应：假设 H 在这里获得了完全的辩护，但是这种辩护并不是（纯粹的）陈词辩护。毕竟，使 H 得到完全辩护地相信 p 的部分内容是他的关于 10 位证人之间的相互独立的辅助信息。传递辩护的拥护者可能会将他们的理论仅仅局限在纯粹陈词辩护的范围内，该理论将不适用以上案例。不过，古德曼认为，如果听者所使用的任何辅助信息使得一个案例不再具备纯粹陈词辩护的资格，那么，也许将极少存在纯粹陈词辩护的案例，果真如此，那么，传递理

①　Audi，R.，*Epistemology：A Contemporary Introduction to the Theory of Knowledge*，London：Routledge，1998，p. 138.

②　Audi，R.，*Epistemology：A Contemporary Introduction to the Theory of Knowledge*，London：Routledge，1998，p. 140.

③　Goldman，A.，*Pathways to Knowledge：Private and Public*，New York：Oxford University Press，2002，p. 203.

论将变成一个令人乏味的理论。一个有趣味的理论应覆盖陈词辩护的整个领域，但是上述纠正反例的规则却使其成为不可能。

在正常条件下，知识是可以成功地得到传递的，也不会因传递而变质。成功的知识传递究竟需要什么条件？可以确定的是：在说者方面，首先，说者必须拥有知识 p，虽然说者可以不相信 p，但说者的陈述 p 必须与事实 p 有必然联系；其次，说者必须是诚恳的；最后，说者必须具备相应的能力、权威或资质。在听者方面，听者必须获得辩护地接受说者的陈词，其实就是对说者的信任。

但在传递中还涉及其他一些有待进一步研究的问题，例如，说者的能力、权威或资质在知识传递中的作用是什么，以及起到多大的作用？例如，院士作科普宣传和科普职业者作科普宣传的效果显著地存在着差别，那么，这种差别是如何形成的呢？在这里，知识与辩护相分离的观点也许更具解释力，也就是说，即使在宣传同一个知识，面对不同宣传者，听者所产生的辩护是不一样的。[1]

在传递的过程中，传递的是什么，知识还是信念？我们认为，应当是知识。与此同时，在陈词传递中，我们赞成知识与辩护是可以分离的，对于同一个知识 p，说者所拥有的辩护与听者所拥有的辩护可以不是同一个辩护。

目前国内主要是从社会学、管理学和传播学的角度讨论科学传播问题，忽略了认识论层面上对这个问题的讨论。这导致在传播内容上，忽视了对知识本性和支撑知识的信念的讨论；而在传播机制上，忽视了对信任、诚实性、能力、权威与资质等重要的传播要素的讨论。本章希望能弥补以上不足之处。

---

① 徐献军、丛杭青：《论知识传递》，《科学学研究》2005 年第 3 期。

第 九 章

科学实践中的专家陈词与信任

非常有趣的是，与认识论学者对陈词认识论的讨论相对应，科学哲学、科学史、科学社会学和伦理学学者也同样热烈地讨论陈词问题，并且持续至今。这种讨论有两个最大的特征：一是多学科学者的参与，二是集中地讨论科学实践中的陈词以及由其引发的信任问题。

科学中的陈词和信任问题也是科学知识社会学所热衷讨论的问题，尽管结论性的论题有类似之处，但在知识的概念和方法上存在着重大的差别，所以很难将它们归并到一起来讨论。本章主要在认识论和科学哲学的意义上讨论这个话题。在这种意义上，东田纳西州大学哲学系的哈德维格 1985 年的论文"认识的依赖"成为这种讨论的起点。

第一节 外行对专家的依赖

一 不持有证据的知识

与前面几章中所讨论的"获得辩护的真信念"的知识概念相比，哈德维格的分析所基于的知识概念是一种"基于证据的真信念"。[①]

哈德维格讨论的是命题知识。假定存在好的理由去相信一个命题 p，那么我们相信 p 的好的理由是什么？对这个问题的回答通常是诉诸证据的术语，"证据"大致地定义为"确定 p 真的任何事（比如，合理的论据

---

① 这种知识的概念（或定义）源自齐硕姆的《知识论》。尽管这种知识的概念是有争议的，但它却是认识论中几种标准的知识概念之一。

以及事实信息)"①。但是，尽管存在着 p 真的证据，但是，这并不意味着每个人都拥有或能够拥有这种证据。例如，SARS 病毒是冠状病毒就是这样一种命题知识，除了极个别的科学家（或科学家团队）拥有其真理性的证据外，其余绝大多数人不拥有或没有能力拥有这样的证据。

在现实生活中，这种情形是十分普遍的，我们所拥有的绝大部分知识就是属于这类个人并不持有证据的知识。例如，吸烟导致了肺癌，温室效应导致了全球气候变暖，大众媒体威胁了民主，核工厂并不足够安全，我们相信一系列事情，尽管我们并没有拥有它们的真理性的证据。这个列表是无穷的，但我的能力却是十分有限的，虽然我很乐意设想我应当获取支持这些信念的证据，而我不能想象对所有信念都这么做。

"假定一位专家 A 有好的理由（拥有证据）相信 p，但是一位外行 B，却并没有好的理由相信 p。在这种证据的意义上，B 没有理由相信 p。不过，也假定 B 有好的理由相信 A 有好的理由相信 p，那么 B 有好的理由相信 p 吗？"② 例如，钟南山（A）拥有 SARS 冠状病毒（p）的证据，我（外行 B）不拥有钟山南（A）所拥有的证据。在这种情况下，我对 p 的信念仅仅是一个纯粹的信念，还是一种知识？

当然，不能否认的是，我们的为数众多的类似上述的信念是理性的，我们能够获得辩护地将它们作为知识。如果这一点是肯定的，那么 B 的信念在认识上是诉诸 A 的权威和以 A 的信念为基础的。这样，"我们面临一种非常奇怪的理由：虽然 A 的证据可以确立 p 的真，但是，B 相信 p 的理由却不是 p 的真理性的证据，一种不构成 p 的真理性的理由"③。

根据常识的科学观念，也许有人会认为，B 可以对 p 进行研究，以亲自获取 p 的证据，但是，在 B 能够从事必要的研究之前，强化训练和特殊的能力也许是必要的。缺乏这种训练和能力，B 可能不能理解 A 的理由，或者，即使他理解，但他也许并不能把握为什么它们是好的理由。

"科学的通俗概念声称，科学是一个任何人都能亲自核实的可观察事实的集合。……在专家知识的案例中，我们看到这一点并不属实，并且，

---

① Hardwig, J., Epistemic Dependence, *Journal of Philosophy*, 82, 1985, p. 33.

② Hardwig, J., Epistemic Dependence, *Journal of Philosophy*, 82, 1985, p. 336.

③ Hardwig, J., Epistemic Dependence, *Journal of Philosophy*, 82, 1985, p. 337.

在物理科学中这也不属实。例如，首先，一个外行不可能使用设备来检测在天文学或化学中的事实陈述。即使假定他或许能够摆弄化学实验设备，但他也不可能知道如何使用仪器设备，在能够从事一个孤立的观察之前，他很可能会将仪器设备损坏到无法修补的程度；假设他成功地作了一次观察来核实一个科学的陈述，并发现他所观察到的与专家的陈述相矛盾，但他很可能会假定是他自己犯了一个观察的错误，正如学生在实验室学习使用设备时通常犯的错误一样。"①

于是，如果外行 B（1）没有从事为他的信念 p 提供证据的研究，（2）无能力，并且甚至不可能有能力去从事这样的研究，（3）不能评价由专家 A 的研究所提供的证据的价值，并且（4）甚至不能理解证据以及它们如何支持 A 的 p 信念，既然如此，B 能够有什么样的好的理由相信 A 有好的理由相信 p？

从知识传递的角度看，专家 A 对 p 的理由与外行 B 对 p 的理由不是同一个理由，用辩护的术语说，当专家 A 将知识 p 传递给外行 B 时，专家通常无法将自己所拥有的辩护传递给外行。事实上，外行通常是无法独自地拥有专家所拥有的辩护，否则，依赖专家获取新知识也就毫无意义了，应该说，外行所拥有的理由或辩护是在知识传递的过程中产生的。

二　陈词原则：我的理由与专家的理由

哈德维格认为，尽管我们不拥有专家的理由，但我们却是能够合理地接受专家的意见，并且我们并没有因此而变得非理性。如何在认识上对此进行说明呢？他提出了一个陈词原则：

"（T）如果 B 有很好的理由相信 A 有很好的理由相信 p，那么 B 就有很好的理由相信 p。"

"这个原则大体上足以把握外行诉诸专家理智权威的认识结构。"但是，对于研究人员的认识结构，或者研究人员在他们自己的专业领域内的认识结构，则需要一个更强的陈词原则：

---

① Hardwig, J., Epistemic Dependence, *Journal of Philosophy*, 82, 1985, pp. 338 – 339.

"（T′）如果 B 知道 A 知道 p，那么 A 知道 p。"①

T 和 T′所陈述的原则明显地与传统的认识论是相矛盾的，认识论的训练导致我们去质疑：如果 B 本身不事先知道 p，那么 B 又如何能够知道 A 知道 p？除非 B 本人具有这些理由，并且知道它们是好的理由，否则，B 又如何能够知道 A 有好的理由？

当然，B 能够从 A 处知道，但是 B 如何能通过 A 知道呢？

为了获得辩护地相信 p，B 诉诸 A。"为什么？很清楚，诉诸他人陈词的关键之处是他人知道我们并不知道的事。如果不是这样，那么以陈词为基础将是无价值的，因而是无理性或非理性的。对 A 的诉诸必须能够强化 B 相信 p 的理由；B 现在至少部分地知道 p，因为他知道 A 知道 p。"②

事实上，只要相关的证据变得太庞大或者太复杂以至于任何一个人都不能去收集，那么部分地基于第二手证据之上的信念在认识上将是优于完全基于直接的经验证据基础上的信念。在许多情况下，一个人只有通过陈词的方式才可能拥有足够的证据。

为了算作对 p 的合理的陈词证据，陈词必须很好地发挥作用。但是，"当陈词很好地发挥作用时，以陈词为基础的信念通常不是，像传统认识论所认为的，一个贫乏的、对于直接证据而言是次要的信念，相反，在认识上以陈词为基础的信念通常是优于完全以直接的、非陈词证据为基础的信念。"③

陈词证据有其缺陷也有其优点，并且它们起源于相同的特征：为了使陈词发挥作用，B 不能已经有 A 的理由。所以，如果 B 在 A 如此说的基础上接受 p，那么使得 B 的信念得到辩护的那些理由（A 的理由）是 B 所不具有的理由。如果 B 能够独立地拥有 p 的理由，那么他也就没有必要依赖 A 了。

---

① Hardwig, J., The Role of Trust in Knowledge, *Journal of Philosophy*, 88, 1991, pp. 667 – 668.

② Hardwig, J., The Role of Trust in Knowledge, *Journal of Philosophy*, 88, 1991, p. 668.

③ Hardwig, J., The Role of Trust in Knowledge, *Journal of Philosophy*, 88, 1991, p. 668.

三　外行的困境：盲目地相信专家

这样，B 对 p 的知识的盲目性就在于：使 p（和 A 关于 p 的信念）成为正当的所必需的那些理由是 B 所不具有的理由。

现在，假定 B 不知道/无法具有 A 的理由，B 的立场如下：

（1）B 知道 A 说的是 p。

（2）B 相信（且有充分理由相信?）A 在真实地说，比如，A 正在说他所相信的事情。

（3）B 相信（并且有好的理由相信?）A（不像 B）所处的状态，首先，A 知道什么是相信 p 的好理由，其次，具有所需要的理由。

（4）B 相信（并且有好的理由相信?）A 事实上有好的理由相信 p，当他认为他相信的时候。[①]

哈德维格认为，站在专家 A 的立场上，虽然专家对 p 的认识和向外行 B 提供好理由是两回事，但是，这两者又是密切相关的。第一，除非 A 相信他所说的，否则 A 关于 p 的知识将不会使得 B 有一个好的理由相信 p，这样，B 的好理由依赖于 A 是不是诚实的。第二，A 必须首先胜任专家工作，在他的专家意见领域内，他必须熟知什么是合理的理由，同时，A 必须尽职地从事他的工作。第三，A 必须有"适当的认识自我评价"，以及具有不自欺的倾向。[②]

事实上，外行与专家之间的关系仅是知识传递的一个特例，因此，在原则上服从于知识的传递原则。据此，哈德维格对专家的第一条要求是过高的，并不见得专家要有相信 p 的好的（获得辩护的）理由，专家才能将 p 传递给外行。这是因为，外行通常是不能鉴别什么是专家所拥有的好的理由，什么是差的理由。第二条要求其实就是后来科迪所概括的说者的"能力、权威或资质"。第三条要求也就是对说者的诚实性要求。

站在外行 B 的立场上，如果 B 不是亲身知道 A，那么就存在着两种策略去确定 A 和他的陈词的可靠性。第一种策略是，B 通常能够发现独

[①] Hardwig, J. , The Role of Trust in Knowledge, *Journal of Philosophy*, 88, 1991, p. 669.

[②] Hardwig, J. , The Role of Trust in Knowledge, *Journal of Philosophy*, 88, 1991, p. 670.

立于 A，并且对 p 有独立见解的 C（D、E…）。如果 C、D 和 E 确证了 A 的陈词，那么 B 将有合理的理由去相信它。

第二种策略是向那些的确知道 A 和他的工作质量的人去核实。这种策略可以通过扩展的陈词策略得以表达：B 有合理的理由相信，C（也包括 D、E…）有合理的理由相信 A 有合理的理由相信 p。于是，我们就有下述陈词链："B 有好的理由去相信 C 有好的理由去相信 A 有好的理由相信 p。"① 不过，通过诉诸这样的权威链的方式，外行并没有避免对专家的依赖，并恢复认识的自治，而仅仅是扩展和更新了这种依赖。

哈德维格所讨论的这两种策略也就是我们将在第十章中分析的新手抉择专家意见的两种依据：数量原则和元专家。第一种策略也就是诉诸其他专家（多数票）的策略，第二种策略是诉诸元专家对公认专家的评价。

于是，上述陈词原则可作如下的扩充："B 相信 p，或者是因为 B 有好的理由相信 A 有好的理由相信 p，或者是因为 B 有好的理由相信 C 有好的理由相信 A 有好的理由相信 p。"但是，在任何一种情况下，B 无法具有充分的好的理由相信 p 或者去相信非 p，换句话说，外行不能理性地尊重或拒绝专家的观点。②

针对外行的困境，古德曼说："新手缺乏相信专家意见的专家理由，这是对的。通常，（1）新手缺乏专家用来推出结论的所有的或部分的前提；（2）新手不能评价专家的前提和结论之间的支持关系；（3）新手不知道对专家意见的否定。"③

以上的分析基于这么一个假设前提：外行与专家之间的关系是具有普适性的。对这一假设的论证可以借鉴普特南的语言劳动的社会分工理论，以及基特奇尔的认知劳动分工理论，我们在此暂不作进一步的论证。

---

① Hardwig, J., The Role of Trust in Knowledge, *Journal of Philosophy*, 88, 1991, p. 701.

② Hardwig, J., Epistemic Dependence, *Journal of Philosophy*, 82, 1985, p. 340.

③ Goldman, A., *Pathways to Knowledge：Private and Public*, New York：Oxford University Press, 2002, p. 149.

第二节　陈词证据与团体证据

在哈德维格的分析中，事实上存在着三种证据的概念。我们可以分别称其为，个人主义的证据，陈词证据，以及团体证据。个人主义证据观认为，知识是个人占有的，而个人又是通过亲自占有资源的方式拥有知识的证据，他人的陈词不能作为知识的证据。这种证据观显然是传统哲学认识论所预设的。

一　陈词证据

高能物理学案例

1983 年美国物理学学会会刊刊登了一篇署名为 99 人的测量粲夸克（J 粒子）的论文。该论文是一个耗资一千万美元记录粲粒子事件并测量粲粒子寿命项目的一个子项目的阶段性实验结果。资金投入后，为了制作必需的设备和对设备进行必要的改良，在斯坦福直线加速器上大约每年 50 人投入工作。数据收集后，实验者们按地理位置划分成五个小组来分析，其中承担三分之一数据分析任务的"西海岸组"（分布在三个大陆）包括了 40 位物理学家和技术人员。这一数据分析任务涉及检测 250 万画面，测量 30 万引起注意的粒子事件。明显地，没有任何一个人能够做这个实验，事实上，甚至没有一个大学或国家实验室能够单独从事该实验。[1]

田纳西大学物理学教授，粲粒子论文的作者之一巴格认为，论文的许多作者甚至不知道论文中的某一个特定数字是如何获得的。99 位作者代表了粒子物理学领域中的不同专业，既有从事理论物理学的研究者又有从事实验物理学的研究者，由于研究的专业方向各不相同，他们相互之间无法核实对方的工作，只能在信任的基础上接受对方的工作。对于粒子寿命的结论，任何一位作者都不拥有完全的证据。

在这个案例中，数据资料的收集和分析的过程花费太长的时间以至于任何一个人都无法完成。即使一个人知道的足够多，活得足够长来做

---

[1]　Hardwig, J., Epistemic Dependence, *Journal of Philosophy*, 82, 1985, p. 346.

这项实验，但这样做绝对是没有任何意义的。因为科学的发展是如此之快，以至于任何一位单一的实验者根本不可能通过实验做出贡献。在论文发表的时候，巴格估计，三年内其他团队将能提供一种更好的测量技术，五年后他们的论文将不再有影响。五年后，他的预言得到了证实。

人类基因组测序案例：249 位论文作者

应该说，最近大规模的团体合作发生在基团测序中。著名的《自然》杂志在 2001 年 409 卷（2 月 15 日出版）刊登了一篇长达 62 页的论文"人类基因组的最初测序及分析——国际人类基团组计划"。[①] 论文所列参考文献为 452 项。论文正式作者为 249 人，分布在 48 个研究机构中；参加/合作（affiliation）作者 1900 人，分布在数百个机构中；为论文提供实质性贡献的有数千人。作者和合作作者所属的国家/地区有美国、英国、日本、中国、德国、以色列、法国和爱尔兰。在作者群中有杨焕明等五位中国作者。我并不了解基因测序中的合作详情，但可以肯定的是，任何一个人都不可能对论文的结论拥有全部的证据。

哈德维格认为，也许可以用"代理知识"来描述这种网络化的证据链：

"A 知道 m。

B 知道 n。

C 知道（1）A 知道 m，并且（2）如果 m，那么 o。

D 知道（1）B 知道 n，（2）C 知道 o，并且（3）如果 n 并且 o，那么 p。

E 知道 D 知道 p。"

在这种情形下，D 或 E 知道 p 吗？或者说，p 能被某一个人知道吗？在这里，哈德维格提出一个人能否"代理地"知道的问题。[②]

我们认为，代理知道也就是我们前面讨论过的第二手的知道。在当代科学中，第二手的知道本身是科学的一个本质特征。科学本身就在于

[①] International Human Genome Sequencing Consortium. Initial sequencing and analysis of the human genome, *Nature*, Vol 409, 2001, pp. 860 – 921.

[②] International Human Genome Sequencing Consortium. Initial sequencing and analysis of the human genome, *Nature*, Vol 409, 2001, p. 348.

创新，增加人类知识总量。如果一个人事事都要拥有第一手证据，处处核实他人的陈词，那么他就不可走在科学的前沿。"当听从专家的权威是适宜的时候，试图亲自去观察和推理是非理性的。"①

哈德维格的陈词证据的革命性在于，个体认知者不必为他的知识拥有直接的证据。但是，他的保守性在于，只有个人占有知识，认知的主体是个人，而不是团体。在这种意义上，哈德维格的陈词证据是一种个人主义的证据观。

二 团体证据

专业化和团队化是绝大多数现代知识获取过程中的不可或缺的特征。这一观点不仅仅适用"发现的情景"，也适用于知识的"辩护的情景"。例如，法国数学家德布兰格斯对比贝尔巴赫猜想（Bieberbach conjecture）的证明，这一证明是在不同专业（复杂分析和超几何分布函数）的科学家合作下才完成的。

在比贝尔巴赫猜想复杂的证明步骤中，数学家仅仅只能核实与本专业相关的部分。没有哪一位数学家能对所有的证明步骤进行辩护。熟悉超几何分布函数的那些人并没有能力核实涉及复杂分析的证明，熟悉复杂分析的人却并不能核实涉及超几何分布函数的证明。虽然在理论上并不排除一位数学家可能拥有不同的数学专业知识去掌握证明的所有步骤，但是从认知劳动分工来看，这样做显然是没有任何意义的。正如一位粒子物理学家永远也不可能对繁粒子寿命的论断拥有充分的辩护一样，没有那一位数学家对比贝尔巴赫猜想拥有一个充分的辩护。②

也许 p 是可知的，但不是被任何一个人，而是由 A、B、C、D 和 E 所构成的团体所知。也许 D 和 E 并没有获得授权地说，"我知道 p"，而仅仅是说，"我们知道 p"。"这种共同体并不能还原为个人，因为没有哪一个人个别地知道 p。"与此相对应，存在着团体证据（collective evi-

---

① Matilal, B. K. & Chakrabarti, A., Introduction, In B. K. Matilal & A. Chakrabarti (Eds.), *Knowing from Words*. Dordrecht: Kluwer, 1994, p. 2.

② Hardwig, J., The Role of Trust in Knowledge, *Journal of Philosophy*, 88, 1991, p. 695.

dence），这些证据的持有者是团体而不是个人。① 团体证据显然是富有创造性的，但是，很遗憾的是，哈德维格到此止步了。

应该说，团体证据明显地与团体辩护相关。1994 年施密特研究过团体辩护，1995 年塞尔对集体性意图的研究应该是探索团体辩护的一个有益的尝试。② 对于团体证据以及团体辩护，在认识论界存在着不小的阻力。非常典型的是波普尔的"三个世界"理论，波普尔甚至构造出一个无认知主体的世界 3。与波普尔不同，以古德曼和基特奇尔为代表的传统认识论学者，他们认为可以从个体的角度出发研究个体与个体之间的认知关联，而不必假设存在一个不可还原的集体性的认知主体。

第三节　以信任为基础

一　作为知识基础的信任

虽然以陈词为基础的信念的有效性起源于这样的事实：B 没有，通常甚至无法具有 A 相信 p 的理由，这一事实也揭示了 B 对 A 的陈词的依赖必须包括对 A 的依赖。在 B 根据 A 的话语有好的理由相信 p 之前，似乎 B 必须至少知道 A 在道德上和认识上是可靠的。但是，科学家们通常依赖他们并不亲自知道的陈词源，例如，对来源于文献中的陈词的依赖。正是因为这种对陈词源可靠性的"盲目的"依赖使得这种依赖行为是一种道德上的信任：假定陈词源在道德上是可靠的，在认识上是负责的。

哈德维格在 1991 年回应其他批评者的论文"信任在科学中的作用"一文中，他确认了这一观点，在论文的开头，他说信任必定是"至少部分地盲目"③。接着他谈到基于信任的知识，并因而认为信任是盲目的④，在这里，他没有再使用量词"部分"。我们赞成信任作为知识的基础之一，但反对将其看作盲目的。即使在外行与专家的情形中，外行对专家意见的依赖并不见得是盲目的，我们将在第十章中分析这一个问题。

---

① Hardwig, J. , Epistemic Dependence, *Journal of Philosophy*, 82, 1985, p. 349.

② 王海英、丛杭青：《塞尔论社会实在的建构》，《自然辩证法研究》2004 年第 10 期。

③ Hardwig, J. , The Role of Trust in Knowledge, *Journal of Philosophy*, 88, 1991, p. 693.

④ Hardwig, J. , The Role of Trust in Knowledge, *Journal of Philosophy*, 88, 1991, p. 669.

在认知工作中，信任为什么是必需的？现代科学知识日益地并且不可避免地是一个高度合作的事业。[1] 合作，而不是理智的自我依赖，对于任何一个科学共同体中的成员都是重要的品德。但是，认识上的合作仅在对他人陈词依赖的基础上才是可能的。

于是，科学不是与其他的合作性事业完全不同的事业：科学陈词的可靠性，像其他绝大多数陈词的可靠性一样，最终依赖于陈词源的可靠性，或依赖于那些确保陈词源可靠性的可靠性。

在哈德维格看来，作为结果，科学知识依赖科学家的道德的和认识的品德。所以，并非不需要"硬数据"和逻辑论证，而是因为通过陈词以外的任何手段，相关的数据和论证太广博且太专业以致无法拥有。"通常一个科学共同体除了信任（包括对它的成员的信任）之外没有其他的选择。"[2]

"这样我们就得到了奇怪的认识论结论：我们许多理性的信念不仅仅依赖我们自己的品德，同时也依赖其他人的品德；我们许多理性的信念依赖其他人所说的，因而是在我们个人控制的范围之外的。"[3] 作为外行，为了使我们的信念获得合理的辩护，我们不得不依赖他人。

这也许让人感到奇怪，其原因在于，它与我们的传统的认识论观念不一致。"二十世纪英美哲学盛行的教条是，认识论比伦理学更基本。根据这种观点，伦理必须满足认识论的标准。"[4] 在传统的认识论看来，当我们知道的时候，我们不需要信任；当我们无知的时候，我们才需要信任，信任被作为无知的代名词。

当然，伦理的断言必须满足认识论的标准，这一提法仍然为真。但是，如果我们大部分知识依赖于对陈词源的道德品德的信任，那么知识也必定依赖道德，认识论也必将召唤伦理。为了能够算作知识（或者作为理性的信念），许多认识的断言必须满足伦理的标准。如果它们不能经受伦理的召唤，那么它们在认识上将是失败的。

---

① 丛杭青、王华平、沈琪：《合作研究与认识论评价》，《科学学研究》2004 年第 5 期。

② Hardwig, J., The Role of Trust in Knowledge, *Journal of Philosophy*, 88, 1991, p. 706.

③ Hardwig, J., The Role of Trust in Knowledge, *Journal of Philosophy*, 88, 1991, p. 700.

④ Hardwig, J., The Role of Trust in Knowledge, *Journal of Philosophy*, 88, 1991, p. 708.

韦布赞成哈德维格的上述分析，但他认为，"他走得不够远。他所提出的信任在科学中的必要性的理由，也是信任在更加基础、更加基本的和更加普遍的认识实践中的必要性的有力理由"。这是因为，"如果想获取超出个人直接经验以外的有益的知识，那么这种信任就是必需的"①。

对于信任的地位与作用，在《十七世纪英格兰的科学与文化》一书中，谢平的考察是系统的和全面的。他认为，现代认识论通常是通过拒绝信任来定义合理的知识。在认识论学者看来，"如果我们说我们在信任的基础上知道某事，那么我们就根本不被认为具有真正的知识。将对世界的知识基于信任之上是愚蠢的，……信任或权威是与科学的概念相对立的。"波普尔堪称这种认识论在当代的典型，"人们在真理的事上诉诸权威是不必要的，因为每一个人自身就具有知识的来源"。"知识被认为是独立的个体对世界的直接认知，对他人观点的依赖将导致错误。"②

谢平认为，信任不仅构成了社会秩序的基础，而且也构成了知识秩序的基础。他举了一个"怀疑的实验"以反证法的方式来说明信任的基础地位。对于事实命题"DNA中包含胞嘧啶"的命题知识，并不见得我们每个人都能够在直接经验的基础上或在核实的基础上对它拥有知识。在认识论学者看来，另一些人拥有直接的经验，并能进行核实。这样，就把人划分成两类：外行与专家。暂且不去质疑外行是如何获得这个事实命题知识的，假设我是专家群中的一个成员，专家被认为是无须信任就能亲自核实的。我从哺乳动物身上提取细胞，并对它做化学分析，至此，我算是直接核实。接下来，对细胞进行冷冻培养，萃取样本……在这一系列复杂的实验中，我使用了许多涉及化学、生物学、生理学和物理学的标准、方法、概念和假设，对于它们本身的可靠性，我确实没有（并且也无能力）进行过核实。尽管如此，我还是能算作对该命题有直接经验的人，在这里，信任是我能够拥有该命题知识的前提。③

---

① Webb, M. O. Why I Know About As Much As You: A Reply to Hardwig, *Journal of Philosophy*, 93, 1993, p. 260.

② Shapin, S., *A Social History of Truth: Civility and Science in Seventeenth-century England*, Chicago & London: University of Chicago Press, 1994, p. 16.

③ Shapin, S., *A Social History of Truth: Civility and Science in Seventeenth-century England*, Chicago & London: University of Chicago Press, 1994, pp. 17 – 20.

在认识论上，对信任的地位与作用的分析可以沿着普特南的"语言劳动的社会分工"这个思路进行。以金子为例，即使英语共同体的成员不用亲自区分真假，也能够可靠地使用"金"这个字。在日常用法中，我们知道有人具有相关的知识并能保证我们要买的珠宝是真的，这就足够了。"金"这个字的意义有许多部分分散在群体中。即使共同体中的极少数成员能够持有这一知识，但知识却是由共同体共享的。在科学情境中的语言用法本身"要求大量的人的合作行为"，而合作需要一种道德纽带。

基特切尔的认知劳动分工理论被认为是对普特南的语言劳动分工理论在认识论领域中的发展。他注意到个人知识根植于他们所处的共同体的权威知识中，而这种权威知识又反过来历史地建立在先前共同体的权威知识之上："不依赖陈词和他人的帮助，我们将会知之甚少。即使在经验科学中，每个人的绝大多数知识也不是建立在直接经验上的，而是建立在与他人交往上的。"①

在科学中存在着认知劳动的分工，在基特切尔看来，外行与专家之间的关系是以信任为纽带的，但是，同行专家之间就有所不同。他认为，科学家追求的是认知最大化，他们会根据产出的需要，理性地确定采纳或抛弃权威和信任。

也有不少学者对信任在认识中的基础地位持反对意见。1994 年阿德勒在《哲学月刊》91 卷第 5 期上发表了"陈词、信任与认知"一文，对哈德维格上述观点提出了批评。第一，对信任的基础观的批评。阿德勒认为，"知识对陈词的依赖"这个观点是模棱两可的，可以将它分为"起源性的依赖或维持性的依赖"，虽然起源性依赖的论断是真的，但是，后一个论断，陈词维系着很多知识的论断，却是不可信的。② "一旦陈词被接受下来，很多资源开始发挥作用，这些资源为信念辩护提供了额外的基础。除非人们相信知识必须保留它的'血统'，否则，就没理由去期待

---

①　Kitcher, P., *The nature of mathematical knowledge*, Oxford: Oxford University Press, 1983, p. 5.

②　Adler, J. E., Testimony, Trust and Knowing, *Journal of Philosophy*, 91, 1994, p. 264.

对陈词的依赖是知识的持久特征。"所以，信任不是知识的基础。①

第二，信任科学家还是相信科学家的话。阿德勒认为，在不信任信息源的情况下，我们可以相信信息源的报告，并且这种信任不是建立在对他的品行评价的基础上的。"就研究而言，B 所关注的是 A 的陈述是正确的，而不是这些陈述源自于可信赖的人物。实际上，我们不是相信写报告的科学家本人，而是相信他写的报告是准确的，或者经过一个彻底的和公正的评价过程后才接受 A 的陈述。"即使 A 是不可信赖的，但是，A 在某一个问题上的陈词有可能是可靠的，是值得依赖的。②

阿德勒的批评其实涉及两个进一步的问题：一是信任与相信/依赖的区分；二是相信一个人的话是否要以信任说者为前提。对于前一个问题，贝尔在"信任与不信任"一文中区分了信任与依赖。他认为，信任是一种特殊类型的依赖：依赖一个人对另外一个人的善意。至于为什么要区分，贝尔宣称，许多时候我们依赖他人但却不信任他人。③

霍布斯认为："'相信'一词之中便包含两种看法，一种是对这个人所说的话的看法，另一种是对这个人品德的看法。信任或信赖某人，所指的是同一回事，也就是一种认为某人诚实的看法。"④ 谢平同样也区分了信任（trust）与相信（believe），信任是对人而言的，相信是对事而言的。谢平主张相信什么样的问题在很大程度上是一个信任什么样的人的问题，在皇家学会中，宽泛地说，这个问题的答案是：绅士。因为他们的道德品质，所以绅士是可信赖的。在绅士文化中，陈词的可靠性被还原到人的道德品质上。我们总是先相信实验科学家，然后再相信他们对某种实在的论断，尽管我们对这种实在没有直接的经验。"科学家们能够通过知道信任谁的方式来认识自然世界。"⑤ 其实，这个问题与另一个有争议的问题相关：信任是在伦理意义上的还是在策略意义上的。

① Adler, J. E., Testimony, Trust and Knowing, *Journal of Philosophy*, 91, 1994, p. 266.

② Adler, J. E., Testimony, Trust and Knowing, *Journal of Philosophy*, 91, 1994, p. 270.

③ Baier, A., Trust and Antitrust, *Ethics*, 96, 1986, p. 234.

④ ［英］霍布斯：《利维坦》，黎思复、黎廷弼译，商务印书馆1985年版。

⑤ Shapin, S., *A Social History of Truth: Civility and Science in Seventeenth-century England*, Chicago & London: University of Chicago Press, 1994, p. 417.

二　信任：基于道德还是策略？

1987 年布莱斯在《哲学月刊》上发表了"认识上的针锋相对"一文。他并不否认信任对于科学是至关重要的，但他认为信任是在策略的意义上的，而不是在道德的意义上的，他反对哈德维格将信任作为科学的道德基础。

他认为科学是一个积累的事业，没有哪一个人能够肩负起整个证据的重担。所以，科学的本质是合作。"如果钱是商业的代名词，那么合作是科学的代名词。"但是，"这种合作并不要求道德的信任。假定信任是相信者的道德品德不是必要的"①。当然，"这并不意味道德品德可以从科学中排除，或者，没有参与者的正直，科学可以发展起来"②。

"假如信任的概念不是在道德意义上的，而是在策略的意义上的，那么在这样的合作中所需的信任可以用囚徒困境中的策略加以说明。即使博弈者并没有优良的道德品质，他们也能在知识事业中合作得很自如。"③他把科学中的合作比作一场博弈，博弈的规则也就是合作的规则，在科学中，合作意味着在知识的游戏中不欺骗，不欺骗他人和被他人欺骗。

欺骗意味着获取短期的最大效益，所以，欺骗的诱惑是很大的。但是，如果结果不能重现，那么它们就会被直接拒绝：个人并不会从中受益。如果结果是恶意伪造的，那么伪造者将会终身从科学团体中开除。作为博弈的规则，同行审查、结果重复和公开发表将使得欺骗难以存在下去。任何一个团体都有一套处理欺骗的有效的策略，同行审议和盲审终将揭露欺骗者。

如果从事研究的个体参与科学团体合作地进行研究，那么合作的规则要求，谨慎地确保结果的正确性。与欺骗相比，这在短期受益可能较小，但从长期看，团体和个体均受益最大化。"无论一个人在道德上可信与否，他都会意识到，长期的收益的权重远远地超过了短期收益的

---

① Blais, M. J. , Epistemic Tit for Tat, *Journal of Philosophy*, 82, 1985, p. 372.

② Blais, M. J. , Epistemic Tit for Tat, *Journal of Philosophy*, 82, 1985, p. 370.

③ Blais, M. J. , Epistemic Tit for Tat, *Journal of Philosophy*, 82, 1985, p. 362.

权重。"①

作为对批评的回应，在"信任在科学中的作用"一文中，哈德维格认为，布莱斯的方案成立的两个前提是，第一，科学家能够侦探出他们同事的非合作行为；第二，对非合作行为的严惩足以起到一个威慑的效果。但这两个前提事实上都是不成立的。②

就同行评议而言，假定提交论文的数量和研究所涉及的复杂性和多样性，那么真正完全合格的同行审议者的数量通常是不够的。进而言之，一个前后一贯的伪造是不会被评审者所发现的，因为他们通常不去审核原始资料或收集原始数据。

就重复而言，"疏忽的或欺骗性的研究通常不会被重复所发现，因为现代科学的运作在于防止重复"③。为了重复别人的工作而获得资助几乎是不可能的，并且学术荣誉通常是给予新的科学发现者的。

在一些学科中，重复或许是可能的，但在另一些科学中几乎是不可能的。例如，在下述情形下，几乎不可能存在着重复：（1）开支巨大或非常费时的实验；（2）需要进口设备、材料或样品的实验；（3）要求多学科团队合作的实验；（4）涉及以人作为对象的实验。

事实上，即使当重复没有产生类似的结果，也通常存在着其他的解释，达西伊案件也许是一个形象的说明。在20世纪80年代早期，约翰·达西伊在两年时间内发表了118篇论文和摘要，当时被认为是"生物医学界的天才"。于是，当一群瑞士研究者没能重复达西伊的某些工作时，他们对自己不能确证达西伊的发现予以不同的解释，但他们并没有去考虑欺骗的可能性。达西伊认为他的实验是"如此的精密以至于不能重复，除非实验者具有极其精致的技巧"。由于这些原因，"欺骗性的数据在那些竞争激烈的重要学科领域中可能会很快地被识别出来，但在绝大多数领域中是很可能做不到这一点的"④。

就惩罚而言，科学界的惯例是，不去追究合作研究者的过失。对于

———————————

① Blais, M. J., Epistemic Tit for Tat, *Journal of Philosophy*, 82, 1985, p. 372.

② Hardwig, J., The Role of Trust in Knowledge, *Journal of Philosophy*, 88, 1991, p. 704.

③ Hardwig, J., The Role of Trust in Knowledge, *Journal of Philosophy*, 88, 1991, p. 703.

④ Relman, A., 1983. Lessons From the Darsee Affair, *New England foumal of Medicine*, 308, pp. 1415 – 1417.

欺骗性或含有水分的工作，只要合作研究者本人没有直接造假，那么他是没有责任的，并且不应受到惩罚。事实上，即使对被证实了的过失行为作出惩罚，通常不是很严厉的。为什么会从轻处罚造假者呢？哈德维格认为，有这几方面的考虑：不公正玷污合作者的声誉，动摇公众对科学的信心，或危及欺骗者所在的实验室和学校的声誉。

当然，这并不是说，同行审议、重复以及对造假者的处罚这些制度化的机制是不必要的，而只是说，"如果谨慎的理智不足以确保可靠的陈词源，那么就需要研究者的伦理"①。

三　能够用伦理取代认识吗？

哈德维格将伦理学引入认识论，使认识具有了伦理的维度，这无疑是具有开掘性的。哈德维格和谢平正确地指出了信任是认识的基础之一，这一结论本身对哲学认识论具有重大的意义。但是，他们并不满足于此，而是进一步将认识中的信任归结为伦理上的信任。将信任基于伦理实质上是用伦理来取代认识，谢平是这种倾向的最典型的代表人物："当谢平指出在陈词认识论中存在着的巨大的道德成分时，他的讨论也提出了将陈词认识论还原为伦理的激进的纲领"②。

在谢平的分析中，与"虚假陈词"相对应的是"撒谎"，而不是"错误"，也就是说，他模糊了"撒谎"与"错误"之间的区别，用撒谎取代了错误。我们承认，在一些虚假陈词的情形中，有说者撒谎的情形，但更多的情形是，说者缺乏作出真实陈词的认识能力。说谎是一个道德问题，但错误仅仅在有些时候是一个道德问题。例如，我告诉你房价将继续上涨，我为我的说法承担道德上和认识上的责任。假如事实证明我的观点错了，诚然，当我有撒谎的意图时，你可以指责我在撒谎，果真如此，这似乎是一个道德问题；但是，当我却没有撒谎的意图，以及仅仅是一种认识上的判断错误时，这只是一个认识的问题。这时，你硬说我的道德有问题显然是牵强附会的。再如，一位在道德上值得信赖的朋

①　Hardwig, J. , The Role of Trust in Knowledge, *Journal of Philosophy*, 88, 1991, p. 705.

②　Lipton, P. , The Epistemology of Testimony, *Studies in History and Philosophy of Science*, 29, 1998, p. 8.

友告诉我人民币即将升值，此时，我是否采取某种对策主要地取决于认识的因素，而不完全是伦理因素。为什么谢平不喜欢用"错误"一词，这也许是与他的反实在论的立场相关的，错误总是与真实相对应的，而反实在者是不喜欢使用真与假的术语。

我们不否认，在"相信专家意见"与"在道德上信任专家"之间的确存在着区别，但是，我们反对用后者取代前者，将"相信什么的问题"还原为"信任谁的问题"，将认识论的问题消解为伦理的问题。尽管我们赞成认识问题与伦理问题存在着交叉，但并不能因此用一个来取代另一个。正如陈词问题既是一个认识论问题，又是一个认知心理学的问题，但这并不能得出用后者取代或消解前者的结论。

"相信什么的问题"是一个认识评价，其评价标准是正确与错误，真实与虚假；"信任谁的问题"是一个道德评价，其评价标准是诚实与撒谎、恰当与否。认识问题与伦理问题是如何实现交叉的呢？我们认为，在陈词问题上，这两类问题的汇集点在于：相信某个说者 S 的陈词 p，说者是诚实的是一种道德评价，而说者是有能力作出陈词 p 则是一种认识评价。

第 十 章

外行抉择专家意见的依据是什么?

在一个问题上，当两位专家给出两种不一致的甚至是相互矛盾的专家意见时，外行如何进行抉择？我们称这类问题为"新手与二专家问题"。外行的抉择能否得到合理性的辩护？本章并不试图给出一个外行赖以抉择的完整的理论模型，只是分析外行抉择时通常所用到的依据，以及这些依据的合理性的基础。作为结论，尽管怀疑主义的阴影始终笼罩在外行的认识视野中，但外行是可以获得辩护的，在不同的专家意见中进行抉择的。

第一节 专家意见与陈词

一 理论与现实

主流认识论是高度理论化和抽象化的视野，传统认识论学者很少关注生活中的现实问题。然而，认识论中的一些问题既在理论上是重要的，又在现实中十分引人注目。本章要讨论的问题具有现实意义，因为在一个复杂的、高度专业化的社会中，人们要经常面对这样的情景：作为外行（或者说，甚至是无知者），必须求助于专家而得到理智的指导或帮助。

这个问题具有理论上的重要性，基础主义和还原论的陈词辩护理论讨论的都是一般的语言交往中的陈词，忽略了科学实践中的专家陈词。无论对于基础主义，还是还原论，二专家问题都将是一个严峻的挑战。传统认识论和科学哲学通常是在"理想化的"情景中考察知识的接受与传递。在这种理想化的情景中，人们通常所考察的认知主体具有无限的认知能力，并且认知主体的研究能力也没有任何有意义的限制。相比之下，在二专家问题中，我们关注的是，具有特定的认知限制的认识主体，以及当受制于这些限制时，这样的认识主体是如何进行认识的。

尽管评价专家意见的问题是近代实验科学之后才出现的问题，但它却不是一个新问题。柏拉图在他早期的对话录《卡尔弥德篇》(*Charmides*)中就明确地讨论了这个问题，在对话中，苏格拉底问，一个人是否能"分清假冒的医生和真正的医生，或者在其他方面分清内行与外行"①。

二 陈词辩护与专家意见

在 1985 年和 1991 年的论文中，哈德维格认为，当外行依赖专家时，外行对专家的依赖必定是盲目的。尽管他认为陈词的接受者（外行）能够从一个来源（专家陈词）中获得知识，但是，他却得出了外行盲目地相信专家意见的结论。② 在他看来，外行（或另一领域中的科学家）在相信专家陈词时，在理性上是不能获得辩护的。因此，尽管他试图驱散怀疑主义的阴云，但是，他却得出了怀疑论的结论，一种关于陈词辩护的怀疑论。实际上，我们可能无法在理论上完全排除怀疑主义，但是，在外行抉择专家意见的过程中，我们却可以在一定程度上驱散怀疑主义的阴云。

在哈德维格之后，围绕着陈词辩护问题，有基础主义与还原论两大辩护理念。应该说各种陈词辩护方案都反对任何形式怀疑论，也都希望把怀疑论的幽灵从陈词领域中驱逐出去。

事实上，在专家意见领域，基础主义与经验还原都发挥着重要的作用，基础主义对信任的强调，还原论对说者评价的强调，都是不可或缺的。但是，基础主义对信任的诉诸通常被误解为一种"盲目的信任"。

在"反对轻信"一文中，弗里克指出基础主义的核心是"盲目的信

---

① ［古希腊］柏拉图：《柏拉图对话集》，王太庆译，商务印书馆2004年版，第97页。
② Hardwig, J., The Role of Trust in Knowledge, *Journal of Philosophy*, 88, 1991, p. 669.

任"，是对"轻信"和"受骗"的一种认识论的包容。① 作为具有很强还原论思想倾向的古德曼也同样指责基础主义是一种"盲目的信任"。但是，与弗里克的分析相比，古德曼的分析显然是非常粗陋的，并有不少偏颇之处。②

基础主义的完整主张实际上是"三步策略"，之所以称其为三步策略，而不是"三重策略"，是因为这三种策略是有时间顺序的。首先，相信他人所说的是一种默认的认识立场，一种原初的认识授权，无须任何特殊的经验理由的支持。其次，只有当有充分的理由（经验的理由或先前的信念）否定原初的认识授权时，我们才不相信他人所说的。尽管经验在第一步中并没有扮演什么实质性的作用，但在第二步否定认识授权中却起到了至关重要的作用。容易被学者们所忽略的是第三种策略，当相信他人的认识授权遭到了否定，基础主义的下一步策略是什么？弗利对此的回答是十分明确的，只有当有充分的理由时，我们才接受他人的观点，给予他人派生权威，其实，这就是还原论的策略。而古德曼仅仅抓住第一步，而忽略了后两步策略，认为基础主义忽略了经验在陈词辩护中的作用，因而，是一种盲目的信任。

与这种批评相对应，古德曼十分强调经验判据在接受他人陈词中的作用，"对我来说，更重要的是，听者关于陈词源的可靠性或不可靠性的经验证据，经常能支持或否定听者接受其陈词的授权"③。他举了一个数学教授与九岁孩童的例子，用以说明经验判据的重要性。"当你在街上遇到某人时，他独断地主张一高深的数学命题，而你虽然理解这个命题，但却从未对其合理性进行过评价，也许没有人对该命题作过任何的可行性的研究。那么现在你在接受这个陌生人的命题时，你获得了辩护吗？显然，这部分地取决于说者是一位你所熟悉的数学教授，还是一位九岁儿童。你有先验证据认为前者能够知道这样的命题，而后者不能。但是，

---

① Fricker, E., Against Fallibility, In B. K. Matilal & A. Chakrabarti (Eds.), *Knowing from Words*. Dordrecht: Kluwer, 1994, p. 126.

② Goldman, A., *Pathways to Knowledge: Private and Public*, New York: Oxford University Press, 2002, pp. 140 – 141.

③ Goldman, A., *Pathways to Knowledge: Private and Public*, New York: Oxford University Press, 2002, pp. 141 – 142.

无论柏格和弗利所主张的默认授权的先验原则是否存在，你是否获得授权与你对说者身份的经验判据是明确相关的。""我的观点是，你所掌握的有关说者身份的证据，是你接受说者断言的整体授权的关键证据。"①

那么，身份是一种经验的证据吗？我们不想对身份作出准确的定义，但是，在上述引文中所说的身份显然是与社会制度（数学教授）或能力、权威或资质（孩童）相关的。前者显然是一种制度陈词，而后者又是基础主义者（如科迪）所倡导的认识授权的一部分（见第六章科迪对自然陈词定义的第二个条件）。

古德曼对基础主义的另一个批评主要地集中在"新手与二专家"的问题上。他认为，基础主义对"二专家"问题无能为力。"在二专家（两位公认专家对一个特定的问题有着相矛盾的看法）的案例中，同样可以明显地看出这一点。你应该接受谁的观点呢？这显然在很大程度上取决于你对他们各自的能力和可能知道事实真相的经验内容的判断。在这种情形中，柏格和弗利所主张的那种默认原则对我们确实没有任何帮助。尽管听者可能获得最初授权地相信每一位说者，然而，同时相信两位说者就不可能获得授权了，因为我们已经假设他们所宣称的命题是不一致的（而且听者显然已看到了这种不一致）。因此，对于他们的宣称是否能够获得辩护，取决于听者对每个说者或说者观点的经验了解。"② 古德曼的第二个批评或许是恰当的，但这种批评也同样适用于还原论。

在二专家的问题上，首先，我们赞成古德曼下述观点，我们不必先去解决陈词辩护的基础理论问题，然后，再去解决二专家的问题。其次，我们不同意古德曼将新手抉择专家意见所依赖的证据仅仅看作"经验证据"。例如，在两位相竞争的专家之外，新手诉诸其他专家的意见，这其实就是哈德维格所说的扩展陈词原则的一种应用：第三位或第四位或更多的专家陈词在新手选择前两位相竞争的专家意见的过程中发挥了作用。这时，新手所依赖的是专家陈词，而不是古德曼所说的经验证据。第三，

① Goldman, A., *Pathways to Knowledge: Private and Public*, New York: Oxford University Press, 2002, p. 142.

② Goldman, A., *Pathways to Knowledge: Private and Public*, New York: Oxford University Press, 2002, pp. 142 - 143.

正因如此，所以我们探讨的只是，在抉择专家意见的过程中，新手可以利用的证据资源，而不管这种资源是基础主义的或是还原论的。

第二节 两个真实的案例

一 道伯尔特案件①

在实际生活中，1993 年的道伯尔特案（the Daubert case）就是新手与二专家问题的一个经典的案例。② 在此之前，美国法庭对专家证词（expert testimony）的采纳一直沿用 1923 年在弗赖伊案（Frye case）中确立的"弗赖伊准则"（Frye test），即科学证据的唯一充要条件是"普遍接受"③。而《联邦证据法案》（*Federal Rules of Evidence*）中 702 专家证词（testimony by experts）条款规定，如果科学的、技术的或其他专门化的知识有助于法官理解证据或者确立争论中的事实，如果（1）证词基于科学事实或数据，（2）证词是应用了可靠的原则和方法的结果，（3）证人将这些可靠的原则和方法应用到案件的事实中，那么具备知识、技能、经验、训练或教育资格的专家证人就可以以一种专家证词形式作为科学证据。

这一年两孕妇因妊娠反应而服用名为本代克廷（Bendectin）的药品，随后新生儿出现畸形，婴儿及其父母向加州地区法院状告该药品生产商德雷尔·道医药品公司（Merrell Dow Pharmaceuticals）。被告方聘请了多名著名的专家，其中拉姆博士是化学物质对人体危害研究领域中的著名的（畸形）流行病学专家。他在法庭上作证，他研究了 30 多个已发表的涉及 13 万人的案例，均没有证据表明本代克廷可导致畸形。而原告方也聘请了 8 位著名的流行病学专家，其中斯温博士是加利福尼亚州健康和服务部主任，同时也是世界卫生组织（WHO）、食品和药品管理局（FDA）和国家健康署（NIH）的顾问。原告方专家认为本代克廷能够导

---

① *Daubert v.*, *Merrell Dow Pharmaceuticals*, *Inc.*, 113 S. Ct. 2786（1993）.

② 有关该案例的中文介绍可见丛杭青《新手抉择专家意见的依据是什么？》，《自然辩证法研究》2004 年第 5 期。

③ *Frye v.*, *United States*, 292 F. 1013 D. C. Cir. 1923.

致畸形，他们的结论建立在下述证据的基础上：对"在试管中"和"在活的"动物有机体的研究均表明本代克廷与畸形存在着因果联系；对本代克廷化学结构的药理学研究表明本代克廷与已知的致畸药物在结构上有类似性；对先前已发表的流行病学（人类统计学）案例的"再分析"。加州法院以原告方专家证词不符合"普遍接受"的原则，不能作为"科学证据"为由驳回了原告方的诉讼请求。

原告方遂上诉到美国第九巡回上诉法院，未果。1995年原告方又依据《联邦证据法案》702条款上诉到美国联邦最高法院。最高法院推翻了初审法院的判决理由，并退回到第九巡回法院重审。最高法院指出，不能将"普遍接受"作为采纳专家证词的唯一充要条件。在裁定书中，最高法院建议法官和陪审员根据下述四条标准（没有哪一条是充分的或必要的）行使自由裁量权：（1）科学证据是否经过检验和证伪；（2）是否经过同行审查和公开发表；（3）是否存在一个已知的或潜在的误差；（4）是否被科学共同体内的科学家们所普遍接受。[1] 虽然此案最终以原告方败诉而告终，但最高法院的裁决本身对法律界、科学界和哲学界产生了巨大的冲击。

一个直接后果是，原先由科学共同体和科学体制所决定的事现在改由作为外行的法官和陪审团来决定。这就出现了一个二专家问题：不以科学共同体作为一个充分且必要的抉择依据，法官还可依据什么进行抉择？法官的抉择能够获得合理性的辩护吗？事实上，绝大多数法官和陪审员并不充分地熟悉相关的科学领域，更没有经过专业化的科学训练，以至于能够独立地和可靠地将专业的科学信息应用于他们的裁定中。正如哈佛法学院布鲁厄所指出的："在诉讼案件中，几乎不可避免地出现这种情况：当非专家的法官和陪审员出庭时，他们所面对的科学证词不是科学真理的一种权威的'声音'，而是去证明相反的或甚至是矛盾的科学命题的相竞争的科学专家证词，对哪一位相竞争的专家是更可信地缺乏作出一个让人信服的独立判断所必需的信息，非专家的法律决策者就依

---

[1] *Daubert v.*, *Merrell Dow Pharmaceuticals*, *Inc.*, 43 F. 3d 1311 (9th Cir. Cal. 1995).

赖诸如资质、声誉和风度这样的专家意见指示器在专家中进行选择。"①

　　更深层的是科学的概念问题。专家意见所表达的内容被认为是一种科学知识，作为一种科学知识，专家意见理所当然地被认作"通过科学的方法"而获得的，并且是"普遍接受的"。但依据702条款，即使不被"普遍接受"的，也可以作为"科学证据"而被采纳。当"普遍接受"的与所采纳的"科学证据"处于不一致、相冲突或相矛盾时，这就会使得公众对于科学的公正性产生怀疑。如果诉讼双方的专家证人都声称对科学作了合理的表述，那么人们不禁要问那么又为什么他们之间出现了不一致呢？

二　六份不同的专家鉴定：湖南女教师裸死案

　　被称作中国"第一网络大案"的黄静裸死案形象地说明了专家意见是如何不一致，外行以及法官所面临的艰难的抉择任务。2003年2月24日，在与男友相处一晚后，21岁的女教师黄静被发现全身赤裸地死于湘潭市雨湖区临丰小学宿舍的床上，身上还有部分伤痕。关于死亡鉴定，诸多法医鉴定专家也是各有说法。②

　　2003年2月25日由湖南省湘潭市公安局提供了《司法医学鉴定书》，鉴定结论为，死者黄静系患心脏疾病急性发作导致急性心、肺功能衰竭而猝死。

　　2003年3月19日，湘潭市公安局刑警支队委托湖南省公安厅刑侦局又进行了第二次死因鉴定，鉴定结果是，黄静系肺梗死引起的急性心力衰竭与呼吸衰竭死亡。

　　2004年3月22日，司法部上海鉴定中心的法医来到湘潭鉴定却意外发现，原本保存黄静器官标本的湘潭市第二医院病理科，已将心脏烧毁。

　　2003年6月8日，公安部组织相关专家赴湘潭作鉴定，结论仍为"因肺梗死致急性呼吸循环衰竭而死亡"，同时认为"其体表外伤在这一

---

　　①　Brewer, S., Scientific Expert Testimony and Intellectual due Process, *The Yale Law Journal*, Volume: 107, Issue: 6, 1998, p. 1538.

　　②　中央电视台新闻频道《社会记录》5月26日和27日播出的专题片《湖南女教师裸死案追踪》（上、下）对案情的介绍，该专题片的文字版可在百度上检索到。

过程中可能成为一个间接诱发因素"。

2003年6月25号，黄静母亲委托南京医科大学法医司法鉴定所，对湘潭市公安局、湖南省公安厅所做的尸检报告，以及湖南省公安厅所做的物证检验报告进行书证审查。审查意见书认为："冬季、卧床裸体女尸、上盖棉被呈非自然体态，床边有男朋友的精斑，身上有自己难以形成的损伤，当属非正常死亡。黄静死亡的发生与其男友的关系有待排除。"同时，意见书认为第一次鉴定中单凭"有处血管内见可疑纤维化肉芽结构"的可疑病变就作出风心病的肯定结论欠妥，更不宜将死因归结为风心病急性发作而猝死。轻微的血管病变也不宜认定为黄静患有冠心病以致猝死。审查意见：风心病、冠心病或肺梗死猝死的根据不足！

在2003年轰动全国的孙志刚案件中，中山大学法医鉴定中心的法学教授陈玉川作出的死亡鉴定对查明真相起到了决定性作用。2003年8月，陈玉川率队前往湘潭为黄静做鉴定，鉴定结果认为，"黄静死因是突发疾病，缺乏证据"。

2004年7月，最高人民法院司法鉴定中心组织了5位专家赴湘潭，就黄静的死亡原因和死亡方式进行医学鉴定。2004年8月2日，专家团作出了"被鉴定人黄静在潜在病理改变的基础上，因姜俊武采用较特殊的方式进行性活动促发死亡"的鉴定结论。[①]

六份法医鉴定各有不同，案件变得扑朔迷离。由于专家鉴定结果存在分歧，因而黄静的死因仍然是悬而未决，上述鉴定大致可分为暴力死亡、自然死亡、暴力死亡加自然死亡三类。

黄静到底是怎么死的，自然由法医鉴定专家去作出鉴定，这是专家的责任，包括法官和社会公众在内的外行所面临的任务仅仅是选择其中一份专家鉴定作为最可信的。在一次"新手与专家问题"的讲座中，当说到这六份鉴定时，我提出了一个问题："你们认为黄静是怎么死的？"一位听者站起来说，既然六份鉴定不同，那么死因仍然是不能确定的，而且存在其他迹象表明，黄静另有死因，因此，如果要我回答黄静是怎么死的，那么我必须亲自鉴定。

---

① 详见中央电视台法制频道，2005年3月19日和20日播出的《黄静裸死之迷》（上、下），http：//www.cctv.com/program/fzsj/20050323/101726.shtml。

暂且不去提这位听者是否有能力从事这样的鉴定工作，这种回答其实是混淆了新手与专家之间的关系。首先，作为新手，我们自然有权要求专家是尽职的，在认识上是负责的，而且，当缺乏相反的证据时，我们自然地作出这一假定。其次，即使我们认为前六份专家鉴定是有问题的，黄静另有死因，但是查明真相却是专家的责任，新手不应去做本该由专家做的工作。最后，假设再作若干份鉴定，也很难说它们会有一致的鉴定结论。所以，不管最终面对的是几份鉴定意见，新手的任务却是明确的，在这些不同的鉴定中选择一份作为最可信的。

这一案件暴露出来的问题有许多，诸如司法公正、司法鉴定制度（警方自侦自鉴）改革、认识上负责任的专家等诸多问题，但是，引起广泛社会关注的却是，对于外行，社会公众以及法官而言，到底哪一份鉴定才是最科学最权威最值得采信的，这也许是"黄静案"审理中的最大焦点。

在案发 22 个月后，2004 年 12 日 7 日湘潭市雨湖区法院开庭一审，法院以涉及个人隐私为由，以不公开审理的方式对这一案件展开听证调查，截至 2005 年 6 日 5 日尚未宣布一审判决。由于不对外公开审理，所以我们并不清楚法院采信的是哪一份鉴定。从媒体披露的检察院的公诉理由（强奸中止）看，我们能够推断法院很可能是采信了第六份鉴定。[①]

第三节　外行、专家与专家意见

一　外行或新手

外行是相对于专家而言的，就某一特定的领域而言，除了专家外，其余的人，包括其他领域内的专家，都可称作外行。我们认为，"外行"一词也许抹杀了外行正在努力使自己成为专家的过程，因此可用"新手"一词替代，而且新手一词表达了对人的尊重。20 世纪 80 年代的研究文献还在大量地使用"外行"一词，但自 90 年代以来，更多地使用"新手"一词，这也许印证了上述看法。本章是在等同的意义上交替地使用这两

[①] 详见中央电视台法制频道，2005 年 3 月 19 日和 20 日播出的《黄静裸死之迷》（上、下），http：//www.cctv.com/program/fzsj/20050323/101726.shtml。

个词，当然，新手一词是更恰当的。

理论上新手可以通过提高他对目标事态的认识从而变成专家，但是，我们假设了一些限定性因素——时间、代价、能力或其他什么——会阻止新手成为专家，至少在新手必须作出判断前他们还不是专家。新手不能理解专家用来推出结论的所有的或部分的前提，也无法评价专家意见中的前提和结论之间的支撑关系。因此，新手对专家证据的把握几乎是不可能的，当专家们进行争论时，对专家们的证据进行评价更是不可能的。

在新手/专家问题和专家/专家问题之间存在着重大的区别，后一个问题是评估其他专家的权威或可信性的问题，属于一种同行评议。基特奇尔认为，不同行专家之间的评估可以归属到新手/专家问题中，而在同一个领域内一位专家评价另一位专家的权威或可信性程度是属于同行间的"权威配置"的问题。他用"直接测量"来描述这种同行间的权威配置，在直接测量中，一位科学家以他自己对本学科领域中正在讨论的问题的看法来评价目标科学家的权威程度，从而完成权威的配置。一旦他以这种方式确立了某位科学家的权威程度，那么他就可以根据这位已获得权威配置的科学家的观点来评价新的目标科学家的权威程度。因此，在同行的权威配置中，一位科学家始终是从自己对问题的观点出发的。①

与此形成对比的是，"在新手/专家问题中，新手是不能运用他自己在专家意见领域中的观点去评价专家的，至少他认为他不能。新手既没有对问题领域的观点，也没有足够的自信去运用他对该问题领域的观点去裁决或评价相竞争的专家之间的争论。他认为这个领域需要某种专家意见，而他认为他自己没有这种专家意见"②。

二　专家与专家意见

在讨论这个问题前，我们应该先讨论专家的种类。一些专家是非常

---

① Kitcher, P., *The Advancement of Science*：*Science without Legend*, *Objectivity without Illusions*, Oxford & New York：Oxford University Press, 1993, pp. 314 – 322.

② Goldman, A., *Pathways to Knowledge*：*Private and Public*, New York：Oxford University Press, 2002, p. 143.

精通某种技艺的人，包括小提琴家、拳击选手、服装设计师等。德莱弗斯将专家的概念进行了无限的扩张，他主张凡具有一技之长的人都可称作专家，据此，成人在走路和说话上也可以成为专家。希茨－约翰斯通对此提出了强烈批评，认为这是现象学的"成人主义零起点"的立场。①我们赞成对专家和专家意见作宽泛的理解，但是，我们认为，即使是精通某种技艺的人可以称作专家，但他们不是认识论所要关注的专家。从认识论角度出发，我们应主要关注认知专家或理智专家：在一些领域中，这些人拥有广阔或深厚的知识，而且他们有创造新知识的能力，以解答这些领域中新出现的问题。

应该怎样在认知意义上定义专家意见呢？在一个特定的认知领域，是什么把专家和外行区分开的呢？是什么使得一个人成为一位专家，当然，这里的专家指的是"公认的专家"，而不管他是否真是专家。

在现实生活中，通常存在我们称之为的"公认专家"的现象：当不是在自己成为专家的领域内，而且在其他的领域内，一个人被认为是专家时，他就是公认的专家。显然，在这里他之所以成为专家，是别人（包括外行）认为他是专家。当然，公认的专家包括了真正的专家，但在本书中，我们所说的专家指的就是公认的专家，简称专家。

那么，什么是专家呢？"专家是这样的人，他具有或被认为具有专业化的训练，这种专业化的训练足以使他在认识上能够胜任理解一个专家领域的目标、方法和结果。一个专家领域是一种要求专业化训练的领域，经过这种训练，一个人在认识上能够充分地理解该领域的目标和方法，能够批评地将方法运用到目标上，并能从专家的视角提出判断。"② 毫无疑问，专家必须经过某种职业化的训练，并且总是针对特定的领域而言的，脱离了特定的领域，也就不存在专家与外行的区分。专家总是以作出专家判断的方式表明自身的存在。

专家在他们之所以成为专家的领域中所发表的见解称作专家意见。

---

① Selinger, E. M. and Crease, R. P., Dreyfus on Expertise：The limits of Phenomenological Analysis, *Continental Philosophy Review*, 2002, 35：p. 261.

② Brewer, S., Scientific Expert Testimony and Intellectual due Process, *The Yale Law Journal*, Volume：107, Issue：6, 1998, p. 1589.

专家意见包含两层含义：首先，它是一种作为知识形态的专家意见。比起绝大多数人，在特定的领域中，专家对真命题有较多的或较高程度的信念，对假命题有较少的信念。为了成为一位专家，一个人他必须拥有目标领域中的充分的真理。

这里所说的真理仅仅是在真信念的意义上而言的，所以，如果两个专家意见是不一致的或矛盾的，那么也不一定能得出其中一个是真理，而另一个是谬论。大多数认识论学者似乎不主张在真理的基础上定义专家意见。哈德维格认为，当我们使用"专家"一词时，"并没有预设或蕴涵专家观点的真理性。如果一个人在真理的术语上定义'专家'［正如柏拉图在《高尔吉亚篇》（*Gorgias*）所做的那样］，那么在原则上去说谁是专家是不可能的——即使某人是一位专家！——这是因为，去说自己的观点就是真理通常是不可行的。"但是，专家毕竟有较深入的研究，"专家意见错误的可能性较小，并且与非专家的意见相比，错误的可能性更小。所以，在我对'专家'的用法中，专家观点和真理之间并不存在严格的对应的关系"①。

古德曼"在似真性（与真理相关联）的意义上定义认识上的专家意见。首先，与多数人（或更准确地说，与绝大多数人）相比，在特定的领域中，专家对命题有更多的真信念（或更高程度的真信念），并且/或者说，对命题有较少的错误信念。根据这一提法，专家意见在很大程度上似乎是一个相比较而言的事。不过，我认为专家意见并不完全是相比较而言的。如果大多数人对某一领域充满了谬误，而琼斯胜过他们之处仅在于他没有屈从于一些广泛认可的谬误，那么这并不会使得琼斯成为一位'专家'。为了要成为一位认识专家，一个人必须拥有目标领域中的充分的真理"②。但是，正如前面所说，古德曼这里所说的真理并不是传统的真理概念，而是一种在真信念的基础上的"似真性"的真理概念。

其次，它是一种作为技能形态的专家意见。为了获得解决一个领域中所面临的新问题的正确答案，专家具有应用专业信息的支持来解决问

---

① Hardwig, J., Epistemic Dependence, *Journal of Philosophy*, 82, 1985, 338, fn. 2.

② Goldman, A., *Pathways to Knowledge: Private and Public*, New York: Oxford University Press, 2002, p. 145.

题的能力或技能。"这些技能或技巧部分地构成了专家意见。"当在该领域中面临一个新问题时,专家知道该如何在信息库中去寻找相关的信息,并且采取有效的操作策略,或者说,专家知道怎样运用一些外部的仪器或数据库来获取相关的信息,并据此作出有效的决策。"因此,专家技能是既以一种能力要素也以一种实际效果要素为特征的。"①

对专家技能的强调也许是许多研究专家问题学者的共同看法,德莱弗斯兄弟认为,"所知"(know that)的人并不是专家,"能知"(know how)的人才是专家,但他们又认为,在许多情况下,"能知"涉及许多并不能完全表述出来的能力。作为能力或技能的专家意见是与身体不可分的,脱离身体的专家技能是不可想象的。② 撇开德莱弗斯浓厚的现象学色彩,他们对专家技能的强调无疑是值得称赞的。

对应于中文"专家意见"一词的英文单词是"expertise",国内不少译著将其译为"专门知识",这种译法是欠妥当的,因为"专门知识"给人的感觉似乎仅仅是一种符号化的知识。

在专家问题上,当前学界比较倾向在相对宽泛的含义上定义专家和专家意见。古德曼认为,专家意见的第三个特征是,专家和专家意见有强弱两种形式。"我们要区别领域中的首要问题和次要问题。首要问题是在一个领域中研究者或学者们所共同感兴趣的原则问题,次要问题涉及对首要问题的当前的证据或论证,以及对由杰出的研究者作出证明的评估。……在'专家'的核心意义上(一种强意义),专家是这样的人:他对领域中的首要问题和次要问题都具有非同寻常的广泛的知识。然而,还存在着一种弱意义上的'专家',他只对领域中的次要问题拥有广泛的知识。如果两个人在领域中的首要问题上存在着很大的分歧,那么其中一个是对的,而另一个是错的。根据强意义的标准,错的那个人就不是专家了。有人可能会不同意这个结论。他们认为那些对现有证据拥有充分的知识,以及对该领域中的问题有不同看法的人都是专家。根据弱意

---

① Goldman, A., *Pathways to Knowledge*: *Private and Public*, New York: Oxford University Press, 2002, p. 145.

② Dreyfus, H. and Dreyfus, S., *Mind Over Machine*: *The Power of Human Intuition and Expertise in the Era of the Computer*, New York: Free Press, 1986, p. 16.

义上的'专家'概念，我承认这种观点。"①

在《科学的进步》一书中，基特奇尔也探讨了新手与专家之间的关系，但他用的是"权威"一词。从其分析看，权威一词既可以指人，又可以指这个人的观点或看法，这样，权威一词涵盖了专家和专家意见两个方面的含义。事实上，他对权威一词的使用还有一层更深的含义，在他看来，无论是同行评议，或是新手相信专家，其实都是一种"权威配置"或"信任配置"的过程。

那么什么是权威呢？他认为"权威是与话题相关的"。在某个话题上，某人具有很高的权威，也就意味着，他在这个话题上所发表的意见具有很高的可信性。他区分了权威与声誉（credit），"权威与声誉的区别是重要的"。"一位科学家的声誉似乎是建立在对他的贡献的全面评价的基础之上的。因此，对一位科学家而言，在一个特定的领域中，在他的专家意见的领域中，具有很高的权威，但却具有很小的声誉，这是非常常见的。""尽管声誉与某一种类型的权威存在着紧密的关系，但它们之间一般是不能相互替代的。"②

在一个科学共同体中，其成员对他们所做的工作的看法通常是可靠的，但他们却被称作"学徒"，基特奇尔对此表示不满。他认为，"在许多情形下，一个共同体的权威结构是一个倒置金字塔：几乎所有那些经过训练的，以及完成了见习期的人，对于他们作出判断的话题，都具有很高的权威。然而，在声誉方面，该共同体却是一尖顶金字塔，只有很小一部分成员拥有很高的声誉"③。

新手与专家的各自的任务是什么？对专家而言，他们的任务是针对目标问题提供更好的专家意见；而对新手而言，他的任务是去决定哪一个专家意见是更好的，或哪一位专家更好地运用了他的专家意见来解答手头的问题。"新手/二专家问题是这样的问题：在解决手头的问题时，

---

① Goldman, A., *Pathways to Knowledge*：*Private and Public*, New York：Oxford University Press, 2002, pp. 145 – 146.

② Kitcher, P., *The Advancement of Science*：*Science without Legend*, *Objectivity without Illusions*, Oxford & New York：Oxford University Press, 1993, p. 316.

③ Kitcher, P., *The Advancement of Science*：*Science without Legend*, *Objectivity without Illusions*, Oxford & New York：Oxford University Press, 1993, p. 316.

外行是否能得到辩护地选择一位公认的专家作为更可靠的或更可信的专家而不选择另一位，外行选择的认识基础可能是什么？"①

正如我们在黄静案中所指出的，新手必须意识到自己的任务与专家的任务是不同的，新手的任务非常明确：从现有的专家意见中选择一个作为最可信的，用法律的术语说，采信一个，或几个不矛盾的专家鉴定作为黄静死因的证据。那么新手抉择的依据又是什么？这些依据能够为新手的抉择提供正当的理由吗？换句话说，新手能够获得辩护地抉择吗？

三　外行抉择的对象是什么？

在讨论哪些是新手可以利用的抉择资源之前，还需要讨论的一个问题是，什么是新手抉择背景下的专家意见？新手抉择的是什么？是专家意见本身（命题 p），还是专家 S 作出的专家意见 p？

相信命题 p 与相信 S 的命题 p 是有区别的。前者是一个无说者的陈词 p，例如，科学界的匿名评审，后者是 S 的陈词 p。在二专家的情形中，新手抉择的是前者，还是后者？

我们先看前者，即无说者的陈词 p。我们区分两类说者，一类是 p 的主要说者，直接说 p 的人就是主要的说者；另一类是 p 的辅助说者。谁是辅助说者呢？例如，假设 p 是一篇科学论文，论文的作者就是主要的说者，而论文的引文文献的作者就是论文的辅助说者。为什么？这是因为，论文作者做引文的目的无非是帮助自己"说" p，当然，可以是正向的帮助，也可以是反向的帮助。例如，批评某个著名学者的观点就是一种反向的帮助。因此，引文文献的作者，以陈词证据的方式为科学论文 p 作证。值得进一步关注的是，引文发表的刊物机构（名称）又构成对引文文献作者的"能力、权威或资质"的证据。那么，什么叫无说者的陈词 p 呢？严格意义上的无任何说者的陈词 p 是不能包含引文中的辅助说者的，但是，假设对陈词依赖的普遍性，那么这种严格含义的无说者的陈词 p 似乎是难以想象的，很难想象从头到尾都是同一个说者在说陈词 p。所以，通常含义上的无说者的陈词 p 指的仅仅是没有主要说者，但有

① Goldman, A., *Pathways to Knowledge: Private and Public*, New York: Oxford University Press, 2002, pp. 145 – 146.

辅助说者。例如，论文评审、项目评审等。

我们认为，尽管新手可能会遇到无说者的陈词 p 的情形，但是，这类抉择情形是不适合新手的，准确地说，这类情形只适合专家/专家关系或同行评议。这是因为，我们认为，说者的身份、地位等信息为听者提供了抉择的依据。有人或许会对此提出异议，新手抉择的是专家意见，不是专家的身份与地位。我们在下一节的开头回答这个批评。

回应这个批评的另一种思路是对陈词的理解。在科迪的陈词定义中，说者的如实说的"能力、权威或资质"是作为陈词的条件之一。在科迪看来，作为证据的陈词有三个条件。（1）S 对 p 的陈述被作为 p 的证据，（2）S 想让他的听者认为他有相应的能力、权威或资质，能够真实地陈述 p，（3）S 认为他对 p 的陈述与某个问题相关，他认为该问题是有争议的或尚未得到解决的（该问题可能是 p，也可能不是 p），并且对 p 的陈述提供给他认为在这个问题上需要证据的那些人。①

在仅满足（1）的场合，p 本身不可能是它自身真理性的证据，因为根本不可能确立以自我为证据的命题；在同时满足条件（2）和（3）的情况下，S 的陈词 p 就是 p 的证据。（2）表明，说者 S 试图让他的听者认为他有相应的能力、权威或资质去如实地断言 p，（3）表明，S 的陈词 p 与接受者 H 的兴趣、利益和欲望相关。在交往实践中，相信 S 的陈词 p，而不是相信陈词 p 本身，成为语言交往的一种假设，听者和说者总是以这种假设为前提进行交往的。因此，新手抉择的不是一个命题 p，而是作为专家 S 的专家意见的命题 p。据此，可以将与认识相关的社会的、文化的、政治的和经济的资源纳入新手的认识辩护范围之列，尽管这有悖于经典认识论，但却是合理的。②

还必须说明的是，在接下来的一节中所讨论的新手抉择的依据主要是从认知的角度而言的，如果说我们讨论到非认知的社会因素，那么这是因为这些社会因素或者影响到专家意见，或者影响到新手对专家意见的认识辩护状态。例如，专家意见背后的不良利益与偏见，不仅影响到专家意见本身的可靠性，而且也在认识上影响到新手的抉择过程。

---

① 见第四章第三节格雷厄姆对科迪陈词定义的修正。

② 丛杭青：《新手抉择专家意见的依据是什么？》，《自然辩证法研究》2004 年第 5 期。

但是，除了认识上的理由外，其他许多方面的考虑同样也会影响新手的抉择。例如，一位患者就某种疾病看专家门诊，专家 A 提出了治疗方案 p，专家 B 提出了不同治疗方案 q。尽管患者在认识上有正当的理由认为 A 的专家意见 p 是优于 B 的专家意见 q，但是 p 方案的实施却需要患者支付他根本不可能承担的治疗费用。在这种情形下，如果该患者出于经济承受能力的考虑而选择 q 方案，那么这种情形显然不在我们的考虑范围之列。但是，如果该患者所支付的高昂的治疗费用与专家意见 p 背后的不良利益相关，那么这会使得专家意见的可信性打折扣，同时也会使得该患者对专家意见的认识辩护状态发生改变。这种涉及新手相信专家意见的认识辩护状态的因素显然是我们应当考虑的。

第四节　六种抉择的依据

在新手与专家之间的关系上，哈德维格认为，外行 N 可能缺乏（所有或一些）专家相信结论 p 的理由 R，外行通常不可能拥有专家所拥有的相同的理由 R。但是，这并不意味着，外行就没有相信 p 的其他理由，N 可能还会有理由 R∗ 相信专家有相信 p 的好理由。N 可能还会有理由 R∗ 相信，与竞争对手相比，一位专家有更好的理由。以这种方式，N 没有共享（全部或部分）专家理由 R，但却接受了理由 R∗，而理由 R∗ 为外行的抉择提供了依据。这是一种被哈德维格所忽视的可能性。当然，在新手/二专家的情形中，新手并不总是能够拥有这样的理由 R∗，并且能够轻易获得这样的理由 R∗，但这仍然是有可能的。那么有哪些资源可以列入理由 R∗ 之列呢？

布鲁尔在《耶鲁法学评论》中发表了一篇名为"科学专家证词和理智的正当过程"长达 147 页的论文，作为一位法学学者，他更关注的是在法律中的科学专家证词问题。对应科学专家证人，他将法官和陪审团称作"非专家"，非专家如何才能从科学专家证人的证词中获取知识呢？或者说，如何才能在不同的专家意见中采信其中一个专家意见呢？作为非专家的法官和陪审团，缺乏科学专家所拥有的专业化的训练和能力，那么如何才能完成这项理智正当的任务呢？他提出非专家可利用的"四种主要的推理机制"：（A）非专家在认识上对科学证据的独立判断，（B）

理性的证据支持法则，（C）专家的行为方式与风度，或者在非专家面前所表现出来的，或者在他向法庭提交书面材料中所表现出来的语调与权威的作风，（D）专家的资质。①

在《知识之路》一书中，古德曼认为，在新手/二专家的情景中，有五种可供新手抉择的证据资源。（A）由相竞争的专家提供的支持他们自己观点并驳斥对方观点的论证，（B）其他专家对争议中的问题站在哪一方专家的立场上？（C）来自专家意见的"元专家"所提供的评价（包括对专家资质的评价）的证据，（D）专家与有争议问题的利益和偏见的证据，（E）专家"过往纪录"的证据。②

在"新手抉择专家意见的依据是什么？"一文中，丛杭青例举了五种依据。（A）专家的风度与气质，（B）专家的资质，（C）多数票，（D）不良利益和偏见，（E）专家的过往记录。③ 在"新手与专家"一文中，丛杭青还例举了一种抉择的资源：科学的社会体制。④ 我们将这些不同的说法放在一起讨论。

一　以论证为基础的证据

布鲁尔的（A）和（B）以及古德曼的（A）都可归入这一标题下，它们的共同点是以新手对专家证据或多或少的或以某种方式的把握为前提的。

古德曼的"间接论证辩护"

我们先看古德曼的（A），他认为，新手用以抉择的第一种证据资源是以专家论证为基础的证据。首先，新手要在（A）类型证据的基础上进行抉择，其前提是，新手必须能够接触到相竞争的专家对自己观点的论证和对对方观点的反驳。古德曼认为，"新手 N 可能会与两位专家——E_1和 E_2进行两种类型的交往。在一种情形下，每位专家都可能坦陈他的观

---

① Brewer, S., Scientific Expert Testimony and Intellectual due Process, *The Yale Law Journal*, 1998, Volume: 107, Issue: 6, p. 1616.

② Goldman, A., *Pathways to Knowledge: Private and Public*, New York: Oxford University Press, 2002, p. 146.

③ 丛杭青：《新手抉择专家意见的依据是什么？》，《自然辩证法研究》2004 年第 5 期。

④ 丛杭青：《新手与专家问题》，《科学学研究》2003 年第 6 期。

点（结论），而不提供相应的证据或论证"。更通常的是，专家可能会在公共场合或学术场合作出详细的论证，但是这种详细的论证只可能在有限的场合中出现（例如，在学术会议或学术期刊上），从而得不到新手的注意。因此，新手可能接触不到两位专家的论证，或者说，只能接触到他们的非常简略的论证，例如，新手可能在一份大众媒体的第二手的和简略的描述中听/看到专家的观点以及他们的论证。"在另一种情形下，两位专家可能正在进行全面的辩论，而新手见证了这种辩论，或者阅读到了有关辩论的详细的介绍。每一位专家都可能清楚地论证他自己的观点，并反驳对手的观点。"无疑，只有当新手接触到专家的证据或论证，他才能有可能拥有（A）类型的证据。①

假设新手接触到（A）类型的证据，如果 N 能通过专家的论证获得辩护地相信一位专家而不是另一位专家，那么新手至少得理解专家论证中所列举的证据。"不过，对于新手来说，对一些领域中的专家意见和证据的把握几乎是不可能的，也就是说，存在着新手对 E 领域（专家意见领域）'一无所知'的情况。但是，新手也不总是处处面对窘境，有时，他们能（稍稍）理解证据，但是，依据个人的知识他们又不能相信它们。在专家们进行争论时，对专家证据进行评价更是异常的困难。"②

当然，在认识上，并不是所有的出现在专家论证中的陈述对新手来说都是不可理解的。"可以区分专家谈话中的深奥陈述和通俗陈述，深奥陈述属于相关的专家意见的领域，而 N 根据他个人的知识是无论如何都不可能把握深奥陈述的真实价值的。通俗陈述在专家意见领域之外，N 可以在陈述的过程中或者在事后认识到通俗陈述的真实价值。"③ 在一位专家论证中，深奥陈述往往包含了相当多的前提和"辅助论点"。这使得新手很难获得辩护地在证据的基础之上相信专家的观点。新手通常不仅无能力评价深奥命题的真实价值，而且也缺乏对所列举的证据与所提供

① Goldman, A., *Pathways to Knowledge*：*Private and Public*, New York：Oxford University Press, 2002, pp. 146 – 147.

② Goldman, A., *Pathways to Knowledge*：*Private and Public*, New York：Oxford University Press, 2002, p. 147.

③ Goldman, A., *Pathways to Knowledge*：*Private and Public*, New York：Oxford University Press, 2002, p. 147.

的结论之间支撑关系的评价能力。当然，一方专家会说在他的证据和他所辩护的结论之间存在着很强的证据支撑的关系，但是相竞争的专家通常都会驳斥这一点。当相竞争的专家展开争论时，新手几乎无法正确地断定哪一位专家是对的。例如，近年来的"房地产泡沫之争"，"人民币汇率与利率上调之争"，对立的双方都给出了大量的论证，同时提供了大量的佐证数据与分析。对于这些论证、佐证的数据与分析，外行通常是无法理解的。

与此相适应，可以在新手的认知状态中"区分直接论证辩护和间接论证辩护。在直接论证辩护中，通过获得辩护地相信论证的前提和它们对结论的（强）支撑关系，听者接受了一个论证的结论。如果听者对论证的理解有助于听者获得辩护地把握一方专家论证的前提和结论之间的支撑关系，那么听者就对这一方专家意见获得'直接'的辩护"①。

但是，在新手/二专家情境中，听者很难获得对专家论证的直接辩护，这是因为，在专家论证中，许多论据都是深奥的，所以 N 无法在 E_1 和 E_2 的宣称之间作出裁决，不可能获得辩护地相信其中任何一个结论，无法得到辩护地相信这个而非那个结论。在房地产是否存在泡沫，汇率与利率是否应该上调的问题上，如果仅仅基于双方专家对数据的分析和论证，那么我是不能获得辩护地相信任何一方专家的。但是，尽管我不能通过专家论证的方式获得直接的辩护，但是，我还是可以以某种方式获得间接的辩护。

什么是新手对专家意见的间接论证辩护？古德曼将"论辩优越性"看作间接论证辩护：在一场争论中，说者可以论证对对手的论辩优越性。虽然这种论辩优越性不能使新手直接获得辩护地相信更优越的说者的结论，但是，对新手而言，这种论辩优越性似乎是更好的专家意见的"指示器"。论辩优越性不仅表现为有更好的辩论技巧，而且也表现为更加敏捷地反驳对方的观点。例如，不管专家 E_2 在什么时候为他的结论提供证据，专家 E_1 都会立即反驳或否定他的证据。而当 E_1 为他的结论提供论证时，E_2 从来都不针对 E_1 的论证进行反驳或否定。再如，E_1 对 E_2 的论证所

① Goldman, A., *Pathways to Knowledge: Private and Public*, New York: Oxford University Press, 2002, pp. 147 – 148.

作出的快速的反应，会显示出 E_1 已经很熟悉 E_2 的观点，并且已经想好反驳的论据。如果 E_2 没有对 E_1 的论证作出快速的反应，那么似乎显示出 E_1 对有关信息的把握胜过 E_2 的把握。

但是，E_1 对 E_2 的反驳，以及 E_2 对 E_1 反驳的默认，并不表明 E_1 对 E_2 否定的真实性价值，并且也不表明 E_1 的（未受到 E_2 否定的）证据为其结论所提供的支持力度。同样，E_1 对 E_2 的快速反应也并不表明 E_1 具有更好的专家意见，这是因为，通过良好的辩论技巧的训练通常可达到迅速反应的效果。因此，这种表面上的熟练不是更优越的专家意见的真实指示器。但是，"在争论的问题上，这种论辩的优越性可以合情合理地被当作 E_1 具有更优越的专家意见的指示器。当然，它是一个（非结论性的）指示器：表明在这个领域中 E_1 具有更优越的信息支持，或者对信息的把握更优越，或者两者兼而有之"①。

针对直接论证辩护和间接论证辩护，新手有不同的接受状态：在直接论证辩护的情形下，新手会说："我根据这位专家的论证，也就是说，按照这位专家的论证前提的真实性以及其对结论的支持（这两样对我来说在认识上都是可理解的），我获得辩护地相信结论。"在间接论证辩护中，新手会说："根据专家辩论的方式——正如他的论证所表现出来的，我能推断出他比起他的对手有更好的专家意见。因此，我获得辩护地推断出他的结论是正确的。"②

直接论证辩护和间接论证辩护之间的区别还在于，间接论证辩护在本质上涉及最佳解释推论，N 可以从两个说者的表现中得出他们各自的专家意见水平的推论。根据专家们的表现，N 能推论出哪一位专家在目标领域中有更优越的专家意见。尽管间接论证辩护涉及最佳解释的推论，但直接论证辩护却没有。

布鲁尔的独立的"第二手猜测"与"证据支持的一般法则"

而布鲁尔就没有古德曼这么乐观了。他所说的"非专家在认识上对

① Goldman, A., *Pathways to Knowledge*：*Private and Public*, New York：Oxford University Press, 2002, p. 148.

② Goldman, A., *Pathways to Knowledge*：*Private and Public*, New York：Oxford University Press, 2002, p. 149.

科学证据的独立判断"指的是法官对科学专家提供的证据作出"独立的第二手猜测"。在法庭上,法官求助于科学专家,恰恰是因为法官缺乏专家所具有的专业化训练,以及作出专家判断所需的能力,正也因如此,法官对科学专家证人所提供的证据只能作出"独立的第二手的猜测"。①

作出独立的第二手猜测有两个原因,一是法官和科学专家在认识上越是处于不平等的地位,认识上地位越不平等,就存在着越大的服从空间。当法官对科学专家的科学证据的第二手猜测越多时,盲目服从的空间也就越小。二是一些著名的法律体系,包括美国联盟法律体系,要求法官对科学专家提供的陈词作出独立的判断,并在相竞争的专家基础上选择专家。正如道伯尔特案主审上诉法官考津斯基所说:"虽然我们大多在科学上未经专业化的训练,并且无法与我们正在评价其证词的任何专家证人相当,但是(根据最高法院道伯尔特案的裁决),我们的责任是,必须确定哪些专家所提出的证词算作'科学知识',构成了'好的科学',是'通过科学的方法而获得的'。"②

如何作出独立的第二手猜测呢? 这就是他所说的第二条主要推理机制,"利用合理的证据支持的一般法则"。"有时专家陈词前后是不一致的,在这种情形下,非专家不必在专家领域中经过训练就可以察觉出这种不一致"③。

正如在其他断言中一样,自我矛盾的陈词是理性不一致的标志。当然,还存在其他种类的理性不一致。在 1996 年波特诉伊莱·利利公司(*Potter v. Eli Lilly & Co*) 案件中,波特和他的几名同事被另一名同事枪杀,凶手长期服用伊莱·利利公司生产的抗抑郁药普罗扎克(Prozac)。波特及其他受害者的遗属就抗抑郁药品普罗扎克的法律责任问题向肯塔基州最高法院起诉伊莱·利利公司。

在庭审的过程中,争论的问题是,药品普罗扎克是不是危险的和有

---

① Brewer, S., Scientific Expert Testimony and Intellectual due Process, *The Yale Law Journal*, 1998, Volume: 107, Issue: 6, p. 1616.

② Brewer, S., Scientific Expert Testimony and Intellectual due Process, *The Yale Law Journal*, 1998, Volume: 107, Issue: 6, p. 1617.

③ Brewer, S., Scientific Expert Testimony and Intellectual due Process, *The Yale Law Journal*, 1998, Volume: 107, Issue: 6, p. 1618.

缺陷的，是不是服用了该药品导致了凶手枪杀原告波特。围绕着普罗扎克是否导致了凶手开枪的问题，原被告双方提供了大量的科学专家证词。评判了所有证词后，法官判决被告胜诉。在波特案件中，即使是在医学和精神病药理学上未经专业训练的外行，也能够在"药品导致了某一特定的行为"和"该药品没有防止这一行为"之间作出区分。"避免自我矛盾以及留心在因果关系和非预防性（nonprevention）关系之间的区分就是我们所说的合理的证据支持的一般法则。在一个特定领域中，即使不是专家的人也能够充分地利用这类一般的证据支持法则对专家陈词进行评价。"①

二　专家的气质与风度

布鲁尔的（C）和丛杭青的（A）可归入这一范畴下。什么是专家的气质与风度（demeanor）呢？布鲁尔并未加以界定，我们认为，专家的行为举止、仪容仪貌和论辩口才都可归入气质与风度的范畴。与古德曼不同，我们将前面提到的专家在辩论过程中所表现出来的充分性与灵活性作为论证技巧而归入气质与风度的范畴。

专家的气质与风度的作用何在？在语言交流中，说者的气质与风度的确可以作为判别说者话语诚实性的标志。按照弗里克的说法，听者要监测说者的诚实性，要解释说者话语的可靠性，无论监测还是解释，都离不开对说者气质与风度的诉诸。

事实上，将专家的风度和气质作为新手评价专家意见的手段之一是有悠久历史的。亚里士多德认为存在着三种劝说的手段：诉诸理性（logos），诉诸情感（pathos）和诉诸说者的气质（ethos）。他认为，诉诸说者的气质是最有效的手段，比诉诸理性或诉诸情感更有效。② 亚里士多德所说的"说者"的气质就是专家证人的气质。

在评价专家证词中，新手根据专家在专家意见的论证过程中的行为举止来推论哪一位专家在目标领域中有更优越的专家意见。所以，"听者

①　Brewer, S., Scientific Expert Testimony and Intellectual due Process, *The Yale Law Journal*, 1998, Volume: 107, Issue: 6, p. 1619.

②　Aristotle, *Rhetoric*, Cambridge University Press, 1925, p. 75.

对专家证人风度和气质的准确的评价是接受专家意见的必要条件之一"①。

古德曼根本否认对专家气质与风度的评价对新手有任何认识上的作用，但是，正如我们在前面提到的，从辩论的技巧上看，他的间接论证辩护其实就是一种依据气质与风度所做的最佳解释推论。布鲁尔认为，"在对陈词的评价中，对气质与风度的判断确实有恰当的认识作用"，它的前提是，当专家是诚实的时候，使用气质与风度作为"证据"的非专家才能够作出准确的判断。② 但是，"行为与风度又是一种特别不可靠的标志"③。

他反对将专家的气质与风度作为新手抉择专家意见的可靠的依据的理由有两个：第一，在美国司法界，专家证人的气质与风度构成了一个独立的"有利可图的市场"，好的气质与风度似乎能改变事实，从而影响法官和陪审团的裁决。第二，"当法官和陪审团使用气质与风度作为专家证据可信性的标记时，他们将面临一个严重困境：认识辩护与说服的分离"④。在这里，布鲁尔将新手的认识辩护的来源区分为来源于自身和来源于专家的说服（苏格拉底的影响），前者属于认识辩护，后者则不是。显然，这种对辩护的概念的理解是非常狭义的，并有内在主义之嫌疑。

三　数量原则：多数票

新手的另一个可能的策略是诉诸更多数量的同行专家，这就是古德曼的（B）和丛杭青的（C）所讨论的。数量原则也就是要求 N 去咨询其他专家，在其他同行专家中，多大比例是支持 E_1，多大比例是支持 E_2。现行科学界的同行审议和公开发表以及"普遍接受"原则其实也就是对数量原则的应用。如果几乎所有的专家都同意 E_1，或者数量上占优势的专家同意 E_1，难道 N 不应当获辩护地相信 E_1 吗？

---

① 丛杭青：《新手抉择专家意见的依据是什么？》，《自然辩证法研究》2004 年第 5 期。

② Brewer, S., Scientific Expert Testimony and Intellectual due Process, *The Yale Law Journal*, 1998, Volume: 107, Issue: 6, p. 1624.

③ Brewer, S., Scientific Expert Testimony and Intellectual due Process, *The Yale Law Journal*, 1998, Volume: 107, Issue: 6, p. 1622.

④ Brewer, S., Scientific Expert Testimony and Intellectual due Process, *The Yale Law Journal*, 1998, Volume: 107, Issue: 6, p. 1622.

如果一位公认的专家意见为其他公认的专家所赞成，那么这又在多大程度上使得一位听者获得辩护地信任这位专家的意见？在一位听者的信念决策的形成过程中，一致或赞成又值多少证据性的价值？

在陈词辩护的基础主义者看来，不论一个人的意见的可信性程度如何，他的意见值得最初的信任，以这种视角看来，数量将会是非常关键的，至少在缺乏额外的否定性的证据时是这样。所以，一位对不同的专家意见一无所知的新手似乎更倾向于相信拥有更多同盟者的专家。这种说法正确吗？

古德曼举了两个例子对"使用数量原则"来判断不同专家意见的相对可信性提出了疑问。其中一个是宗教领袖与奴隶般的追随者。宗教领袖所相信的也就是追随者所盲从的，追随者将自己的意见完全地和唯一地建立在他们的领袖意见的基础上，理智上说，它们仅仅是克隆或无差别的镜像。类似地，某个（公认的）专家 e 属于一个学术团体，该团体的成员都虔诚地和不批评地赞同某一位领导者或领导者团体的意见。在这种情形下，一个有着众多支持者数量的专家会使得他的意见比起有较少支持者数量的专家意见更可信吗？①

数量原则其实就是对弗赖伊准则的应用，在一个科学共同体中，能够作为科学证据的是普遍一致的同意，或者至少是获得了大多数人的同意。我们认为，首先，数量原则并不是科学证据的唯一的充要条件。其次，应用数量原则是有前提的，这就是，在某个信念的共享者之间，他们是相对独立地开展研究的。"数量原则起作用的前提是，发表意见的专家应当是有条件地相互独立的，是基于对问题的相对独立自主的研究基础上的，即得出结论的方法、手段和途经应该不尽相同。"② 当面对一群同时出现的公认的专家时，新手可能有理由期待着他们之间相互批评对方的观点。事实上，专家的作用就在于在专家领域内发表他自己的独到的见解，所以我们可以期待专家不会普遍地服从其他专家的意见。如果这样，那么新手可能就会获得辩护地给予拥有更大数量支持者的专家意

① Goldman, A., *Pathways to Knowledge*：*Private and Public*, New York：Oxford University Press, 2002, p. 151.

② 丛杭青：《新手抉择专家意见的依据是什么？》，《自然辩证法研究》2004 年第 5 期。

见更大的证据力量。例如，2003 年年初 SARS 病原体之争，全世界多家独立实验室主张冠状病毒，而主张衣原体的只有一家。

数量原则的麻烦之处在于，外行不能默认地期待公认的专家是（即使是部分地）有条件地相互独立。在宗教领袖与奴隶般的追随者的例子中，无论有多少个追随者，他们都是宗教领袖的无差别的镜像。在专家意见领域也是有类似的情形，不管多少其他专家共享最初的专家意见，但是，如果他们都是最初专家意见的无差别的镜像，那么庞大的专家数量并没有为新手的证据增加进一步的分量。"假如科学创世论者比起进化论科学家人数众多，但是这并不能使我倾向于认为一位新手会有正当的理由信任前者的观点而不是后者的观点"①。

但是，社会建构论者认为，"科学家的信念完全是通过与其他科学家协商而产生的，与反映实在（或自然界）无关。如果社会建构论是正确的，既然科学信念从不反映'真实'的实在，它们仅仅反映科学家共同体的利益和偏见，那么数量同盟只是一种利益同盟，与指向实在的科学研究无关"②。

四　专家的资质

另一个可能的策略是诉诸公认专家 E_1 和 E_2 已有的资质，这就是布鲁尔的（D），古德曼的部分（C）和丛杭青的（B）所讨论的问题。什么是资质呢？这个问题似乎比较难以界定。正如我们在第四章中看到的，科迪未加定义地将能力、权威和资质三个词并用，并且似乎又以能力为核心，所谓能力是指说者如实说的能力，权威指的是说者对事情的确定性。古德曼同样对资质一词未加定义，他似乎很宽泛地将资质理解成，（1）在某一领域中掌握基本的方法，以及（2）在该领域中知道基本的事实和原则。③ 按照古德曼对资质的理解，新手是很难评价专家资质的。事实上，他也并不指望新手直接对公认专家的资质进行评价。

---

① Goldman, A., *Pathways to Knowledge：Private and Public*, New York：Oxford University Press, 2002, p. 154.

② 丛杭青：《新手与专家问题》，《科学学研究》2003 年第 6 期。

③ Goldman, A., *Pathways to Knowledge：Private and Public*, New York：Oxford University Press, 2002, p. 151.

他主张，"诉诸元专家对公认专家资质进行评价"[1]。所谓元专家指的是，"关于专家意见的专家"。在黄静案中，南京医科大学法医学专家就扮演了元专家的角色，他们并没有去尸检并作出鉴定报告，只是对湘潭市公安局、湖南省公安厅的鉴定报告进行医学理论审查。N 通过诉诸元专家对公认专家的专家意见进行评价的方式，确定两个专家意见的相对可信性的级别。元专家有能力评估公认专家的资质，所以新手可以据此来确定对 E_1 和 E_2 各自适合的信任水平。

但是，基于古德曼对资质的理解，当新手诉诸资质时，将面临恶性回归的障碍。由于新手无法理解专家意见的内容，无法列举出一个恰当的专家资质的清单，所以也就无法对与作出专家意见相适应的专家资质作出评价。于是，按照古德曼的建议，新手诉诸元专家。但是，新手又如何识别元专家具有恰当资质的呢？如果回答是对元专家的资质作出评价，那么我们不但没有解决问题，反而是回到了起点。

我们认为，解决的办法似乎是对资质重新加以理解，将与专业能力密切相关的一些外在标志列入资质的范畴内，使得 N 能够通过诉诸这些外在标志来确定两个相竞争专家的专家意见的相对可信性的级别。哪些外在的标志可以列入资质的范畴呢？我们可以罗列一个也许并不完全的清单：专业训练与学位、从业资格、职业荣誉、获得的职业奖励、工作经历、技术职务等。在"新手与专家问题"一文，丛杭青还列举了一种新手抉择的资源：科学的社会体制。这里所说的科学的社会体制其实指的就是某位专家在其专业的体制内所获得的认可度，而这种体制内的认可度又是可以归结为上述的资质清单。但是，即使对资质作这样的理解，也并不能彻底地解决恶性循环的问题，这是因为，面对某一个专家意见，新手通常不知道作出这个专家意见所需的恰当的资质是什么？

20 世纪 80 年代发生在美国的关于科学创世论的争论也许是一个典型。[2] 地区法院法官认为，科学创世论不是科学，而是宗教学说，它违背

---

[1]　Goldman, A., *Pathways to Knowledge：Private and Public*, New York：Oxford University Press, 2002, p.151.

[2]　1981 年阿肯色州通过一项法律，要求在公立学校同等地对待进化论与创世论，这项地方法律 1982 年被联邦法院推翻。

了美国宪法第一修正案中的"非建立（政教分离）条款"，所以，公立学校不得开设科学创世论的课程。但法官不是关于科学（哲学或宗教）的专家，创世科学是不是一门真正的科学，他应当征求专家意见，但谁具有专家的资质呢？是创世论学者，还是达尔文进化论学者？令法官感到困难的是，"创世科学家"都非常认真地宣称他们具有作为"科学家"的资质。基特奇尔批评这些创世科学家在"叫卖资质"。

"在相信创世的21位科学家中，并没有构成创世学说的专家团队。三位教育学博士、两位神学家、五位工程师、一位化学学者、一位水利学学者、一位昆虫学学者、一位心理语言学学者、一位食品科学博士、两位生物化学学者、一位生态学者、一位生理学者、一位地球物理学者……他们的资质是与创世论学者所陈述的许多问题完全不相干的。这些人的'权威'并不能使我们确信在生物学理论之外另有一门称得上是科学的领域。……'科学家'一词是不够的。"接着，他说，"关键的问题并不是，具有博士学位的人是否在说创世论，而在于他们是不是正确地说。为了解决这个问题，更明智的做法是考察证据本身"[1]。

因为我们是外行，所以为了确定创世理论是不是一门科学，我们不得不求助于有资质的专家陈词，但是，我们又如何知道某个专家对创世论是有资质的呢？基特奇尔建议我们"考察证据本身"，但是，作为外行，我们又如何才能考察证据本身呢？

我们并不否认，这些外在的标记并不一定就是优秀专家意见的"指示器"，关于创世论的争论也许是一个极端，更常见的情形是，以这些外在标志作为衡量标准，优秀的专家给出的专家意见却并不如不那么优秀的专家给出的专家意见。但是，即使存在这类反例，也不能否认这么一个社会事实：优秀的专家通常能够得到更多的社会承认。对于新手，专家的资质的确是最好的专家意见的指示器。N可以利用这些指示器的相对变量和权重来提取对 E_1 和 E_2 各自适合的信任水平。在医患关系中，面对专家给出的两种不一致的专家意见，作为新手的患者就很有可能会利用这种指示器进行抉择。

---

① Brewer, S., Scientific Expert Testimony and Intellectual due Process, *The Yale Law Journal*, 1998, Volume: 107, Issue: 6, 1627－1628, p.1628.

布鲁尔认为，诉诸资质通常是与诉诸气质结合起来使用的，"假定有资质的专家是诚实的，并且也被非专家认为是诚实的，那么我认为资质是通往获得辩护的真信念的一条潜在路径，在这里资质可能是最有帮助的"①。

基特奇尔认为，科学家的可信性分成两个部分，一是"不劳而获的权威（unearned authority）"，它起源于科学家的社会地位（或科学家共同体或更大的社团），这种权威与一种制度或受杰出人物的培养相关。当新手通过资质而相信某位科学家时，这位科学家所获得的权威就是不劳而获的权威。二是"挣得的权威"（earned authority），当新手通过对科学家过去的业绩的考察，或者通过他人对业绩的考察方式，相信一位科学家时，这位科学家所获得的权威就是挣得的权威。② 挣得的权威其实就相当于对专家的过往记录进行考察（见第六种资源）。

五　不良利益和偏见的证据

专家意见背后的不良利益和偏见的证据包括撒谎，接受贿赂，文化种族和性别歧视以及团体偏见方面的证据。如果新手有很好的证据证明一位专家存在着这样的不良利益和偏见，而没有证据证明其竞争对手也存在着这样的不良利益和偏见，那么新手就会获得辩护地赋予后者以更大程度的信任。"不良利益和偏见能对专家的观点施加更隐蔽的不良影响，他们的观点即使是真诚的，但也不太可能是准确的。"③

如果两个人作出了相互矛盾的报告，其中一个人是在撒谎，那么后者的相对可信性也就受到了严重的威胁。撒谎通常是不良利益和偏见的典型表现形式，它严重地削弱了专家意见的可信性。古德曼所忽略的其他的与撒谎相关的欺骗形式有作出强陈词（或夸大陈词），以及抑制信息。

---

① Brewer, S., Scientific Expert Testimony and Intellectual due Process, *The Yale Law Journal*, 1998, Volume: 107, Issue: 6, 1627 – 1628, pp. 1624 – 1625.

② Kitcher, P., *The Advancement of Science: Science without Legend, Objectivity without Illusions*, Oxford & New York: Oxford University Press, 1993, p. 315.

③ Goldman, A., *Pathways to Knowledge: Private and Public*, New York: Oxford University Press, 2002, p. 156.

抑制（或有意省略）信息是另一种欺骗行为。例如，不报告你在某公司拥有股票，而你正在推荐该公司的产品，这也是一种欺骗形式。我们或许可以笼统地说，一个人正在参与一种欺骗行为（1）如果他不传达听者合理地期望不被省略的信息，和（2）如果这种省略的意图是为了欺骗。接下来古德曼所举的例子就是抑制信息的典型。

弗里德柏格等人考察了发表在《美国医学联合会杂志》上的研制新的肿瘤药物的研发报告，这些项目分别由制药公司和非营利组织赞助的。他们发现，在基金来源和研发报告的定性结论之间存在着重大统计意义的关联。非营利组织赞助的研究得出了38%的不利的结论，而制药公司赞助的研究却得出了5%的不利的结论。[①]

事实上，新手很难在撒谎与强陈词之间作出区分。例如，某人在制度上被雇用为专家证人，他要在某个民事案件中出庭作证，而他在当前案件中的经济利益驱使他作出强陈词。不仅如此，新手也很难在"正常的利益"和"不良的利益"之间作出区分。专家意见背后的利益在多大的范围内是属于正常的利益，这通常是很难界定的。

与不良利益相比，"研究群体的偏见也许是具有更大的意义，这部分地是因为，这种团体偏见对新手的不透明性。如果在一个特定领域中的所有人或绝大多数成员受到了相同偏见的影响，那么新手将非常难以从其他专家和元专家那里来确证陈词的价值"[②]。

女权主义认识论所强调的第一种类型的团体偏见是，在一个学科或专家团体内"排除或不充分地表达某些观点和立场"，这种团体偏见可能导致一个团体不能去收集或评价特定类型的相关证据。第二种类型的团体范围的偏见起源于特定研究团体的政治和经济活动，为了获得研究资源或资助，研究人员可能习惯性地对外行夸大所谓支持他们发现的证据的验证性。在与相邻学科或研究机构争夺科研资源和社会认可中，一个特定的研究团体可能会运用比较宽泛的证据标准来报告它的研究结果。

---

① Goldman, A., *Pathways to Knowledge*: *Private and Public*, New York: Oxford University Press, 2002, p. 156.

② Goldman, A., *Pathways to Knowledge*: *Private and Public*, New York: Oxford University Press, 2002, pp. 156 – 157.

即使借助于元专家，新手也很难衡量这些结果的价值。

与团体偏见相比，在现实生活中，关于专家利益的信息是新手较容易收集到的有关专家的信息之一，关于专家利益的信息通常使得作出陈词的专家的可信性打折扣。所以，当在利益方面存在着不可忽略的差异时，它的确是新手所能使用的合理的依据。"但是，不良利益和偏见的证据只是削弱一方专家的可信度，并没有直接增加另一方专家意见的可信度。新手只是通过降低对一方专家意见的可信度而相对地显现另一方专家意见的可信度。"① 当然，这对新手完成抉择任务是足够的。

六　专家的过往记录

古德曼认为，使用公认专家的以往认知成功的过往记录来评价他们对当前问题具有正确答案的可能性，这"也许为新手的信任抉择提供了最好的证据资源"②。

使用过往记录也就意味着查看公认专家在 E 领域对于先前的问题所提供的解决方案的成功比例。但是，对于 E 领域中的问题，新手的本性是没有看法，或对他的看法无信心。所以，作为新手，他又如何能够核实公认专家的过往记录呢？古德曼的解决方案有二个：

第一，相对化深奥陈述和通俗陈述之间的区别。他认为，并不是在 E 领域中每一个陈述都是深奥的，也存在着许多通俗的陈述，并且新手可以以此评价一位公认的专家意见。但是，如果一个陈述是通俗的陈述，比如，是新手在认识上可以理解的，那么它为什么存在于 E 领域中呢？

"人们或许很自然地认为任何陈述在范畴上或者深奥或者通俗，但这却是一个错误。"③ 一个特定的（无时间的）陈述是深奥的或是通俗的仅仅是相对于一个特定的认识的观点或立场。"相对于一个认识的立场，它可能是深奥的，但是相对于另一个不同的立场，它可能是通俗的。"例

---

① 丛杭青：《科学社会研究的两种进路》，《自然辩证法通讯》2004 年第 2 期。

② Goldman, A., *Pathways to Knowledge*：*Private and Public*, New York：Oxford University Press, 2002, p. 157.

③ Goldman, A., *Pathways to Knowledge*：*Private and Public*, New York：Oxford University Press, 2002, p. 157.

如，考虑这样一个陈述，"在 2130 年 4 月 22 日在新墨西哥州可能将有日食"①。相对于目前的认识立场，比如，生活在 2005 年的人的立场，这是一个深奥的陈述。在 2005 年普通人通常不可能正确地回答这个问题，除非通过猜测。另外，在 2130 年 4 月 22 日这一天，在新墨西哥州圣达菲大街上的普通人将很容易正确地回答这个问题。在那个不同的认识论立场，问题成为一个通俗的，而不再是一个深奥的。为了确定这个问题的答案，你不需要专业的训练或知识。以这种方式，一个陈述的认识状态能够从一个时间到另一个时间发生转变。当陈述变成通俗时，新手可以轻易地确定该陈述的真理性价值。以这种方式，新手能够在一个特定的领域中确证专家意见。新手不需要自己成为专家，他就可以做到这一点。

应该说，随着时间的推移和新手的认识能力的普遍提高，一个深奥的陈述有可能转变为通俗的陈述。古德曼的"通俗"的含义是能够被经验核实，这在经验科学中也许是十分常见的。在这种含义上，他的论证也许是成立的。但是，在另一些学科中，例如数学与逻辑，深奥命题始终是深奥的，不可因时间或经验的改变而变得通俗。例如，费马大定理从提出到现在已有 300 多年，从怀尔斯对它的证明至今也已将近 10 年。但是，即使是对现在的数论学者，更不用提新手了，费马大定理的证明仍然是一个非常高深的证明。

第二，借助于效用原则。他认为，在专家意见实施之前，它对于新手是深奥的，但是一旦它付诸实施，它就能产生某种效用。如果一部汽车或一台空调器系统发生了某种故障或损坏，那么未经专业化训练的人通常不能理解下述形式的专家意见："如果你将 X 处理方案应用到 Y 系统中，那么故障或损害将得到修复或恢复到正常的功能状态。"当新手观察到系统恢复到恰当的功能（快于未经处理的系统返回到正常）的状态时，新手就能够核实这种形式的专家意见。虽然专家意见本身是深奥的，但它所产生的效用却是能够被新手的经验所证实。

仅凭上述两条原则似乎不足以论证考察专家的过往记录是新手可利用的最好的证据资源，还必须论证专家的过往记录是非常重要的。如何

---

① Goldman, A., *Pathways to Knowledge*: *Private and Public*, New York: Oxford University Press, 2002, p. 158.

说明专家的过往记录是重要的呢？古德曼又回溯到专家技能。他认为，"对于许多专家提供答案的问题，当它们是深奥的时候，不是可以仅仅通过幸运的猜测而正确回答的是/否问题，相反，事实上，存在着无数可能的答案"①。例如，当火箭科学家首次企图使太空舱登上月球时，对于下述问题存在着许多不确定的可能的答案，"哪些系列的步骤将成功地使这个（或某个）太空舱登上月球？"从无限的可能的答案的选项中选择一个正确的答案不可能是一种幸运猜测。它通常展现了专家的技能，正是这种技能使新手相信已获得正确答案的人具有一种特殊的信息资源和一种运用它们的特殊的方法，这种资源和方法结合起来产生了一种获得正确答案的优越能力。以这种方式，新手的确能够确定，在某个领域中，曾经获得成功的专家对现在的问题可能拥有更优秀的专家意见。但是，正如我们已指出的："专家以往的较高的认知成功率并不表明专家就当前问题所给出的专家意见同样具有较高的认知成功率。"②

古德曼进一步发挥了对过往记录核实的作用。第一，将对过往记录的核实与对元专家的依赖结合了起来。如果新手据此核实了某位专家的可信性，或"具有实质性的专家意见"，那么新手就可以将他作为元专家，来评价其他专家。这种观点其实就是基特奇尔的间接测量。基特奇尔所说的间接测量是指，新手一旦确立了某位专家的可信性，那么新手就可以依据这位专家对其他专家的判断来信任其他专家。③ 我们不反对这种间接测量的方式，但是，当新手采纳这种方法抉择第三方专家时，新手所依据的已不是古德曼所说的经验证据，而是元专家的陈词。第二，当被新手核实过的专家训练其他专家时，其他专家也会获得与作为指导者的专家类似的认知状态和技能。④ 在这里，我们需要指出的是，古德曼过分简单化知识与技能的传递过程。

① Goldman, A., *Pathways to Knowledge：Private and Public*, New York：Oxford University Press, 2002, p. 159.

② 丛杭青：《新手抉择专家意见的依据是什么？》，《自然辩证法研究》2004 年第 5 期。

③ Kitcher, P., (1993), *The Advancement of Science：Science without Legend, Objectivity without Illusions*, Oxford & New York：Oxford University Press, p. 320.

④ Goldman, A., *Pathways to Knowledge：Private and Public*, New York：Oxford University Press, 2002, pp. 159 – 160.

在新手与二专家问题上，新手可以以不同的方式获得辩护地进行信任的抉择。但是，"这并没有提供一套运算法则，通过该法则新手能够解决所有二专家的问题"①。不可否认，新手所面对的认识困境通常是令人畏缩的。对这种情景的考察不仅促进了认识论的研究，而且也对社会认识论提出了现实的挑战。例如，怎样的教育体制能够实质性地改善新手评价专家意见的能力，并且怎样的交流方式能够有效地使得新手与专家的关系是一种获得辩护了的信任而不是盲从。

---

① Goldman, A., *Pathways to Knowledge*: *Private and Public*, New York: Oxford University Press, 2002, p. 159.

第十一章

案例研究：陈词作证

2004 年 8 月在北京召开的中国哲学大会哲学逻辑和逻辑哲学分会场上，我将本书第四章的内容整理成一个专题，作了题为"陈词证据"的专题发言。发言在与会者中产生的反应远出乎我的意料，批评声是如此强烈，以至于容不得我为自己作任何形式的辩护。"陈词能否作为知识的证据"是我与批评者（反对者）之间的根本性分歧所在。本章就两个实例讨论陈词作证的问题。

第一节 四色定理与诉诸权威陈词

一 传统数学证明的三个特征

对以往的数学证明的考察，表明了其具有三个特征：令人信服、可测量性和形式化。

第一，证明是令人信服的。这一事实是了解作为人类活动的数学的关键，因为证明能够使任何一个在数学团队中扮演仲裁者角色的数学家信服。这被看作一个原始的事实，有时对它没有任何解释可以给出，也没有任何必要给出。大多数哲学家认为，在数学证明中存在着一些深层的特征，至少在一定的范围内，这些特性解释了为什么它们是令人信服的，这就是可测量性和形式化。

第二，证明是可测量的。证明是数学知识的保证，所以它一定被数学家理解，是可以被理性的主体检查、评论和核实的。证明是结论的展示过程，它不需要除此之外的任何东西来使人信服。数学家审查一个证明的全部过程，并借此得出结论。高斯小定理对 1 到 100 的总和是 5050

的证明清晰地表达了传统的可测量性（survivability）的概念。把这些数字写成两行五十列：

1	2	3	4 …	9 …	50
100	99	98	97 …	92 …	51

观察在每一列中的两个数字的总数是 101 而且有 50 列。得出结论 1 到 100 的总和是 5050。通过检测全部的证明，我们变得确信了。如果有人尝试手算而且得到总和 5048，那么我们会说他加错了。我们在检查过的证明构造中没有为怀疑留下空间，这就是数学证明。证明是可以被测量的，也就是说，它们能够经受住数学团体成员的核实。当然，一些可测量的证明非常长，他们可能会让一个训练有素的数学家花上几个月甚至几年的时间来核实和计算。例如，怀尔斯对费马大定理的证明手稿初稿达200页，并且花费了数学共同体数年的时间来核实。当然，数学天才在于发现新的证明，而不在于核实旧的证明。

在某种意义上，通过作出让有能力的数学家能够理解的证明，可测量的概念提供了一种数学客观性。因为可测量性，所以一些哲学家认为，数学定理具有一种在其他科学中很难获得的确定性，数学定理被认为是先验的。"辅助定理"的想法适应了可测量的情境，数学家将证明的一部分组织成为辅助定理，从而使它更明了。

第三，证明是形式化的。正如逻辑所定义的，证明是一个能满足一定条件的有限序列的形式理论的公式，它是从理论公理出发经由一定的逻辑法则的演绎过程。绝大多数的数学家和哲学家认为，任一可接受的证明总是可以被形式化的。我们总是能找一个适当的形式语言和理论，非形式的证明根植于其中，并且能"转换"为严格的形式证明。形式证明有它所具有的结构特性，这就是从公理出发的演绎推理，这部分地解释了为什么证明能使数学家信服。

这就是传统数学证明中的三个特征：令人信服、可测量性和形式化。泰默克兹可认为："第一个特性基于数学人类学（anthropology of mathematics），第二个基于数学认识论（epistemology of mathematics），第三个基于数学逻辑（logic of mathematics）。后两个特性是深层次的性质。因为证明是可测量的和形式化的，这样它们才能使理性的人能信服。"①

二　四色定理以及证明

所谓四色定理（Four-color Theorem，4CT）是指，无论是在平面上还是在球体上，只要四种颜色就可以将相邻的两个国家区别开来。1852年提出后，包括德·摩根在内的多位数学界权威试图解答这一问题，结果都失败了。20世纪70年代，阿沛尔和哈肯给出了四色定理的证明。但其中不完全是在传统意义上的数学证明，因为其中关键的辅助定理的证明是靠计算机运行了1200多个小时，分析了1476个图形才完成的。四色定理证明的历史意义在于，它是第一个引起哲学界关注的计算机辅助的数学证明，并引起对"数学证明的社会学"的持续探讨。

4CT的证明是否令人信服？绝大多数数学家都已经接受了4CT的证明，没有人明确地持反对意见。但是，在任何情况下，令人信服的论证并不是接受它作为数学证明的充分理由。这种令人信服已不是在传统数学证明的意义上而言的。阿沛尔和哈肯已经意识到，"特别是那些在高速计算机发展以前受教育的数学家"中，对4CT的证明方法会持有异议。从国内某著名数学家对4CT证明的评论中可窥见一斑：即使它是真的，我总觉得没有什么数学味。对此不难理解，数学被公认为是典型的个人理智能力的创造性活动，数学界至今仍不乏一些学者坚持在传统的数学证据观的基础上去证明4CT，学术界的一些杂志至今仍然在刊发这方面的研究文献。显然，这是因为，4CT证明对传统证明的形式化和可测量性提出了挑战。

形式证明对于数学证明是否足够？概括地说，虽然4CT很像传统的证明，但4CT的证明在辅助定理方面与传统证明是不一样的。它能令人信服，是由于它的形式证明。多数的数学家会同时认为，在一个适当的图形理论中，存在着一个4CT的形式证明。我们可以描述形式证法的一些细节，部分地予以展示，计算总长度等。但是，这里的形式化的含义已不是在传统数学证明的形式化含义上了，它更多的是引用归纳和统计

----

① Tymoczko, T., The Four-color Problem and Its Philosophical Significance, *The Journal of Philosophy*, 1979, Vol. 76, No. 2, pp. 59–61.

的方法，而不是以公理为出发点的逻辑规则的推导过程。不能用诉诸计算机来使得形式证明的信念合法化，这是因为，恰恰是因为我们先接受了对计算机的诉诸，然后我们才相信形式证明的存在。证明是形式化的信念部分地依赖于计算机通过形式化的方法获得了它的结果，在这里，辩护的次序是很重要的。

没有数学家观察了证明的全过程，关键的还原性辅助定理的证明全过程并没有经过可测量性的测验。它没有被数学家们一步一步地加以检查，事实上，它是不能通过这种方法加以核实的。

泰默克兹可认为，4CT 的证明混淆了"证明"和"对证明的描述"两种概念。在数学实践中，数学家们通常放弃完全的证明，转而充分细节化的描述或勾画证明来达到他们的证明的目的。在这样的描述中，数学家们可能通过诉诸已发表的著作，并且指出一般的方法，或将辅助定理的证明留给读者做练习。这些策略属于证明的描述，而不是证明本身。但是，传统上这样的简化是以可测量的证明作为支撑的，甚至以已经测量过的证明作为支撑。但是，这种可测量的支撑正是 4CT 证明所缺乏的！数学家们不能完成缺失的辅助定理的证明步骤，所有的仅仅是计算机曾经填补了缺失步骤的记录。所以不能将诉诸计算机与诉诸期刊杂志上已发表的论著一样来看待。"这表明阿沛尔、哈肯和科克的论文可以看作是证明的描述"，而不是证明本身。[①]

在传统的证明意义上，除了关键的辅助定理之外，4CT 是一个可被测量的证明，而辅助的定理是由计算机为其证明的。诉诸计算机这一行为本身也就意味着，不管证据是什么，它不可能是一种传统的可测量的证据。否则，阿沛尔和哈肯肯定会给出证据，而不用求助于计算机。辅助定理在它们可以查看的意义上是可测量的。但是，这种可测量性是针对计算机的有限次运算而言的，已不是在可测量性的经典含义上的。

当然，假如我们把"诉诸计算机"称为新的证明方法，那么 4CT 将有一个"可测量的证明"。但是，这种证明的概念本身突破了传统的视野。

---

① Tymoczko, T., The Four-color Problem and Its Philosophical Significance, *The Journal of Philosophy*, 1979, Vol. 76, No. 2, pp. 70 – 71.

4CT 证明之后,围绕数学证明的可测量性的问题,存在着不少争议。柏格认为,"对证明是可以被人所测量的要求并不是'证明'一词本身含义的一部分"[1]。当代学界普遍地认为,可测量性仅仅是一种核实证明的方法,而不是证明本身。

三 诉诸计算机与诉诸权威

诉诸计算机的结论的确在数学证明中引入了一种新的证明方法。"诉诸计算机"与"诉诸权威"是类似的。泰默克兹可构造了一个"火星数学家"的假说。这个假说提供了与求助计算机相当类似的情况:火星数学家发现"西蒙说"的新的证明方法。假设,在数学天才西蒙到达火星的时候,火星数学与地球数学发展得很相像,西蒙或多或少地通过传统的方法证明了很多新结果。

但是不久,西蒙开始用"由于证明太长了,我留给自己核实它"这类短语来为自己的新结果作辩护。刚开始,西蒙仅仅是将"这一方法"运用到辅助定理上,这些辅助定理虽然是很重要的,但只是定理的相应的组成部分。然而,在后来的工作中,西蒙将这种方法应用到了更抽象的辅助定理,甚至定理本身的证明中。其他火星数学家通常能重构西蒙的结果,但他们有时也不能。不过,由于西蒙的威望如此之高,以至于火星数学家都接受了他的结果;这些结果以"西蒙说"的条目都被融入火星数学的知识中。[2]

火星数学家比喻的关键是:诉诸"西蒙说"与诉诸计算机有着显著的相似性。在这两种宣称中没有太大的形式上的差别:在数学证明中,计算机是另一种权威。假如我们将一种诉诸视作离奇的,另一种视作合理的,那么只能是因为我们对后者的可靠性似乎有一些很强的经验证据,而对前者则没有。但是,这种假设的观点,即计算机的可靠性要高于权威数学家的陈词可靠性,是缺乏证据的。

---

① Burge, T., Computer proof, appiori knowledge and Other Minds, *Philosophical Perspectives*, 12, 1998, p. 8.

② Tymoczko, T., The Four-color Problem and Its Philosophical Significance, *The Journal of Philosophy*, 1979, Vol. 76, No. 2, pp. 71 – 73.

科迪认为，外行依赖权威数学家与数学家依赖计算机是类似的，并且在数学证明中对他人依赖的方式有三个层面："数学家相互依赖对方证明的方式（虽然他们认为，如果需要，那么他们可以核实对方的证明），数学家依赖计算机的方式（在他们不能完成一个证明时），以及外行依赖权威数学家的方式。"①

可以这么认为，4CT 的证明表明，如果我们认为四色定理是可以称作数学知识的，那么我们就应当重新审视传统的数学证明的概念。传统的数学证明的概念应当宽容到足以将权威数学家的陈词作为一种数学证据或数学证明的一部分。否则，固守传统的数学证明的概念将极大地缩小数学知识的范围和内容。在知识理论层面上，这其实就是陈词在知识事业中证据地位的问题。一个古老的但又在当代引起了广泛讨论的话题。

四　什么是陈词作证？

在知识论界，实证主义哲学的观点与上述传统数学证明观是一致的。如果某人根据好的权威而相信一个真的数学命题 p，但又不能论证这一个命题，那么他就不知道命题 p。这种观点的基本假设是：在获得知识的过程中，除了个人的知觉、记忆和推理外，没有其他途径。但是，当这种数学证明观"运用到日常的含义上，这似乎是难以令人置信的。许多人从没有看见过勾股定理的证明，但却知道勾股定理。"所以"即使当我们不知道一个证明时，我们，包括我们之中的数学家，能够从他人那里获取数学知识"②。

陈词作证是一种基本的证明方式，并且与其他证明的方式一样地具有基础的认识论地位。其次，陈词本身就是一种证据，可靠权威的陈词更是值得我们珍视的证据。对于这两点，我们在前面各章中作过不少的分析。这里我们简略地回顾批评者的主张。

反对者最严厉的批评是，陈词作证是"以人为据"和"诉诸权威"。

---

① Coady, C. A. J., *Testimony: A philosophical study*, Oxford: Clarendon Press, 1992, p. 260.

② Burge, T., Computer proof, appiori knowledge and Other Minds, *Philosophical Perspectives*, 12, 1998, p. 4.

这在一个崇尚解构,质疑权威的时代,这种批评也许是不难理解的。我们可以以两种方式来解读反对者的观点,首先,洛克式的解读。这种观点显然是源自 17 世纪洛克的观点,并且被作为当时英国皇家学会的座右铭。洛克在多处说,我们不能听信某人对一个命题的断言而将该命题作为数学知识来接受,相反,我们应当通过依赖个人的直觉和推理的方式来接受该命题。在第二章第一节,以及第八章第一节中,我们从不同的视角出发强烈地质疑洛克的这一观点。我们对洛克的批评同样适用于对当前反对者的批评。

其次,休谟式的解读。与洛克不同,休谟充分地肯定他人陈词的证据地位,但是,他又将陈词证据的价值还原到个人的观察与经验。在知识的定义中,第三个条件是 S 有理由 r 认为 p,理由 r 是什么? 休谟所开列的理由是基于知觉基础上的个人的观察和经验。传统的数学证据的概念其实就是休谟陈词还原论的翻版,可测量性仅仅指的是能够被个人所观察和测量的。但是,我们不禁要问的是:如果我们能够相信自己的观察和测量,那么我们为什么不能相信他人的观察和测量,以及他人对自己的观察和测量所做的报告? 事实上,观察和测量的概念不应当仅仅是个人的,而且应当是社会的。这一点,我们在第四章和第五章作了不少的分析。

其实,诉诸权威有它自身的论证结构,它相当于一个可靠的统计推理或归纳推理。"由 X 所做的绝大多数涉及主题 S 的陈述是正确的。p 是由 X 所作出的涉及主题 S 的一个陈述。所以,p 是正确的。"① 古德曼认为,站在社会认识论的立场上,诉诸权威对于外行而言是一种很好的论证方式。② 20 世纪后半叶以来,不断有学者为"以人为据"和"诉诸权威"正名,而在国内学术界似乎仍然坚持洛克的教条,翻开语言逻辑学的教科书,在"论证的错误规则"的标题下,通常罗列着"以人为据"和"诉诸权威"两条规则。

反对者可能会持有这么一种观念:他人的陈词,包括权威的陈词,

---

① W. Salmon, W., *Logic*, Englewood Cliffs, NJ: Prentice-Hall, 1963, p. 64.

② Goldman, A., *Knowledge in a Social World*, New York, NY: Oxford University Press, 1999, pp. 150 – 151.

可能是错误的。对此，我们并不否认。但是，我们要反问的是，我们自己的认识就不存在错误了吗？例如，知觉、记忆和推理时常会发生错误。事实上，不管我们是否愿意，在这样一个知识分工越来越细，知识更新速度越来越快的时代，我们都深深地嵌入了一个倚重专家的世界，更确切地说，是一个在自身领域外越来越倚重专家的世界。专家陈词的可靠性远远地超出我们自己对事情认识的可靠性，所以专家陈词的可错性并没有为我们拒绝专家陈词提供任何的理由。

美国对伊拉克开战了，军事专家和国际问题专家在演播厅，面对亿万观众（陈词）作证，仿佛对巴格达的了解超过了萨达姆，对战争局势的估量超过了布什似的。后来的战事结局与专家们的预期虽然有很大的出入，甚至是相反，但是，专家的陈词至少让我们对战况的发展有了了解。如果不依赖专家陈词，那么我们还有什么可依赖的？

反对者的另一个批评是一种严重的曲解：人们不必从事研究，只要听信权威就可以了。这种反对忽略了一个前提：认知工作的社会分工，同时也基于一个错误的假设：任何一个人的认知能力是无限的。正是基于这个假设才忽略了上述前提，在这种假设之下，任何一个人都成了一个无所不知无所不晓的天才，只要他愿意。显然，这一假设是根本不能成立的。

普特南对语言社会分工的论述，以及基特奇尔对认知劳动分工的分析都表明，语言与认知工作的分工是一个语言共同体和认知共同体赖以存在的基础，同时也构成了不同的社会与文化。这一事实迫使我们不得不承认，在我们不是专家的领域内，尊重与服从专家意见是理性的。

第二节　费马大定理与陈词的资质

一　怀尔斯证明了费马大定理吗？

自 1993 年以来，围绕怀尔斯是否真正证明了费马大定理的问题，一直是存在着争议的。1993 年至 1994 年是争议的高峰期，许多数学界权威都卷入其中。这里我们仅从一个角度出发探讨争议是如何逐渐地平息下来的。①

1630 年当费马阅读丢番图的《算术》时,写下了一个批注:设 n 是大于 2 的正整数,则不定方程 $x^n + y^n = z^n$ 没有非零的整数解。在此之后,历代数学家为此奋斗了数百年,只取得了局部的进展,并为后人的工作奠定了基础。

1993 年 6 月在英国剑桥大学牛顿数学科学研究所举行的讨论会上,怀尔斯陈述了他的证明。随后,他把长达 200 页的手稿送交《数学发现》杂志社。当 6 位评审专家发现了几个问题,并且其中有一个问题很难解决时,怀尔斯不得不承认他的工作还是有漏洞的。当年 12 月怀尔斯发表了一项声明,说他正在进行一项"尚未完成的计算"。他对公众保证说,"我相信我能在不久的将来结束此项工作"。在此之前,他已做过两次类似的保证。

怀尔斯的论断震惊了数学界,围绕着怀尔斯究竟有没有真正证明费马大定理的问题在数学界如火如荼地展开了争论。由于在持肯定和否定态度的人中不乏杰出的数学家,所以,麻省理工学院的波尔普认为,怀尔斯事件提出了一个令人感兴趣的"社会学问题":"一个定理究竟在什么时候才被认为是正确的。"②

二 作为证据的数学权威的陈词

在赞成怀尔斯已证明了费马大定理的数学家阵营中,不乏数学界一大批显要人物。他们认为怀尔斯的证明几乎是正确的,而作出这种评价所依据的第一个理由就是"怀尔斯具有很高的声望"。的确,在此之前,作为英国皇家学会会员的怀尔斯就已在数学界享有很高的声誉。俄亥俄州立大学的鲁宾是评审专家之一,也是阅读过怀尔斯手稿的少数几个人中的一位。基于同样的理由,他对怀尔斯证明了费马大定理持乐观态度,但他也承认"只有怀尔斯知道这一证明究竟到了何种地步"。普林斯顿大学数学系考恩更是挑明了其中道理,"由于怀尔斯曾经取得过非常杰出的

---

① 丛杭青:《陈词与知识》,《科学学研究》2005 年第 1 期。

② Horgan, J., Fermat's Theorem Fights Back, *Scientific American*, 1994, Vol. 270, Issue 3, pp. 28 – 29.

成就，因此在没有证据表明他的证明有误之前就应该假定其证明是正确的"①。可见，怀尔斯的地位、身份、资质等"非证据成分"起了非常重要的作用，按照考恩的观点，这种作用就表现在：除非有证明它是错误的理由，否则应该持"默认为真"的态度。这其实就是在陈词辩护理论中的基础主义对待陈词的态度。

在对怀尔斯的证明持怀疑甚至是否定态度的数学家阵营中，其中普林斯顿大学的法尔廷斯是至关重要的，1983 年他对费马大定理所做的一个证明被认为是"一个实质性的贡献"。1994 年 3 月，他撰文指出，"怀尔斯具有如此卓越的才能这一事实正好说明他必定遇到了一个极为困难的，或许是无法克服的困难。""如果这个问题容易解决，那么怀尔斯现在应当早已将它解决了。"因此，他认为，"当怀尔斯宣称他得到一个证明时，其实它并不是一个证明"②。

1994 年 10 月怀尔斯（与泰勒合作）又根据新的灵感提出了新的证明，并将其提交给包括法尔廷斯在内的三个同事。法尔廷斯不仅改变了原先的持异议的立场，而且还寄给他一份对他的部分证明的简化。1995年 7 月号的《美国数学学会通报》上发表了法尔廷斯的文章，题为"R. 泰勒和 A. 怀尔斯对费马大定理的证明"。这标志怀尔斯的证明得到了另一方阵营中的数学权威的承认。1996 年起，各项荣誉像雪片一样飞来。至此，人们才相信费马大定理真正成为一条定理。

数学权威的陈词能否作为我们数学知识的证据呢？对此，洛克持反对态度，他认为不能通过听信一个权威的断言而得到数学知识。在当代哲学中，这种传统观念得了延续，如果有人听信权威而相信一个真实的数学命题 p，但他又不能在数学上证明命题 p，那么他不知道 p。

但是，我们在接受怀尔斯证明了费马大定理这一信念时，作为证据依赖的仅仅是权威的陈词：他的证明得到了数学界许多权威的承认，并发表在权威刊物上，而他本人也因此而获得了数学沃尔夫奖、韶克奖、

---

① Horgan, J., Fermat's Theorem Fights Back, *Scientific American*, 1994, Vol. 270, Issue 3, p. 29.

② Horgan, J., Fermat's Theorem Fights Back, *Scientific American*, 1994, Vol. 270, Issue 3, p. 29.

费马奖、(美国)国家科学院奖等。尽管我们并不能理解和评价怀尔斯的证明,但是,这一切足以成为我们获得辩护地相信费马大定理成立这一真理的合理证据。

可见,即使是在最具自治性的数学知识中,陈词也起到了不可替代的作用。不能通过陈词获得知识的主张是不能成立的,因此,在我们知识大厦中为陈词找到应有的位置成为当代哲学认识论的迫切任务之一。

三 "霍金说"与专家作证

霍金也许是一个很形象的例子。2004 年 7 月 21 日他在都柏林举行的"第 17 届国际广义相对论和万有引力大会"上做了一场题为"黑洞的信息佯谬"的学术报告。面对世界各国著名的物理学家,他说,"30 年来我一直在思考这个问题,现在我有了答案"。原先他认为黑洞主要是"吸收"信息,经历了 30 年的思考,他自己纠正这一观点。他现在认为黑洞是能"吸"又能"吐"。

需要说明的是,首先,霍金的黑洞理论超过了理论物理学界当前的评判能力,虽然物理学界既不能证实也不能证伪黑洞悖论,但这并不妨碍人们以"霍金说"作为黑洞理论的证据,也不妨碍黑洞理论作为数学知识。尽管霍金推翻了他自己在 1975 年提出的黑洞理论,但是按照阿钦斯坦的证据的概念,它仍然可以作为 X 的证据。①

其次,霍金现象凸显了陈词作证的问题。人们通常假设,作出某种陈词(作证)的人需要具备与作出这种陈词相适应的能力、权威或资质。面对一个专家的陈词,我们通常是做这样的假设的。如果脱离了作证者的能力的假设,那么我们也就不可能相信该陈词。

不久前,我去参加一位朋友的婚礼,在婚礼上,证婚人先介绍了自身的身份,尤其是强调了他具有作为证婚人的"资格"。有哪些"条件"可作为证婚人的资质呢?他罗列如下:我是新娘单位的领导,又是新郎的亲戚,同时又见证了他们的恋爱过程……最后,他说,"我现在证明新郎新娘从此结为夫妻"。在这里,他用的是"证明",准确地说,他应当用"作证"。证婚人对资质的罗列大概是让听者相信他具有作证的能力、

---

① 有关阿钦斯坦对证据概念的分析,见第四章第三节。

权威或资质。设想，假如证婚人不罗列任何资质条件，而直接说："我作证……"，那么听者又会作出怎样的反应呢？

结婚仪式也许是一个比较典型的场合，在更日常化的情形中，人们不会说"我证明……"或"我作证……"，而直接说，"我认为……"。尽管霍金并没有说"我证明……"或"我作证……"，但当他说"我认为……"时，他显然是想表示，他有这么认为的权力和能力。

在某种意义上，这也是人们通常所说的"话语权"的问题。话语权通常预设了说者有权如实说，赋予说者这样的权力是一种默认的立场。事实上，说者说的行为本身就在表明"我有这么说的权力"。

我们会不会因为某人缺乏相应的能力、权威或资质从而否认他有如实说的权力呢？在日常生活中，例如，在论文评审、基金评审、项目招投标中，对资质的要求是不是作为接受陈词的必要条件呢？应该说，是存在这种情况的。例如，在黄静案中，第六份鉴定意见中有一种观点，"因姜俊武采用较特殊的方式进行性活动促发死亡"，即性暴力致死。有专家批驳这种说法，他认为，法医专家没有资格把某一种性行为方式作为一种特殊的性活动（性暴力），那么谁有认定某一种性行为方式是一种特殊的性行为的资格呢？他认为，"性学家有资格"[①]。

但是，即使存在这种情况，也并不否认听者首先赋予说者如实说的权力。这是因为，说者有权这么说是一种默认的立场，只有当说者的陈词与听者的信念或以往的经验发生冲突时，说者的这种权力才受到了怀疑。

四　专家证据

与陈词作证相对应的概念是专家证据，作证是一个动词，表达的是一种行为，这个行为的结果就是专家证据。我们来看一个颇有争议的案例。2002年4月，刘涌被辽宁省铁岭市中级人民法院以组织和领导黑社会等多项罪名一审判处死刑。1年零4个月后的2003年8月，刘涌被辽宁省高级人民法院改判死刑，缓期两年执行。两个月之后，最高人民法院于2003年10月作出了再审决定，同年12月22日最高人民法院在辽宁

[①]　见中央电视台法制频道，2005年3月19日和20日播出的《黄静裸死之迷》（上、下）。

省锦州市中级人民法院对刘涌一案经再审后作出判决,判处刘涌死刑。

在刘涌案中,不能不提到一份专家意见书。刘涌于 2000 年 7 月被捕,2001 年 9 月 19 日由刘涌辩护人田文昌律师召集的 14 位著名的刑法专家、刑事诉讼法专家和法医学专家,在钓鱼台大酒店第一谈判厅对案件进行了专题讨论。与会专家出具了一份《沈阳刘涌涉黑案专家论证意见书》,并在上面签了字。《专家意见书》说:"与会专家听取了律师的介绍并查阅了公诉人提交的证据,一致认为:本案在证据方面存在着严重的问题。"①

这个专家论证会以及专家意见书受到了广泛的和强烈的质疑。围绕"专家意见书"的是非之争,使法学界的论战达到了顶峰。争论的问题有,专家意见是否人为地干预了司法公正,专家是否有权利对法律指手画脚,专家是否放纵了犯罪,专家是否有不良利益等。在这里,我们仅仅从认知的角度考察专家意见书的性质。

应当认为,这里的专家是元专家,他们并没有亲自去做证据方面的鉴定,而是对公诉人作出的鉴定进行评价,这就类似在黄静案中南京医科大学法医专家们所做的工作。那么他们的专家意见算作什么? 我们认为,应当把它作为一种证据:专家证据。

"专家证据"类似于专家证词,可以将它理解成具有专门技能和经验的人向法院所提供的一种证据。当然,在作出专家意见的过程中,专家应用了他们的专业化的知识与技能对有争议的问题作出了判断。在日常生活中,这种证据的提供者通常是医生、精神病学者、药剂师、物价评估师、指纹专家等。同样,法学作为一门学科,也是一门专业性极强的科学,因此,将法学家与 DNA 分析师一样视为"专家"是完全应当的,他们所给出的专家意见与 DNA 分析师作出的鉴定一样也应当作为证据。

法学界不少学者认为,首先专家不是处于证人的位置上,所以他们给出的专家意见不能作为证言(证据),其次,专家不是辩护人,所以,他们给出的专家意见不是辩护词。基于现行的法律条款,他们作出的专家意见什么都不是,只是企图人为妨碍司法公正的"暗箭"。即使是一些

---

① 综述媒体报道,见(新华社)新华网有关报道,网址:http://news3.xinhuanet.com/legal/2003-12/17/content_1236071.htm。

参与论证的专家本人也认为他们所作出的仅仅是"意见",而不是证据。

如何看待这种观点?或许我们可以区分两种证据的含义:认知的证据与法律的证据。在此案中,即使专家证据不满足当前法律所规定的对证据的要求,但是,我们也很难否认专家证据是一种认知证据。认知证据是基本的,并且,作为认知证据,它并不取决于在法律形式上它是否获得证据的地位,所以,我们并不能因为法院没有正式地和公开地采纳它就否认它是一种认知的证据。

即使从法律上说,诉讼各方都需要(认知的)证据来确定被告是否有罪,但是证据总是由一方提出的,在这里专家论证书显然应当作为被告方提供的证据。从法院的角度看,法院只接受目击者作为证人,不接受法学家作为专家证人;在法律上认可目击证人的证言作为证据,以及接受物价评估师的证言作为证据,但却不接受法学专家证人的陈词作为证据,这是令人难以理解的,难道物价评估师的专家意见比法学家的专家意见更可信?解决这一困境的出路是,法院正式地给法学专家的专家意见予证据的法律地位,不对专家证据进行评价就否认它作为证据,这显然是缺乏专家证据的概念,也是对证据概念的一种严重误解。

参考文献

一　中文文献

陈嘉明：《社会知识论》（上、下），《哲学动态》2003 年第 1、2 期。

陈嘉明：《知识与确证：当代知识论导论》，上海人民出版社 2002 年版。

丛杭青：《陈词与知识》，《科学学研究》2005 年第 1 期。

丛杭青：《科学社会研究的两种进路》，《自然辩证法通讯》2004 年第 2 期。

丛杭青、刘征宇、张洪石：《技术的社会进化模式》，《科学学研究》2002 年第 5 期。

丛杭青：《什么是科学的社会研究?》，《科学学研究》2003 年第 3 期。

丛杭青、王华平、沈琪：《合作研究与认识论评价》，《科学学研究》2004 年第 5 期。

丛杭青：《新手抉择专家意见的依据是什么?》，《自然辩证法研究》2004 年第 5 期。

丛杭青：《新手与专家问题》，《科学学研究》2003 年第 6 期。

丛杭青、徐献军：《Testimony 是如何得到辩护的?》，《哲学研究》2003 年第 10 期。

丛杭青、鄢建辉：《扩展实在论》，《自然辩证法研究》2003 年第 4 期。

丛杭青、鄢建辉：《论赛博空间和物理空间的不对等性》，《自然辩证法研究》2003 年增刊。

丛杭青：《真实现实，扩展现实与虚拟现实》，《自然辩证法研究》2001 年增刊。

丛杭青、周光辉：《电子商务中产品信息描述规范化问题》，《科学学与科学技术管理》2002 年第 8 期。

［古希腊］柏拉图：《柏拉图对话集》，王太庆译，商务印书馆 2004 年版。

［古希腊］柏拉图：《泰阿泰德智术之师》，严群译，商务印书馆 1963 年版。

［古希腊］笛卡儿：《谈谈方法》，王太庆译，商务印书馆 2000 年版。

何静、丛杭青：《自然主义认识论的不同形式》，《自然辩证法通讯》2005 年第 3 期。

黎昊雁、丛杭青、王玮：《转基因食品的安全性：仅仅是科学问题吗?》，《中国科技论坛》2002 年第 2 期。

任平：《广义认识论原理》，江苏人民出版社 1992 年版。

王海英、丛杭青：《塞尔论社会实在的建构》，《自然辩证法研究》2004 年第 10 期。

徐献军、丛杭青：《当代西方 Testimony 理论研究述评》，《哲学动态》2003 年第 11 期。

徐献军、丛杭青：《论知识传递》，《科学学研究》2005 年第 3 期。

徐献军、丛杭青：《休谟证词还原论的困境与出路》，《自然辩证法通讯》2005 年第 4 期。

徐献军、丛杭青：《知识可以传递吗?》，《自然辩证法研究》2005 年第 4 期。

徐献军：《什么是哲学中的 Testimony?》，《自然辩证法研究》2003 年增刊。

许为民、丛杭青、陈慰浙：《网络技术与自然辩证法课程教学手段的革新》，《自然辩证法研究》2002 年第 12 期。

杨朝阳、丛杭青：《对 HSPS2000—2003 年影响因子变化的分析》，《科学学研究》2004 年增刊。

［英］霍布斯：《利维坦》，黎思复、黎廷弼译，商务印书馆 1985 年版。

［英］柯林武德：《历史的观念》，何兆武、张文杰译，商务印书馆 1997 年版。

［英］罗素：《人类的知识》，张金言译、商务印书馆 2001 年版。

［英］洛克：《人类理解论》（上、下册），关文运译，商务印书馆 1981 年版。

［英］休谟：《人类理智研究》，吕大吉译，商务印书馆 1999 年版。

中国教育在线：http：//www. edu. cn/。

中央电视台法制频道《法制视野》栏目：专题片《黄静裸死之迷》（上、
　下），2005 年 3 月 19 日和 20 日播出的。

中央电视台新闻频道《社会记录》栏目：专题片《湖南女教师裸死案追
　踪》（上、下），2004 年 5 月 26 日和 27 日播出。

二　英文文献

Achinstein, P. , "Concepts of Evidence", *Mind*, Vol. 87, No. 345, 1978.

Adler, J. E. , "Testimony, Trust and Knowing", *Journal of Philosophy*,
　Vol. 91, 1994.

Adler, J. E. , "Transmitting Knowledge", *Noûs*, Vol. 30, No. 1, 1996.

Audi, R. , *Epistemology：A Contemporary Introduction to the Theory of Knowl-
　edge*, London：Routledge, 1998.

Audi, R. , General Editor, *The Cambridge Dictionary of Philosophy (Second
　Edition)*, Cambridge University Press, 2001.

Audi, R. , "The Place of Testimony in the Fabric of Knowledge and Justifica-
　tion", *American Philosophical Quarterly*, Vol. 34, 1997.

Austin, J. L. , "Other Minds", in *Philosohical Papers (3rd ed)*, ed. J. O.
　Urmson & G. J. Warnock, Oxford：Oxford University Press, 1979.

Baier, A. , "Trust and Antitrust", *Ethics*, Vol. 96, 1986.

Barnes, J. , "Socrates and Jury", *Proceedings of the Aristotelian Society*,
　Suppl. Vol. 54, 1980.

Bezuidenhout, A. , "Is Verbal Communication a Purely Preservative Process?"
　Philosophical Review, Vol. 107, 1998.

Bhattacharyya, S. , "Epistemology of Testimony and Authority：Some Indian
　themes and theories", in *Knowing from Words*, ed. B. K. Matilal &
　A. Chakrabarti, Dordrecht：Kluwer, 1994.

Blais, M. J. , "Epistemic Tit for Tat", *Journal of Philosophy*, Vol. 82,
　1985.

Blais, M. J. , "Misunderstandings of Epistemic Tit for Tat：Reply to John

Woods, *Journal of Philosophy*, Vol. 87, 1990.

Brewer, S., "Scientific Expert Testimony and Intellectual due Process", *The Yale Law Journal*, Vol. 107, No. 6, 1998.

Burge, T., "Computer Proof, a Priori Knowledge, and Other Minds", *Philosophical Perspectives*, Vol. 12, 1998.

Burge, T., "Content Preservation", *Philosophical Review*, Vol. 102, 1993.

Burge, T., "Interlocution, Perception and Memory", *Philosophical Studies*, Vol. 86, 1997.

Burney, I. A., "Testing Testimony: Toxicology and the Law of Evidence in Early Nineteenth-century England", *Studies in History and Philosophy of Science*, Part A, Vol. 33, No. 2, 2002.

Chakrabarti, A., "Telling as Letting Know", in *Knowing from Words*, ed. B. K. Matilal & A. Chakrabarti, Dordrecht: Kluwer, 1994.

Christensen, D., & Kornblith, H., "Testimony, Memory and the Limits of a Priori", *Philosophical Studies*, Vol. 86, 1997.

Coady, C. J. A., "Testimony and Intellectual Autonomy", *Studies in History and Philosophy of Science*, Part A, Vol. 33, No. 2, 2002.

Coady, C. J. A., "Testimony and Observation", *American Philosophical Quarterly*, Vol. 10, 1973.

Coady, C. J. A., *Testimony: A philosophical study*, Oxford: Clarendon Press, 1992.

Coady, C. J. A., "Testimony", in *Routledge encyclopedia of philosophy*, ed. E. Craig, London: Routledge, 1997.

Code, L., *Epistemic Responsibility*, Hannover & London: University Press of New England, 1987.

Code, L., *What can She know? Feminist theory and the construction of knowledge*, Ithaca: Cornell, 1999.

Collingwood, W. V., *The Idea of History*, Oxford: Oxford University Press, 1970.

Collins, H. M., *Artificial Experts: Social Knowledge and Intelligent Machines*, Cambridge, MA: MIT Press, 1990.

Collins, H. M. , *Changing Order*, London: Sage, 1985.

Collins, H. M. , "Humans, Machines, and the Structure of Knowledge", *Stanford Humanities Review*, Vol. 4, No. 2, 1995.

Collins, H. M. & Kusch, M. , *The Shape of Actions: What Humans and Machines Can Do*, Cambridge, MA: MIT Press, 1998.

Craig, E. , *Knowledge and the State of Nature*, Oxford: Clarendon Press, 1990.

Davidson, D. , "A Coherence Theory of Truth and Knowledge, in *Reading Rorty*, ed. A. R. Malachowski, Oxford: Blackwell, 1990.

De Renzi, S. , "Witnesses of the Body: Medico-legal Cases in Seventeenth-century Rome", *Studies in History and Philosophy of Science*, Part A, Vol. 33, No. 2, 2002.

Descarte, R. , *The Philosophical Writings of Descartes*, Cambridge, 1985.

Detlefsen, M. & Luker, M. , "The Four-Colorem and Mathematical Proof", *Journal of Philosophy*, Vol. 77, No. 12, 1980.

Dretske, F. , "Cognitive Cul-de-Sac", *Mind*, Vol. 91, No. 361, 1982.

Dreyfus, H. , "Alchemy and Artificial Intelligence", *Rand Corporation Paper Rand*, 1965.

Dreyfus, H. and Dreyfus, S. , *Mind Over Machine: The Power of Human Intuition and Expertise in the Era of the Computer*, New York: Free Press, 1986.

Dummett, M. , "Testimony and Memory", in *Knowing from Words*, ed. B. K. Matilal & A. Chakrabarti, Dordrecht: Kluwer, 1994.

Earman, J. , *Hume's abject failure*, Oxford: Oxford University Press, 2000.

Edwards, J. , "Burge on Testimony and Memory", *Analysis*, Vol. 60, 2000.

Elgin, C. Z. , "Take It from Me: The Epistemological Status of Testimony", *Philosophy and Phenomenological Research*, Vol. LXV, No. 2, 2002.

Faulkner, P. , "The Social Character of Testimonial Knowledge (Tyler Burge's Acceptance Principle)", *Journal of Philosophy*, Vol. 97, 2000.

Foley, R. , "Egoism in Epistemology" in *Knowing from Words*, ed. B. K. Matilal & A. Chakrabarti, Dordrecht: Kluwer, 1994.

Foley, R. & Fumerton, R. , "Davidson's Theism", *Philosophical Studies*, Vol. 84, 1985.

Fontes da Costa, P. , "The Making of Extraordinary Facts: Authentication of Singularities of Nature at the Royal Society of London in the First Half of the Eighteenth Century", *Studies in History and Philosophy of Science*, Part A, Vol. 33, No. 2, 2002.

Fricker, E. , "Against Fallibility", in *Knowing from Words*, ed. B. K. Matilal & A. Chakrabarti, Dordrecht: Kluwer, 1994.

Fricker, E. , "Telling and Trusting: Reductionism and Anti-reductionism in the Epistemology of Testimony (Review of Coady, Testimony: a Philosophical Study)", *Mind*, Vol. 104, 1995.

Fricker, E. , "The Epistemology of Testimony", *Proceedings of the Aristotelian Society*, Vol. 61, 1987.

Fricker, E. , "Trusting Others in the Sciences: a Priori or Empirical Warrant?" *Studies in History and Philosophy of Science*, Part A, Vol. 33, No. 2, 2002.

Fricker, M. , "Rational Authority and Social Power: Towards a Truly Social Epistemology", *Proceedings of the Aristotelian Society*, Vol. 98, 1998.

Fuller, S. , "Recent Work in Social Epistemology", *American Philosophical Quarterly*, Vol: 33, No. 2, 1996.

Gadamer, H. G. , *Truth and Method* (2nd ed.), New York: Crossroads, 1991.

Galison, P. , *Image and logic: A Material Culture of Microphysics*, Chicago: University of Chicago Press, 1997.

Gibbard, A. , *Wise Choices, Apt Feelings*, Cambridge, MA & Oxford: Clarendon Press, 1990.

Gilbert, M. , *On Social Facts*, London: Routledge, 1989.

Goldman, A. , *Epistemology and Cognition*, Cambridge, Mass. : Harvard University Press, 1986.

Goldman, A. , *Knowledge in a Social World*, Oxford: Oxford University Press, 1999.

Goldman, A. , *Pathways to Knowledge*: *Private and Public*, New York: Oxford University Press, 2002.

Graham, P. J. , "Transferring Knowledge", *NOÛS*, Vol. 34, No. 1, 2000.

Graham, P. J. , "What is Testimony?" *The Philosophical Quarterly*, Vol. 47, No. 187, 1997.

Haack, S. , *Evidence and Inquiry*: *Towards Reconstruction in Epistemology*, Oxford: Blackwell, 1993.

Hallen, B. & Olubi Sodipo, J. , *Knowledge, Belief, and Witchcraft*: *Analytic Experiments in African Philosophy*. Stanford, CA: Stanford University Press, 1997.

Haraway, D. J. , *Simians, Cyborgs and Women*: *the Reinvention of Nature*. London: Free Association, 1991.

Hardwig, J. , "Epistemic Dependence", *Journal of Philosophy*, Vol. 82, No. 7, 1985.

Hardwig, J. , "The Role of Trust in Knowledge", *Journal of Philosophy*, Vol. 88, No. 12, 1991.

Harris, P. L. , "Checking Our Sources: the Origins of Trust in Testimony", *Studies in History and Philosophy of Science*, Part A, Vol. 33, No. 2, 2002.

Holton, R. , "Deciding to Trust, Coming to Believe", *Australasian Journal of Philosophy*, Vol. 72, 1994.

Horgan, J. , "Fermat's Theorem Fights Back", *Scientific American*, Vol. 270, No. 3, 1994.

Hume, D. , *An Enquiry Concerning Human Understanding* (2nd ed.), ed. A. Selby-Bigge, Oxford: Clarendon Press, 1966.

Hume, D. , *A Treatise of Human Nature*, ed. L. A. Selby-Bigge, Oxford: Clarendon Press, 1967.

Hutchins, E. , *Cognition in the Wild*, Cambridge, MA: MIT Press, 1995.

Kitcher, P. , *The Advancement of Science*: *Science without Legend, Objectivity without Illusions*, Oxford & New York: Oxford University Press, 1993.

Knorr Cetina, K. , *Epistemic Cultures*: *How the Sciences Make Knowledge*,

Cambridge, MA: Harvard University Press, 1999.

Knorr Cetina, K., "How Superoganisms Change: Consensus Formation and the Social Ontology of High-energy Physics Experiments", *Social Studies of Science*", Vol. 25, 1995.

Kornblith, H., "Some Social Features of Cognition", *Synthese*, Vol. 73, 1987.

Kusch, M., *Knowledge by Agreement: The Programme of Communitarian Epistemology*, Oxford: Oxford University Press, 2002.

Kusch, M. & Lipton, P., "Testimony: a Primer", *Studies in History and Philosophy of Science*, Part A, Vol. 33, No. 2, 2002.

Kusch, M., "Testimony in Communitarian Epistemology", *Studies in History and Philosophy of Science*, Part A, Vol. 33, No. 2, 2002.

Lackey, J., "Tesimonial Knowledge and Transmission", *The Philosophical Quarterly*, Vol. 49, No. 197, 1999.

Latour, B., *We Have Never been Modern*, New York & London: Harvester Wheatsheaf, 1993.

Lehrer, K., "Personal and Social Knowledge", *Synthese*, Vol. 73, No. 1, 1987.

Lehrer, K., *Self-trust: A Study of Reason, Knowledge, and Autonomy*. Oxford: Clarendon Press, 1997.

Lehrer, K. & Smith, J. C., "Reid on Testimony and Perception", *Canadian Journal of Philosophy*, Suppl. Issue, 1985.

Lehrer, K., "Testimony, Justification and Coherence", in *Knowing from Words*, ed. B. K. Matilal & A. Chakrabarti, Dordrecht: Kluwer, 1994.

Lehrer, K., *Theory of Knowledge*, Boulder: Westview Press, 1990.

Lehrer, K., *Thomas Reid*, London: Routledge, 1989.

Lipton, P., "The Epistemology of Testimony", *Studies in History and Philosophy of Science*, Vol. 29, 1998.

Locke, J., *An Essay Concerning Human Understanding*, Raleigh, N. C. Alex Catalogue, 1690.

MacKenzie, D., "Slaying the Kraken: The Sociohistory of a Mathematical

Proof", *Social Studies of Science*, Vol. 29, 1999.

Matilal, B. K. & Chakrabarti, A. , "Introduction", in *Knowing from Words*, ed. B. K. Matilal & A. Chakrabarti, Dordrecht: Kluwer, 1994.

McDowell, J. , "Meaning, Communication and Knowledge", in *Meaning, Knowledge, and Reality*, ed. J. McDowell, Cambridge, MA: Harvard University Press, 1998.

McDowell, J. , *Mind and world*, Cambridge, MA: Harvard University Press, 1994.

Mossner, E. , *The Life of David Hume*, Edinburgh, 1954.

Nelson, L. H. , "Epistemological Communities", in *Feminist Epistemologies*, ed. L. Alcoff and E. Potter, New York: Routledge, 1993.

Plantinga, A. , *Warrant and Proper Function*, New York & Oxford: Oxford University Press, 1993.

Plantinga, A. , *Warrant: the Current Debate*, New York & Oxford: Oxford University Press, 1993.

Polanyi, A. , *Personal knowledge: Towards A Post-critical Philosophy*, London: Routledge & Kegan Paul, 1958.

Popper, K. R. , *Conjectures and Refutations: The Growth of Scientific Knowledge* (2nd ed), London: Routledge & Kegan Paul, 1965.

Price, H. H. , *Belief*, New York: Humanities Press, 1969.

Pryor, J. , "Highlights of Recent Epistemology", *British Journal of Philosophy of Science*, Vol. 52, 2001.

Putnam, H. , "The Meaning of 'Meaning'" . in *Language, Mind, and Knowledge* (*Minnesota Studies in Philosophy of Science*, Vol. 7), ed. K. Gunderson, Minnesota: University of Minnesota Press, 1975.

Quine, W. V. , & Ullian, J. S. , *The Web of Belief*, New York: McGraw Hill, 1970.

Quinton, A. , "Certainty and Authority", in *Thoughts and Thinkers*, ed. A. Quinton, London: Duckworth, 1982.

Reid, T. , *Essays on the Intellectual Power of Man*, ed. A. D. Woozley, Macmillan and Co. , Limited, 1941.

Reid，T. ，*Inquiry into the Human Mind*，ed. Derek R. Brookes，Pennsylvania State University Press，1997.

Relman，A. ，"Lessons from the Darsee Affair"，*New England Journal of Medicine*，Vol. 308，1983.

Reynolds，S. L. ，"Testimony，Knowledge，and Epistemic Goals"，*Philosophical Studies*，Vol. 110，2002.

Ross，A. ，"Why do We Believe What We are Told?" *Ratio*，Vol. 28，1986.

Ross，J. F. ，"Testimonial Evidence"，in *Analysis and Metaphysics*，ed. Keith Lehrer，Dordrecht：D. Reidel，1975.

Russell，B. ，*An Outline of Philosophy*，London：Allen & Unwin，1927.

Russell，B. ，*Human Knowledge：Its Scope and Limits*，London：Allen & Unwin，1948.

Salmon，W. ，*Logic*，Englewood Cliffs，NJ：Prentice-Hall，1963.

Schmitt，F. F. ，"Social Epistemology"，in *The Blackwell Guide to Epistemology*，ed. J. Greco & E. Sosa，Oxford：Blackwell，1999.

Schmitt，F. F. ，"Socializing Epistemology：An Introduction Through Two Sample Issues"，in *Socializing Epistemology*，ed. F. F. Schmitt，Lanham，MD：Rowan & Littlefield，1994.

Schmitt，F. F. ，"Testimonial Justification：the Parity Argument"，*Studies in History and Philosophy of Science*，Part A，Vol. 33，No. 2，2002.

Schmitt，F. F. ，"The Justification of Group Beliefs"，in *Socializing Epistemology*，ed. F. F. Schmitt，Lanham，MD：Rowan & Littlefield，1994.

Searle，J. ，*The Construction of Social Reality*，New York：Free Press，1995.

Selinger，E. M. and Crease，R. P. ，"Dreyfus on Expertise：The limits of Phenomenological Analysis"，*Continental Philosophy Review*，Vol. 35，2002.

Shapin，S. ，*A Social History of Truth：Civility and Science in Seventeenth-century England*，Chicago & London：University of Chicago Press，1994.

Shapin，S. & Schaffer，S. ，*Leviathan and the Air-pump*，Cambridge，MA：Harvard University Press，1985.

Shapiro，B. J. ，"Testimony in Seventeenth-century English Natural Philosophy：Legal Origins and Early Development"，*Studies in History and Philoso-*

phy of Science, Part A, Vol. 33, No. 2, 2002.

Sosa, E. , "Testimony", in *A Companion to Epistemology*, ed. J. Dancy & E. Sosa, Oxford: Blackwell, 1992.

Stevenson, L. , "Why Believe What People Say?" *Synthese*, Vol. 94, 1993.

Strawson, P. F. , "Freedom and Resentment", in *Freedom and Resentment*, ed. P. F. Strawson, London: Methuen, 1974.

Strawson, P. F. , Knowing from Words. in *Knowing from Words*, ed. B. K. Matilal & A. Chakrabarti, Dordrecht: Kluwer, 1994.

Tuomela, R. , *The Importance of Us: A Philosophical Study of Basic Social Notions*, Stanford: Stanford University Press, 1995.

Tymoczko, T. , "The Four-color Problem and Its Philosophical Significance", *The Journal of Philosophy*, Vol. 76, No. 2, 1979.

Webb, M. O. , "Why I Know About As Much As You: A Reply to Hardwig", *Journal of Philosophy*, Vol. 93, 1993.

Welbourne, M. , "Is Hume Really a Reductivist?" *Studies in History and Philosophy of Science*, Part A, Vol. 33, No. 2, 2002.

Welbourne, M. , "Testimony, Knowledge and Belief", in *Knowing from Words*, ed. B. K. Matilal & A. Chakrabarti, Dordrecht: Kluwer, 1994.

Welbourne, M. , *The Community of Knowledge*, Aldershot: Gregg Revivals, 1993.

Welbourne, M. , "The Transmission of Knowledge", *The Philosophical Quarterly*, Vol. 29, 1979.

Williams, M. , "Skepticism", in *The Blackwell Guide to Epistemology*, ed. J. Greco & E. Sosa, Oxford: Blackwell, 1999.

Williams, M. , *Unnatural Doubts*, Oxford: Blackwell, 1991.

Williamson, T. , "Knowing and Asserting", *The Philosophical Review*, Vol. 105, 1996.

Wolterstorff, N. , *Thomas Reid and the Story of Epistemology*, Cambridge University Press, 2004.

Woods, J. , "The Maladroitness of Epistemic Tit for Tat", *Journal of Philosophy*, Vol. 86, 1989.

索　引

（按汉语拼音音序排列）

A

249 位论文作者　182

SARS 病原体之争　218

X 的证据　81，237

阿奎那（Aquinas）　19

阿钦斯坦（Achinstein, P.）　80

埃尔金（Elgin, C. Z.）　78

爱德华兹（Edwards, J.）　66

奥迪（Audi, R.）　3

奥古斯丁（Augustine）　19

奥西恩（Ossian）　76

B

巴恩斯（Barnes, J.）　64

巴格（Bugg, W.）　181，182，
　234

柏格（Burge, T.）　49

柏拉图（Plato）　15，19 - 23，
　26，69，194

报告　1，3，5，6，8，9，11，
　12，20，24，25，27 - 34，54，
　70，72，76，78，106，115，
　117，138，188，221，222，233

报纸案例　166 - 168

贝索丹奥特（Bezuidenhout, A.）
　66

贝叶斯定理　67

比贝尔巴赫猜想　183

辩护　92，110

辩护的扩展体　155

辩护的先验性　116

标记的作用　38，41

标准证词　2，3，72 - 74，83，159

波尔普（Prop, J.）　235

波特诉伊莱·利利公司案例　214

博爱原则　121，122

不劳而获的权威　221

不良利益和偏见 210，221，223

不相关论题 31

布拉德雷（Bradley，F. H.） 73

布莱斯（Blais，M. J.） 67

布鲁厄（Brewer，S.） 198

布鲁克斯（Brookes，D. R.） 34

C

常识理论 10，34，56，99，100，
106，143，145

常识推断 98

常识知识 142

彻底的解释 133，134

陈词的普遍虚假 31，32

陈词的资质 75，234

陈词信念 16，25，45，55，56，
58，85，87-90，96，99，100，
104，105，109，110，115，
121，131，146，147，150，
151，153，154

陈词性知识 7，8，85，90，96，
105，144，154，165

陈词原则 162，177，180，196

陈词源 5，16，61，68，88，98，
101，105，107，108，124，
143，144，147，165，184，
185，191，195

陈词证据 69，72，81，114，
117，145，178，180，181，
183，207，227，233

陈词作证 227，232，237，238

陈嘉明 6，113，114

诚实原则 41-44，116，152

诚实证据 81

处于怀疑中的指路者案例 172

传 递 4，7，12，17，38，58，
59，67，76，79，84，86，93，
94，96-98，117，121，123，
147，149，157，162

传递辩护 123，147，172，173

传递的必要宣称原则 164

传递的充分宣称原则 166

传递链 12，58，158，159，161-
164

传闻/辗转相传证据 159

创世科学案例 220

丛杭青 6，7，210，215，216，
218

D

达米特（Dumett，M.） 44

达西伊（Darsee，J.） 190

达西伊案件 190

代理地知道 182

代理知识 182

戴维森（Donald Davidson） 121，
122

道伯尔特案件 197

道德陈词 161

道德上的信任 184

德莱弗斯（Dreyfus, H.） 61，
　203，205
德雷特斯克（Dretske, F.） 81，
　167
德特勒夫森（Detlefsen, M.） 68
的可信性 26，30，56，99－102，
　106，107，130，142，144，
　145，173，206，209，217，
　221，223，225
的能力 1，5，16，32，33，36，
　54，56，61，73－79，81，82，
　84，102，105，108，119，124，
　126，135，138，145，169，174，
　176，196，203－205，208，214，
　218，226，237，238
X 的证据 81，237
递减说 157－161，163，164
第二手猜测 213，214
第二手知道 71
第一手知道 159
断言 2，3，41，42
对等原则 121

E

二类问题 123
二专家问题 193，194，197，
　198，206，226

F

法尔廷斯（Faltings, G.） 236
法医鉴定 199，200
反还原论（见基础主义） 56，
　57，63，65，66，86，90，110，
　150，153，154
反推断论 45，55－57，65，89－
　91，99，102，104－106，108，
　109，142
费马大定理 12，13，224，228，
　234－237
否定性宣称 144
弗赖伊准则 197，217
弗里德柏格（Friedberg, M.）
　222
弗里克（Fricker, E.） 3，56，
　63－67，76，77，88，98－103，
　107，108，111，112，116，134，
　141－146，148，151，153，170，
　171，194，195，215
弗利（Foley, R.） 64，123－
　127，129－131，136，153，155，
　195，196
福克纳（Faulkner, P.） 66
福勒（Fuller, S.） 64
辅助说者 207
负责任的 100，104，130，201

G

《高尔吉亚篇》 204

高能物理学案例 181

格赖斯（Grice, H. P.） 76

格雷厄姆（Graham, P. J.） 80,
83, 84, 169, 170

格雷戈里（Gregory, R. L.）
8, 9

格列柯（Greco, J.） 65

个人观察 27－29, 31

个人经验 28, 30, 115, 144,
146

个人主义的辩护 154－156

个人主义强纲领 15, 23

个人主义弱纲领 16, 115

个人主义证据观 181

工作定义 5

公共语言 31－33, 131, 132,
136, 139, 142

公认的观点 26, 70, 115

公认的专家 203, 207, 217, 218

公有观察 28

公有经验 28, 145, 146

构成的共同性 135

古德曼（Goldman, A. I.） 49,
58, 64, 67, 88, 141, 146－
149, 153, 167, 173, 184,
195, 196, 204, 205, 210,
212, 213, 215－219, 221－

225, 233

关文运 5

观察 9, 10, 22, 27, 28

广义的辩护 110, 111

归纳错误 138

过往记录 61, 125, 127, 148,
152, 153, 210, 221, 223－225

H

哈德维格（Hardwig, J.） 51,
64, 66, 67, 86, 175, 177,
179, 180, 182－187, 189－191,
194, 196, 204, 209

哈金（Hacking, I.） 17

哈拉维（Haraway, D.） 68

哈雷（Halley, E.） 9

哈里斯（Harris, P. L.） 55

何兆武 6, 10

赫尔姆霍茨（Von Helmholtz） 109

湖南女教师裸死案 60, 199

话语权 238

怀尔斯（Wiles, A.） 13, 228,
234－237

还原论 8, 25, 26, 31－34, 36,
56－58, 60, 63, 65, 66

还原为伦理 191

黄静 199－201, 207, 238

火星人的社会 32

火星数学家假说 231

获得辩护的真信念 149, 169,

221

霍布斯（Thomas Hobbes） 76，188

霍金说 237

J

基本状态 93，94

基础权威 57，123－127，130，131

基础主义 34，57，62－64，66，110，112，116，141，142，148，150，194，197

基特奇尔（Kitcher，P.） 67，180，184，202，206，220，221，225，234

基于证据的真信念 175

吉伯德（Gibbard，A.） 66，121

吉尔伯特（Gilbert，M.） 156

极小化的信任 101，102，106

集体信念 65，156

集体性的主体 156

记忆与陈词（见陈词） 86

假设权力 99，142，144

间接测量 225

间接陈词 79，82，84

间接论证辩护 210，212，213，216

间接知识 90

监控的责任 106

接受原则 116，118，119，121－

123，153

经验 27，28

经验辩护 112，114，120，145，147，151

经验还原 25，77，116，137，140，141，153，194

经验判据 195，196

局部辩护 57，151

局部还原论 98，116，141，144－146，151，153

抉择的依据 207－209

K

《卡尔弥德篇》（Charmides） 194

恺撒的早餐案例 155

看起来是真的 57，118

考恩（Kohn，J.） 235，236

柯林武德（Collingwood，R. G.） 10，11，65

科迪（Coady，T.） 2，3，11，13，17，27－29，31－34，49，62－66，72－84，89－91，101，105，107，116，131，132，135，139，140，144，151，153，158－161，163，164，166，169，170，179，196，208，218，232

科恩布利斯（Kornblith，H.） 66

可靠主义的辩护 146

可理解的 105，119，122，211，

213

可信性的两个条件/维度　101

克劳斯（Cross，R.）　160

克里斯蒂森（Christensen，D.）　66

口述陈词　5

库什（Kusch，M.）　4，5，49，50，67，68，86，109，135，151

宽泛的证据标准（见团体偏见）　222

昆顿（Quinton，A.）　64

扩展陈词　3，5，79

L

拉姆（Lamm，S. H.）　197

赖尔（Ryle，G.）　16

赖奇（Lacky，J.）　165，166

雷勒（Lehrer，K.）　49，64，66，121，164

里德（Reid，T.）　12，34 – 47，53，57，62 – 66，70 – 72，90，114 – 116，119，126，148，150 – 155

理性的标志　119

理性的来源　119，120

理由的来源　119，120，122

理智自治　15，16，25，69，115，140

利普顿（Lipton，P.）　15，17，28，29，33，49，64 – 66，88，141

联邦证据法案　197，198

卢克（Luker，M.）　68

鲁宾（Rubin，K.）　235

论辩优越性　212

论奇迹　25

论证性的先验性　117

罗斯（Ross，J. F.）　66，117，164

罗素（Russell，B.）　13

洛克（Locke，J.）　4，15，19，20，23，24，26，34，58，65，69，114，125，126，154，155，157 – 161，163，164，233，236

M

马塞尔（Marcel，G.）　73

麦凯（Mackie，J. L.）　26

麦克道尔（Mcdowell，J.）　64

麦肯齐（MacKenzie，D.）　68

盲目的　105，184

《美诺篇》　20，22

缪勒 – 莱尔错觉　9

默认的接受　104

默认的评价　102，104，105

目击证人　19，20，69，73，167，240

N

纳尔逊（Nelson，L. H.）　156

内省知识 20

内在辩护论 151

能力、权威或资质 169，196，207，208，237

能知 205

女权主义认识论 50，156，222

诺尔－塞蒂纳（Knorr Cetina，K.）67

P

派生权威 57，123－127，129，131，153，195

品酒师案例 167，168

普遍辩护 57，151

普遍还原 115，116，144，145

普遍信任（PR 论题） 102

普赖尔（Pryor，J.） 49，114

普兰庭加（Plantinga，A.） 15，49，64，66

普罗克拉斯提斯 34

普特南（Putnam，H.） 95，132

Q

齐硕姆（Chisholm，R. M.） 7，85，117

气质与风度 215，216

潜在证据 80－83

强陈词 221，222

强意义的 205

轻信 44，194

情景主义辩护 151

蠼螋 11

权威 9－14，17，18，22，26，30，31，44，47，74－79，81，84，91，92，124－126，152，169，174，176，177，179，206，218，220，221，231，236－238

权威链 180

权威配置 202，206

全能解释者 132，135

确证 113，114

确证链 161，163

R

人工语言 37－39，41

《人类理智论》 65，157，159

《人类理智能力评论》 34，65

《人类理智研究》 6，65，66，69

《人类心灵能力研究》 34，65，66

《人性论》 27

认识的个人主义 17

认识非自我主义/者 116，153

认识联结 88，98

认识专家（理智专家） 204

认识自我主义/者 124，125

认知劳动的分工 112，187

日记案例 129，130

弱纲领　16，155

S

塞尔（Searle，J.）　76，156

三步策略　195

三个特征　227，228

沙弗尔（Schaffer，S.）　68

社会化认知　54

社会理智能力　34，36

社会情感　35，36，70

社会认识论　50，52，65，66，226

深奥陈述　148，211

施密特（Schmitt，F. F.）　15，21，25，50，65，121

史蒂文森（Stevenson，L.）　66

手势陈词　5

数量原则/多数票　216

数学教授与九岁孩童案例　195

数学逻辑　228

数学权威　235，236

数学人类学　228

数学认识论　228

数学证明　68，227－229，231，232

说者的诚实　100，101，124，179

斯蒂文森（Stevenson，L.）　152，153

斯特劳森（Strawson，P. F.）　14，53

斯温（Swan，S. H.）　197

四色定理　61，68，227，229，232

四种知识的概念　149

似真性　67，204

苏格拉底的影响　124，128，216

诉诸权威　186，227，231－233

所知　103，137，145，205

索萨（Sosa，E.）　65

T

他人的影响　124，125，148

《泰阿泰德篇》　19，20，22，69

泰默克兹（Tymoczko，T.）　68，228，230

唐斯（Downes，S. M.）　52

听者　24，32，42，44，45，54，56－59，74，76－78，84，89，98－104，107，108，111，117，119，121－123，141，142，144－147，155，156，165，166，168－174，195，196，200，201，208，212，215，217，222，237，238

通俗陈述　148，211，223

同行评议　13，61，190，202，206，208

图梅勒（Tuomela，R.）　156

团体辩护　155，156，184

团体偏见　221－223

团体证据 180，181，183，184

推断论 46，56，66，88，90，98，106，108，109，142

推理 5，8，10，14，16，22，25，26，31，35，36，39，45 - 47，51，53，54，56，69 - 72，85，88，90，93，104，111，113，116，117，121，131，137，138，142，150，153，164，183，209，214，228，232 - 234

W

外行的困境 178，180

外行抉择的对象 207

外行/新手 67

外行与专家 59 - 61，179，180，184，186，187

威尔伯纳（Welbourne，M.） 2，64，67，164，166，171

韦布（Webb，M.O.） 67，186

温度计案例 167

文献陈词 79

沃尔特斯托福（Wolterstorff，N.） 34，66

无穷的倒退 29

无说者的陈词 207，208

无意识的监控 107

伍兹（Woods，J.） 34

X

西蒙说 231

希茨－约翰斯通（Sheets-Johnstone，M.） 203

习得知觉 37，38

狭义的辩护 110

先验的授权/辩护 110

相关可选择理论 167

谢平（Shapin，S.） 55

心理学的解释 108

心理学具体化 109

心灵的反省 22，23

心灵的社会运作 34 - 36，70

心灵的自然语言 39，40

新手的任务 201，207

信念 6，7

信念的综合 131

信任 12，14，21，53

信任（S，U） 100，101

形式证明 228 - 230

休谟（Hume，D.） 4，8，13，16，25 - 35，46，57，63 - 66，69 - 71，76，78，90，102，114 - 116，125，126，131，137 - 141，144 - 146，148，151 - 155，157，158，233

许可 111

循环论证 28，34

Y

亚里士多德（Aristotle）　25

言语行为论　41，91

一致性的主张　127

以人为据　232，233

以言行事行为　2，41，78

抑制信息　221，222

易信原则　41，44－48，116，152

意见冲突与服从　127

与陈词　21，23，26，36，39，
　53，55，62，63，65，68，72，
　86，90，92，97，109，131，
　134，138，151

与观察　13，27，29，141

与记忆　53，85，97

与伦理　192

与判断　44

与认识责任或义务　114

与社会制度　196

与声誉　206

与相信　42，188

与宣称　78

与依赖　188

与真理　204

与知觉　26，36，38，56，103，
　105，115，148

语言的标记功能　39

语言社会分工理论　95

语言学倒置　131

元辩护　113，121

元专家　154，180，210，218，
　219，222，223，225，239

原初知觉　38

Z

张金言　5

张文杰　6

真信念　7，20，99，103，113，
　134，149，175，204

挣得的权威　221

正当理由　59，111，118

证据　4，6，7，80，175，216

证据链　182

证据支持的一般法则　213，215

证实　2，4，12，26，75，113，
　114，161，162，165，182，
　191，224

证言　1，7，239，240

知道/认识　19，20，22，54，71，
　91－93

知觉　5，8，14，16，20，22，
　24－26，36－38

知识的四种来源　50，53，85

直接测量　202

直接知识　20，56，90，91，
　105，109

制度陈词　79，196

中介　38，45，46，56，62，90，
　98，105

主要的说者 207

专家 95, 204, 239

专家的种类 202

专家的资质 61, 210, 218 – 220

专家技能 205, 225

专家意见 13, 30, 50, 59 – 61, 67, 75, 108, 125, 126, 130, 161, 179, 180, 184, 192 – 194, 196 – 199, 201 – 213, 215 – 226, 234, 239, 240

专家与专家 59, 61, 201, 202

专家证词 2, 73, 75, 197, 198, 209, 215

专家证据 60, 61, 202, 210, 211, 216, 238 – 240

专家证人 1, 159, 197, 199, 209, 214 – 216, 222, 240

专门知识 30, 130, 205

自己拥有的辩护 155

自然陈词的定义 74

自然信仰 20, 21

自然语言 37 – 40, 42

自然主义认识论 50 – 52

宗教的起源 2

佐证 6, 7, 212

作为知识形态的专家意见 204

作证 1, 2, 71, 237

第一版后记

促使我对陈词问题进行研究的一个现实原因是 2003 年年初的美伊战争，在战前以及战争过程中，经常出现这样的情况：对同一个事件，目击者的说法不一致，媒体的报道，专家的分析与评论更是不一致，甚至是相冲突。我发现自己经常处于这么一个困境：为相信某一种说法寻找理由。

当然，这种状况至今并没有太大的改变。近两年来，围绕"房地产是否存在泡沫""人民币利率和汇率是否应该调整""宏观经济是否过热"这类热门话题，存在着大量的不同观点和专家意见。面对这些不同的观点和意见，我经常感到困惑：该相信哪一位或几位专家的意见。事实上，自从几千年前古希腊的柏拉图起，这种困惑就一直伴随着哲学家们。

对这类现实问题的研究是可以采用多种方法的，如认识论的、语言哲学的、科学社会学（包括科学知识社会学）、伦理学、文化史学，甚至是经济学和管理学。而本书采纳了认识论的视角，但是，无论是目击者的报告，还是专家的评论或意见，都是以语言形式（口语或书面语言）表述的，所以，语言哲学是第二个理论研究的视角。

选题更得益于一次巧合。2002 年春我与出版商罗特莱奇公司联系，对方愿意免费让浙江大学局域网用户试用该公司于 2000 年推出的《罗特莱奇哲学百科全书》互联网版。从浩瀚的文献中，我偶尔读到了一篇名为 Testimony 条目，说是词条，但却相当于一篇论文，作者是悉尼大学的科迪。起初我以为他讨论的是法律中的证词，但读完全文，却发现他几乎没有讨论什么法律问题，所讨论的却是一个哲学认识论的问题。后来，我们与科迪取了联系，他很快将他的受到学术界一致好评专著《陈词：哲学研究》一书寄给我们。

我们利用浙江大学图书馆所订购的网络数据库检索到了数量庞大的电子文献。从这些文献中，我们发现，尤其是自20世纪90年代以来，陈词问题几乎成了学术界最时髦的话题之一，众多的学者，包括许多著名学者纷纷就陈词问题发表各种见解和观点。

随后，我们对此进行了两个层面的研究：案例层面和理论层面，并将所研究的问题分成四大问题：陈词信念的形成，陈词的辩护，知识的传递和科学实践中的专家陈词与信任。从2003年起，围绕这四大问题陆续发了多篇论文，但考虑到阅读的连贯性，在写作本书时，没有完整地使用某一篇论文。

程晓东和林航明校对了本书初稿的全部或部分章节，并修改了一些文字错误。浙江外国语学院沈琪副教授通读了全书，并作了一些文字和表述上的修改。浙江大学图书馆的谢敏和瞿云仙为本书的研究提供了纸质文献。北京大学的张卜天也为本书的写作提供了许多文献。

在近三年的研究过程中，夏基松先生对本项目的研究始终给予了巨大的鼓励和鞭策，浙江大学的夏基松、盛晓明、杨大春、庞学铨，以及任平（苏州大学）、孙周兴（同济大学）参与了本项目成果的评审会，并提出不少建设性的意见。特别需要感谢的还有本书的五位评审专家：金吾伦（中国社会科学院）、刘晓力（北京师范大学）、任平（苏州大学）、吴彤（清华大学）和周昌忠（上海市社会科学院），他们直言不忌的批评与赞扬使我受益匪浅，人民出版社方国根编审和责任编辑洪琼为本书编辑出版工作付出了辛勤的劳动，在此一并致谢。

本项目的研究与出版获得了浙江大学董事文史哲研究奖励基金项目"testimony理论与应用研究"、浙江省哲学社会科学规划课题"认知与证据"、浙江省社科联省级社会科学学术著作出版资金、国家社科基金项目"当代西方自然主义认识论研究"，以及浙江大学985（Ⅱ）语言与认知创新基地的经费资助。

本书作为浙江省哲学社会科学规划课题"认知与证据"（项目编号N05ZX04）和浙江大学董氏文史哲研究奖励基金项目"testimony理论与

应用研究"（项目编号 432105301U20401）的最终成果。同时，也作为国家社科基金项目"当代西方自然主义认识论研究"（项目编号：05BZX022）的阶段性成果。

陈嘉明

2005 年 8 月于求是园

第二版后记

最近 10 多年来，证据研究在我国有一个较大的发展，尤其是在法学和证据学领域。证据学基本上聚焦于证据科学，这里的科学主要指的是利用科学技术来研究证据。在技术高速发展的，利用新的技术手段来研究证据，是当前和今后的主流趋势之一。这类研究大致可以归结为证据应用或应用基础研究。

本书是对证据的哲学研究，也称作证据的哲学认识论和语言哲学的研究。就证据的基础理论研究而言，本书是国内第一本这方面的专著。2020 年浙江大学哲学系，现在的哲学学院，向各个学科征求教师在各个研究方向上的代表性著作。在当今证据科学高速发展的时代，证据的哲学研究也能为证据科学的发展添砖加瓦，所以我申请再版本书。

相比起第一版，第二版的整体内容没有大的变化。第二版序言简略概括了自图书出版以来关于证据研究方面的进展和今后可能的研究方向。

有一个遗憾是，第一版图书所收录的真实案例，发生的时间基本上局限在 2004 年之前。从现在的眼光看，案例略显陈旧。但从其代表性来说，至今也是有启发意义的。由于时间和精力所限，笔者没有再去筛选和甄别哪些案例可以收录本书中。读者可以从案例所表达的知识点出发，去思考和发掘最近 10 多年来发生的真实案例。

借第二版出版之际，感谢中国政法大学法学院王进喜教授。也许是与证据科学相关，他一直鼓励笔者继续这方面的研究。我所指导的研究生李梓菲、魏丽娜、柯华杰、徐亚运、顾萍、茶秋思参加了本书第二版的修订和校正过程。在此一并表示感谢。中国社会科学出版社哲学宗教与社会学出版中心主任朱华彬副编审为本书的修订编辑付出了大量辛苦的劳动，在此谨表谢意。作为博士论文的成果，我还要感谢我的博士生导师夏基松教授。作为夏教授的关门弟子，我还得感谢各位师兄师姐的支持。

再次感谢浙江大学哲学学院对本专著研究方向的认可。

2020 年 1 月 19 日

于浙江大学紫金港校区成均苑 517 室